DER BLICK VON OBEN
PLANET ERDE

DER BLICK VON OBEN
PLANET ERDE

Erst beim Blick aus dem Weltraum offenbart sich die Faszination unseres Planeten, der so reich an unterschiedlichsten Naturräumen ist. Neben dem Festland werden dabei auch die Welt- und Binnenmeere sowie einzelne Seen vorgestellt. Satellitenbilder machen feinste Strukturen deutlich und erlauben Rückschlüsse auf Entstehung und Dynamik eines Gebiets. Schon minimale Farbabstufungen auf kleinstem Raum weisen unter Umständen auf völlig andere Entstehungsbedingungen hin. Die Bilder entstanden aus unterschiedlichen Entfernungen: Einzelne Aufnahmen geben einen perfekten Überblick über einen Großraum, andere richten den Fokus eher auf ein spezielles Phänomen wie einen einzelnen Berg oder ein Flussdelta. Aus der Luft werden die Formen der Natur am besten wahrgenommen. So erkennt man kreisrunde Seen, symmetrisch geformte Vulkane oder mäan-

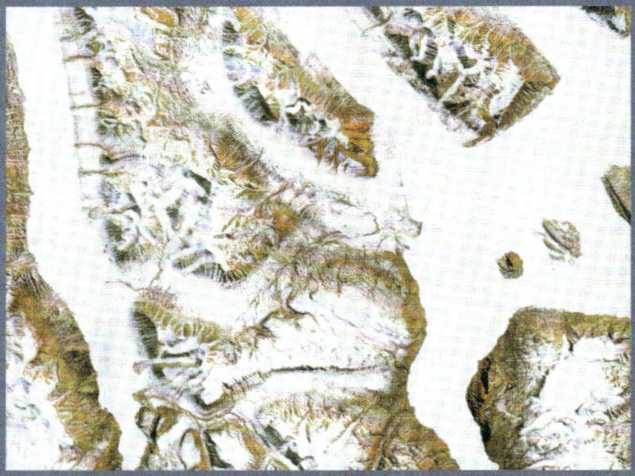

drierende Flüsse. Viele Aufnahmen entstanden bei wolkenlosem Himmel und bieten einen uneingeschränkten Blick auf die Erde. Andere Fotos wurden bei Bewölkung aufgenommen, um anhand von spektakulären Wolkenformationen Erscheinungen innerhalb der unteren Atmosphäre zu zeigen.

Die verschiedenen Weiß- und Grautöne der Aufnahme dokumentieren eine Welt aus Schnee und Eis: Weite Teile des Ochotskischen Meeres im äußersten Nordosten Asiens frieren in den Wintermonaten zu. Auch die an dieses Randmeer des Pazifischen Ozeans angrenzende russische Halbinsel Kamtschatka ist von Schnee und Eis bedeckt – ein typisches wie faszinierend erscheinendes Phänomen für Gebiete hoher geografischer Breite in der kalten Jahreszeit.

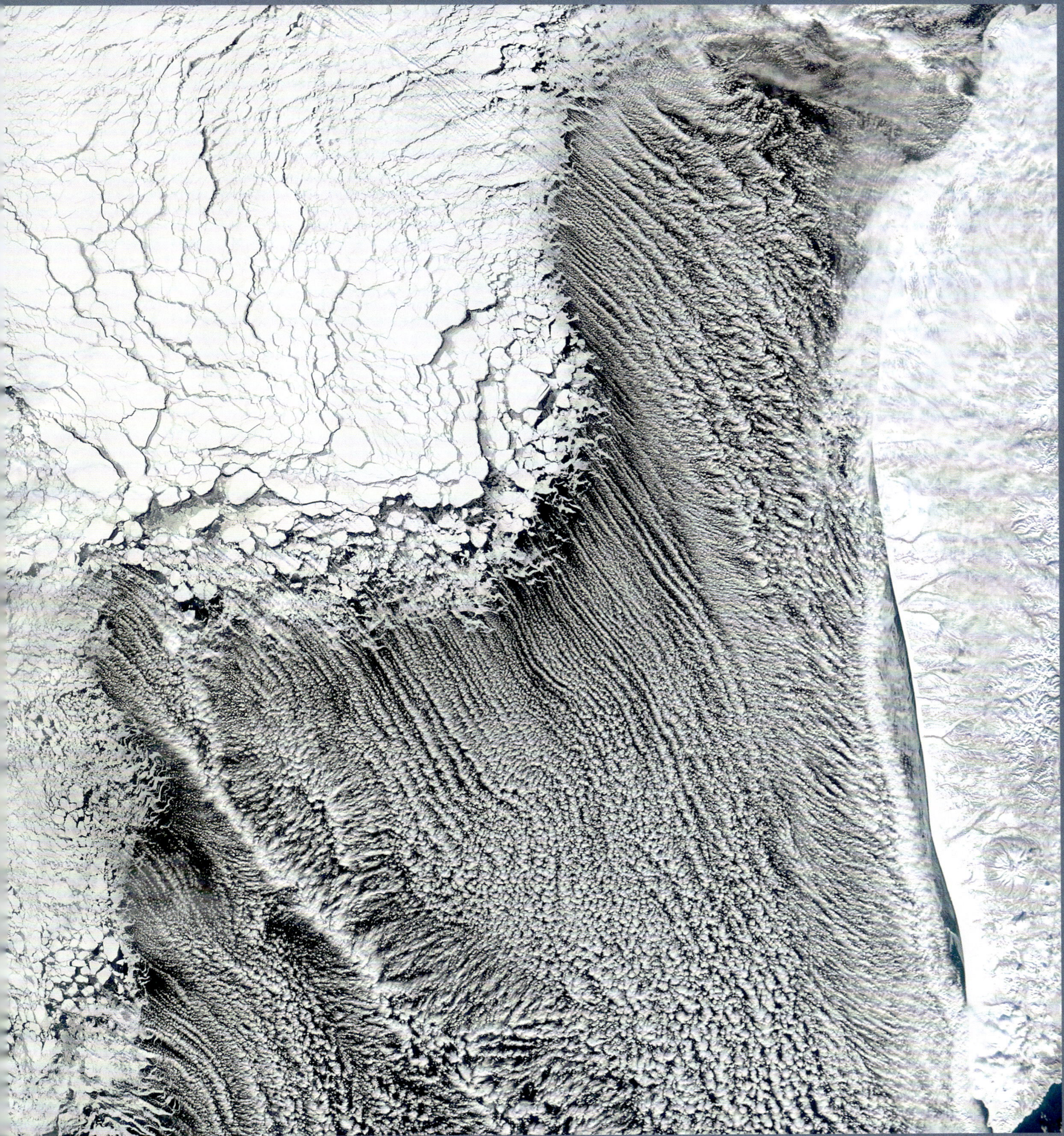

Deutliche Farbkontraste lassen die Schönheit der Natur hervortreten. Der Stausee im oberen Niltal staut das Wasser des längsten Flusses der Welt auf einer Länge von rund 500 Kilometern. Das Niederschlagswasser im zerklüfteten, schwarzbraun erscheinenden Bergland im oberen Teil der Aufnahme sammelt sich zu einem weit verzweigten Netz aus Bächen und Flüssen, die in den See münden. Die Wasserläufe machen dabei Gebirgsstrukturen offensichtlich.

Die Sicht aus dem All bietet auch einen hervorragenden Überblick über »uralte« Strukturen, die im Gelände kaum zu deuten sind. In diesem Satellitenbild erkennt man klar die ringförmige Struktur des Einschlagkraters in Westaustralien, der vor rund als 1,7 Milliarden Jahren durch den Aufprall eines Meteoriten entstand. Wie gelbe und grüne Farbkleckse erscheinen die Seen, die in der feuchten Jahreszeit die tiefsten Bereiche bedecken.

Ein Naturwunder der Superlative: Das Mündungsgebiet des Ganges in den Golf von Bengalen ist das größte Flussdelta weltweit. Die dunkelgrün erscheinenden Sundarbans im rechten Teil des Bildes sind zudem die ausgedehntesten Mangrovenwälder der Welt. Gelbe und braune Farbtöne veranschaulichen Agrarflächen. Wie kunstvoll mit dem Pinsel gemalt wirken die Blautöne, die unterschiedliche Wassertiefen der küstennahen Gewässer markieren.

ARKTIS

EUROPA

ASIEN

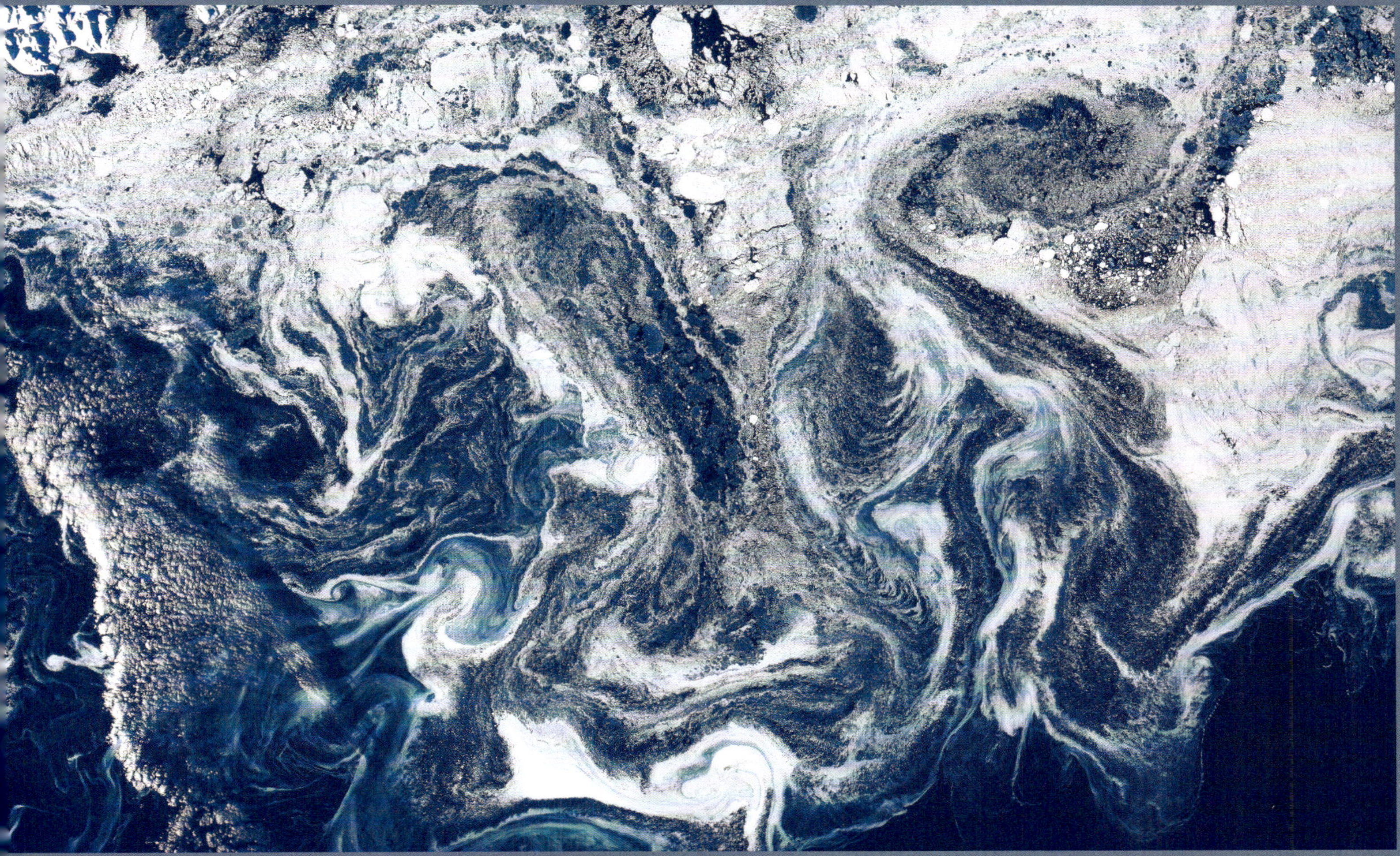

AUSTRALIEN & OZEANIEN

AFRIKA

NORDAMERIKA

SÜDAMERIKA

ANTARKTIS

Oben: Spektakuläre Farbspiele in der Libyschen Wüste von oben.
Vorhergehende Doppelseite: Der Blick aus dem All zeigt einen Ausschnitt der Ostküste Grönlands.

ARKTIS

Rund um den Nordpol erstreckt sich die Arktis, ein Gebiet mit extremen Lebensbedingungen. Die polnahe Hocharktis ist das ganze Jahr über eine Welt aus Eis und Schnee. Weiter im Süden taut die Oberfläche im Sommer ab, bleibt aber ein ebenso spezieller wie faszinierender Raum.

Das auch als Arktisches Meer bezeichnete Nordpolarmeer umfasst die Gewässer der Polarregion der Nordhalbkugel und grenzt an die Landmassen Nordamerikas, Nordasiens und Skandinaviens. Wegen seiner breiten Öffnung zum Atlantischen Ozean gilt es als eines von dessen Nebenmeeren. Andererseits wird das Nordpolarmeer wegen seiner gewaltigen Größe von mehr als 14 Millionen Quadratkilometern vereinzelt auch als eigener Ozean begriffen. Verbindungen zum Atlantik bestehen über das Europäische Nordmeer zwischen Grönland und Skandinavien sowie über die westlich von Grönland verlaufende Davisstraße. Über die schmale Beringstraße besteht eine Öffnung zum Beringmeer und damit zum Pazifik. Weite Teile des Meeres sind von Eis bedeckt, die maximale Meerestiefe beträgt 5.607 Meter.

Im Winter sind weite Teile des Nordpolarmeers von einer mehrere Meter dicken Eisschicht bedeckt. An den Rändern löst sich die Eisdecke zu einzelnen Eisfeldern oder Eisbergen auf. Im Sommer hingegen tauen die Eismassen in den polferneren Gebieten auf, wie das zu Beginn der Abschmelzperiode aufgenommene Satellitenbild erkennen lässt. Der Eispanzer verbirgt die durchaus abwechslungsreiche Topografie des Meeresbodens, in dem einzelne Becken wie Eurasisches, Kanadisches und Zentralarktisches Becken entwickelt sind. Der markanteste submarine Höhenzug ist der etwa 1.800 Kilometer lange Lomonossowrücken, der sich bis etwa 3.500 Meter über den Meeresgrund erhebt. Im Schelfbereich am Rand der kontinentalen Landmassen gibt es einzelne Randmeere – Grönlandsee, Barentssee, Karasee, Laptewsee, Ostsibirische See und Beaufortsee, die durch Inseln voneinander getrennt werden. Größte Insel im Nordpolarmeer ist Grönland, das mit einer Fläche von mehr als zwei Millionen Quadratkilometern gleichzeitig auch die größte Insel der Welt ist. Nur etwa ein Fünftel von Grönland ist eisfrei, der gewaltige Rest der Insel ist von einem im Durchschnitt rund 2.000 Meter mächtigen Eispanzer bedeckt. Weitere größere Inseln im Nordpolarmeer sind u. a. Baffin Island und Ellesmere Island im kanadisch-arktischen Archipel, Spitzbergen vor der norwegischen Küste sowie Novaja Zemlja und Sewernaja Semlja vor der Nordküste Russlands.

Durch den Nordatlantikstrom, einen nördlichen Ausläufer des Golfstroms, dringt warmes Wasser aus niedrigeren Breiten ins Nordpolarmeer vor und ermöglicht Besiedlung und Landwirtschaft in Gebieten, die ansonsten für menschliche Nutzung zu kalt und zu unwirtlich wären. Zu diesen Gunsträumen mit einigen ganzjährig eisfreien Häfen gehören vor allem das nördliche Skandinavien sowie die russische Halbinsel Kola. Somit sind die klimatischen Bedingungen in der Arktis gemäßigter als in den Polargebieten der Südhalbkugel rund um die Antarktis. Der Kältepol auf der Nordhalbkugel liegt nicht etwa am Nordpol oder in dessen unmittelbarer Nähe sondern mit −77,8 °C auf dem asiatischen Festland im östlichen Sibirien. Ob auf der Suche nach der Nordwestpassage oder der Nordostpassage – das Nordpolarmeer faszinierte Generationen von Seefahrern. Neben dem Entdeckerdrang wurden die Schiffsbesatzungen auch von wirtschaftlichen Interessen getrieben. Schließlich galt es, neue (und zum Teil wesentlich kürzere) Handelsrouten in andere Kontinente zu erkunden. Auch das Erreichen des Nordpols zählte zu den großen Herausforderungen menschlichen Entdeckerdrangs. Erstmals gelang dies vermutlich im Jahr 1909.

Auftauendes Packeis zu Beginn des nur relativ kurz andauernden arktischen Sommers.

Das Satellitenbild zeigt die Polarregion der Nordhalbkugel Ende Juni 2010. Die Brauntöne der eisfreien Gebiete stehen in starkem Kontrast zum teils leuchtenden Weiß gletscherbedeckter Regionen. Am hellsten erscheint die eisbedeckte Insel Grönland (links unten). Links darüber erkennt man die Inseln des kanadisch-arktischen Archipels, auf der rechten Seite das nördliche Russland. Die eisfreien Bereiche des Nordpolarmeers sind dunkelblau dargestellt.

Eisbären sind typische Bewohner der nördlichen Polarregionen und gelten als »Könige der Arktis«. Sie gehören zu den größten an Land lebenden Raubtieren der Welt. Eisbären halten sich zumeist an den Küsten und auf dem Meereis auf.

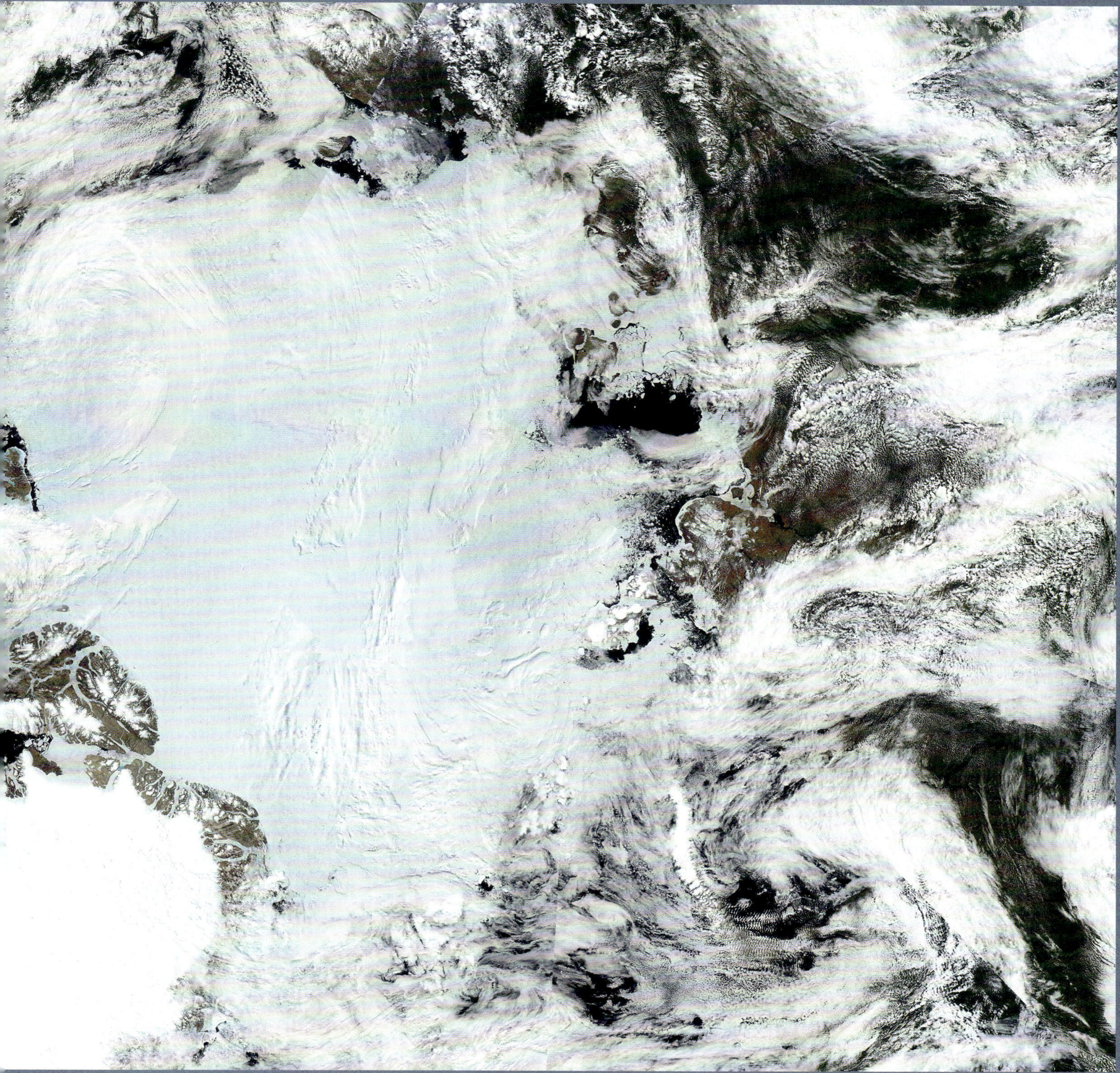

OSTGRÖNLAND: SCORESBY LAND

Scoresby Land ist ein stark zerklüftetes Gebiet an der Küste des östlichen Grönland. Unmittelbar hinter der Küstenlinie steigt das Gelände stellenweise stark an, die Oberfläche ist felsig und weitgehend vegetationsfrei. Nur die tiefer gelegenen Bereiche sind mit Moosen und Flechten sowie vereinzelten Birken und Weiden bewachsen.

Meist kommt es bereits im September zu ersten Schneefällen, die bis weit in den Frühling hinein anhalten. Etwa ab Ende Oktober gefriert das Meer, nur im Mündungsbereich des Scoresby Sound (im Bild rechts) bleibt eine größere Fläche das ganze Jahr über frei von Eis. Dieses Areal dient u. a. Walrossen

An Grönlands Ostküste bei Tasiilaq.

Kap Farvel an der Südküste von Grönland.

und Ringelrobben als Überwinterungsort. Im Lauf der sommerlichen Ablationsphase wird die gesamte Küste eisfrei. Vorher kommt es allerdings verbreitet zu Eisstau (in der Bildmitte erkennbar), wenn an der Küste größere Eismassen die aus dem Hinterland heranfließenden Schmelzwasserströme abdämmen. Das Scoresby Land befindet sich nördlich des Polarkreises, von Ende November bis Mitte Januar herrscht hier Polarnacht.

Die Region wurde nach dem britischen Walfänger und Seefahrer William Scoresby (1789–1857) benannt, der wichtige Forschungsergebnisse zu Entwicklung und Dynamik von Meereis lieferte.

Die Satellitenaufnahme vom Juli 2007 zeigt einen Abschnitt der Ostküste Grönlands während der Abschmelzperiode. Rechts ist der Scoresby Sound zu erkennen, der mit seinen vielen Seitenarmen ein verzweigtes System von Fjorden bildet, das zu den längsten der Welt gehört.

EUROPA

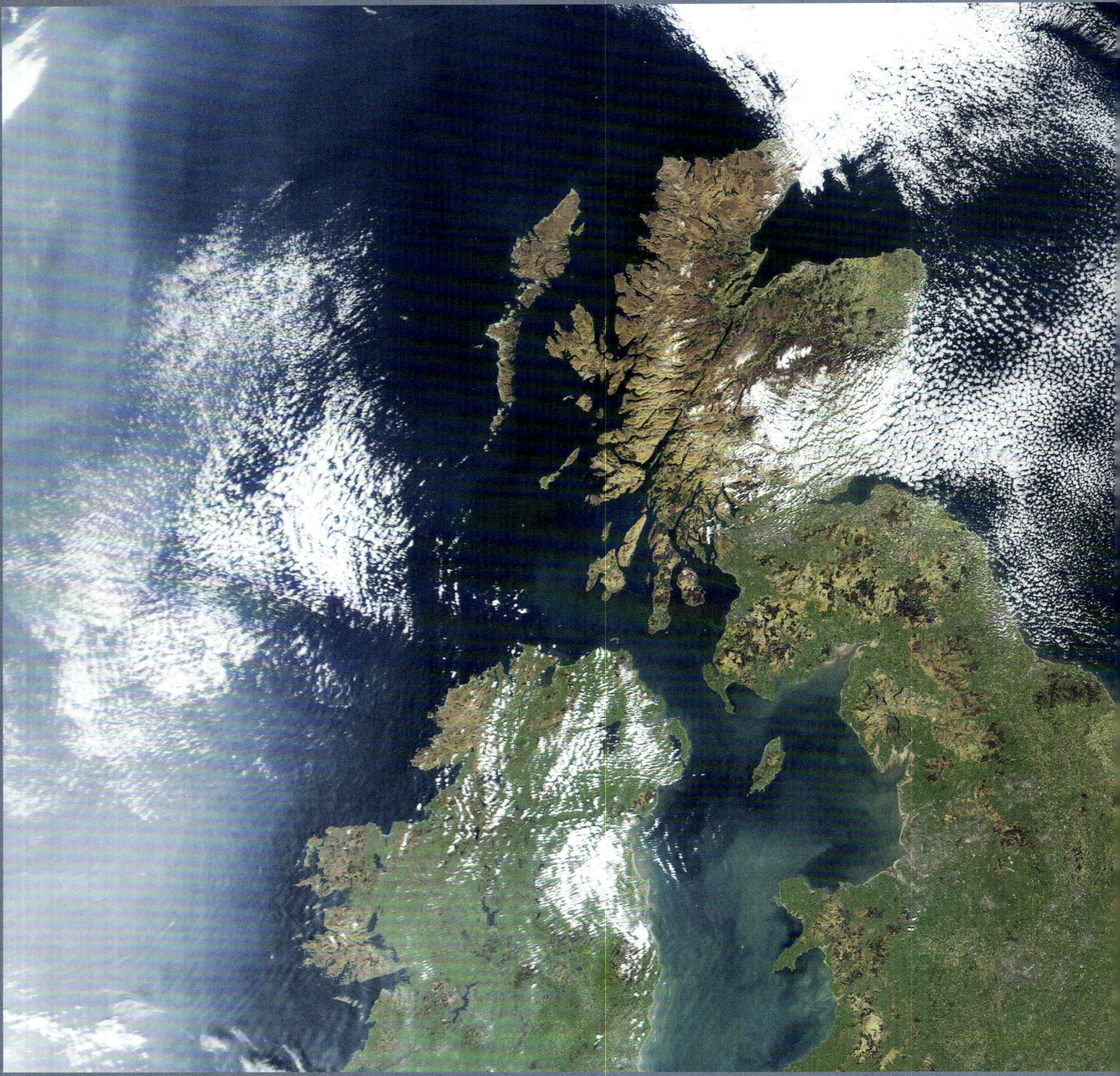

Die weitgehend klare Sicht auf Nordwesteuropa zeigt in der Bildmitte die Nordsee mit den Britischen Inseln im Westen, der Halbinsel Jütland im Osten sowie die Niederlande und Norddeutschland im Süden.

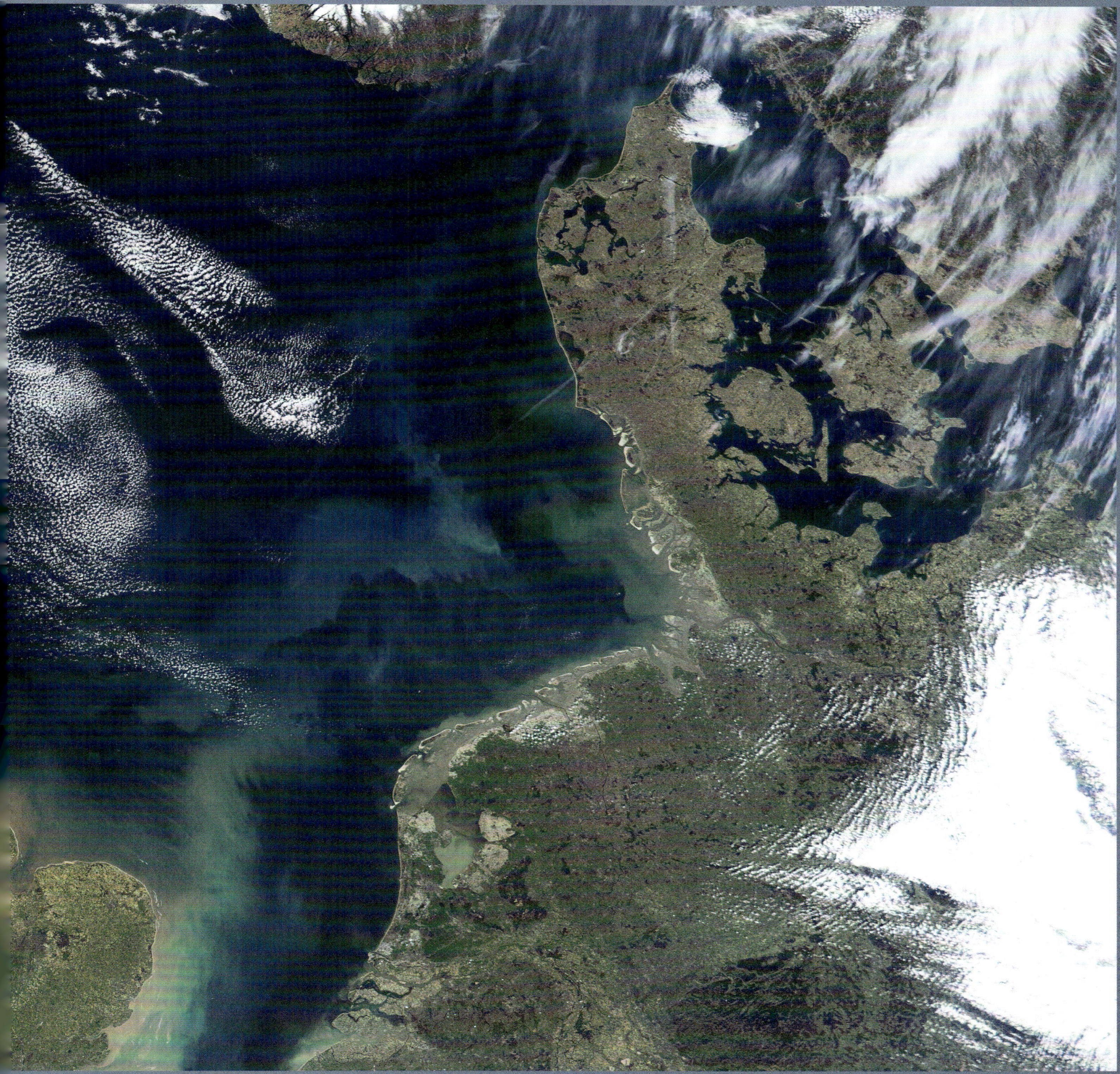

Island, mit 103.000 Quadratkilometern der zweitgrößte Inselstaat Europas und zugleich die größte Vulkaninsel der Welt, liegt knapp südlich des Polarkreises im Nordatlantik. Weite Teile des wüstenhaften Hochlands im Inselinneren sind unbewohnt, die Siedlungen konzentrieren sich entlang der Küste. Über ein Drittel der 318.000 Einwohner lebt in der Hauptstadt Reykjavík im Westen. Die Insel ist gebirgig, die Durchschnittshöhe liegt bei 500 Metern. Island wird nicht umsonst auch die Insel aus Feuer und Eis genannt: Viele der aktivsten und gefährlichsten Vulkane der Insel liegen unter mächtigen Inlandeisschilden. Nördlich des Vatnajökull liegt Islands größtes zusammenhängendes Lavafeld – die etwa 4.500 Quadratkilometer große Ódáðahraun, die »Wüste der Missetäter«.

Island hat bei einer Breite von rund 500 Kilometern und einer Nord-Süd-Erstreckung von rund 300 Kilometern eine etwa 4.970 Kilometer lange Küstenlinie: Grund dafür sind die unzähligen Fjorde und Buchten, die die West-, Nord- und Ostküste zerschneiden. Die Nordostspitze ist beinahe schon eine Insel und besitzt nur noch eine relativ schmale Verbindung zur Hauptinsel.

Entlang der Südwest- und Nordostküste strömt der kalte Grönlandstrom, an der Südküste der relativ »warme« Irmingerstrom, der dort für ein vergleichsweise mildes Klima sorgt. Das isländische Klima ist ozeanisch und für die hohe Breitenlage überraschend mild: Dank des Golfstroms liegt die winterliche Durchschnittstemperatur bei 0 bis 3 °C, die Sommertemperatur bei 12 bis 15 °C. Die Niederschläge fallen jedoch regional sehr unterschiedlich aus: Etwa 2.000 Millimeter sind es im Süden, etwa 4.000 Millimeter am Vatnajökull. Er ist das erste große orografische Hindernis für die feuchten, über das Meer kommenden Wolken und zwingt diese zum Aufsteigen und Abregnen. Damit erklärt sich auch die Mächtigkeit seiner Eiskappe, die bei rund 1.000 Metern liegt. In seinem Lee nördlich des Gebirgsstocks fallen auf den wüstenhaften Lava-Hochebenen nur noch 600 Millimeter Niederschlag. Island liegt am Nordende des Mittelatlantischen Rückens, der von Südwesten nach Nordosten diagonal durch die Insel verläuft. Entlang dieses Rückens divergieren die Eurasische Platte (Richtung Osten) und die Nordamerikanische Platte (Richtung Westen) auseinander – jährlich um etwa zwei Zentimeter. Theoretisch müsste die Insel also auseinanderbrechen, dies geschieht jedoch nicht, weil ein ständiger Nachschub an flüssigem Gesteinsmaterial aus dem Erdinneren beide Inselteile zusammenhält. Die tektonischen Bewegungen äußern sich in der Präsenz von insgesamt 200 postglazialen Vulkanen, von denen rund 30 aktiv sind sowie in über 600 heißen Quellen, Geysiren, Fumarolen, unzähligen kleinen Erdbeben und thermischer Erdwärme. Bei den Eruptionen handelt es sich meist um Spaltenausbrüche: Die berühmteste ist die 25 Kilometer lange Lakagígar-Spalte – eine Aneinanderreihung von über 100 Kratern; sie ist südwestlich des Vatnajökull erkennbar.

Das Septemberbild zeigt die Gletscher Islands, die rund elf Prozent der Landesfläche einnehmen.

Das Winterbild zeichnet Islands Konturen messerscharf nach: West-, Nord- und Ostküste sind stark zerklüftet, während die Südküste mit ihren Sanderflächen weichere Konturen aufweist. Die Gletscher sind an ihrer glatten Oberfläche zu erkennen, auch die Spalten der Östlichen und Nördlichen Vulkanzone (südwestlich bzw. nördlich des Vatnajökull) lassen sich sehr deutlich nachvollziehen.

Zwei sehenswerte vulkanische Gebirge im isländischen Hochland: Die Kerlingarfjöll (links) fasziniert mit zahlreichen heißen Quellen, Fumarolen, Schlammtöpfen und heißen Bächen. Die Kverkfjöll (rechts) gehört zum Gebiet des Vatnajökull. Fjöll ist das isländische Wort für Berge.

Blick vom Vatnajökull im gleichnamigen Nationalpark Richtung Meer: Der im Südosten der Insel gelegene Gletscher (isländisch: »Wassergletscher«) ist der größte der Insel und nimmt acht Prozent der Landesfläche ein. Unter seiner 1.000 Meter mächtigen Eiskappe liegen gleich mehrere Vulkane, unter anderem der Grímsvötn, der Bárðarbunga und der Hvannadalshnúkur (2.110 m), zugleich die höchste Erhebung Islands. Die beiden erstgenannten Vulkane zählen zu den aktivsten Islands. Bei den Ausbrüchen werden die gewaltigen Gletscherläufe (isländisch: jökulhlaup) gefürchtet: Dann laufen die Gletscherseen über und ergießen sich in die 1.000 Quadratkilometer große und 56 Kilometer breite Schwemmlandebene an der Küste (großes Foto rechts oben). Sehenswert ist auch der Gletschersee Jökulsárlon.

Die Südküste Islands – hier der Blick von der Landspitze Dyrhoaey in Richtung Vik – zeigt die Steilküste Islands mit dem schwarzen Sandstrand Reynisfjara und den berühmten Felsnadeln von Vik – den südlichsten Punkt Islands – am Horizont.

Im Frühjahr 2010 schaffte es ein isländischer Vulkan an der Südwestküste der Insel auf die Titelseiten der Weltpresse: Am 14. März begann der Ausbruch des 1.666 Meter hohen Eyjafjallajökull, dem »Inselberge-gletscher«. Am 20. März stieß der rund zwei Autostunden von Reykjavík entfernt liegende Vulkan eine gewaltige Aschewolke in die Atmosphäre, die Richtung Nord- und Mitteleuropa zog und für mehrere Tage den europäischen Flugverkehr lahmlegte. Die Aschewolke entstand beim Aufeinandertreffen der glühenden Lava auf die 200 Meter dicke Eisschicht des gleichnamigen Gletschers, der den Vulkan bedeckt: Explosionsartig wurde das Eis in heißen Dampf verwandelt und Magma zu Puder zerstäubt. In etwa 10.000 Meter Höhe zog die Aschewolke Richtung West- und Mitteleuropa.

Die Isländer führen über alles Buch, was seit der »Landnahme« Ende des 9. Jahrhunderts auf ihrer Insel passiert ist. So weiß man heute, dass der Eyjafjallajökull (von den Vulkanologen E15 genannt) seither vier Mal aktiv war: 920, 1612, 1821–1823 und 2010. Aus der Zeit vor dem 9. Jahrhundert sind zwölf Eruptionen nachweisbar. Die Caldera auf seinem Gipfel ist drei mal vier Kilometer groß, zahlreiche Spalten ziehen sich in west-östlicher Richtung über

19. April 2010: Eine 400 Kilometer lange Aschewolke zieht vom Eyjafjallajökull in südöstliche Richtung.

eine Länge von 30 Kilometern, aus denen beim Ausbruch Lava strömte. Erkaltete Lavaströme finden sich sowohl auf der West- als auch auf der Ostflanke. Der Eyjafjallajökull zählt mit seinen 700.000 Jahren zu den ältesten der Insel und liegt auf einem von Nordosten nach Südwesten streichenden Risssystem – der »östlichen Vulkanzone« – es verläuft von den Westmännerinseln vor der Südküste bis zum Vatnajökull. Das Risssystem liegt dort, wo sich die Europäische Kontinentalplatte von der Nordamerikanischen entfernt – in dieser Spreizungszone steigt Magma auf. Im März 2010 öffnete sich eine Spalte auf dem Sattel zwischen dem Eyjafjallajökull und dem benachbarten Gletscher Myrsdalsjökull, aus der Lavafontänen schossen. In einer zweiten Eruptionsphase explodierte der Vulkan in der Caldera unter dem Gletscher. Über eine auf der Nordseite bis auf 1.200 Meter reichende Gletscherzunge (Gígjökull oder »Kratergletscher« genannt) floss Schmelzwasser in den Markarfljót, der in der Nähe von Thórsmörk durch einen Sander mäandriert. Beim Ausbruch wurde der am Ende der Gletscher-

Asche steigt über der schwarz verfärbten Eiskappe auf.

Magma und Eis ergeben beim Aufeinandertreffen eine hochexplosive Mischung.

zunge liegende See mit Asche und Sedimenten verfüllt. Die Vulkanologen befürchten, dass Island mit dem Ausbruch eines noch viel gefährlicheren Nachbarn rechnen muss, der östlich des Eyjafjallajökull gelegenen Katla. Dieser Vulkan wurde immer dann aktiv, wenn auch der Eyjafjallajökull erwacht war. 2011 aber brach stattdessen der Grimsvötn aus.

Die rot glühenden Lavaströme heben sich deutlich vom Weiß des Gletschers ab. Der Fluss Markarfljót transportiert schwarze Asche und Sedimente Richtung Meer (linker unterer Bildrand). Rechts ist der deutlich größere Gletscher Myrsdalsjökull zu sehen.

18. April 2010: Ein faszinierendes Naturschauspiel findet in der Aschewolke des Eyjafjallajökull statt: Ascheteilchen werden durch die Reibung elektrostatisch aufgeladen und entladen sich anschließend in einem eindrucksvollen Lichtspektakel.

Wolkenverhangenes, nasskaltes Wetter ist absolut nichts ungewöhnliches auf der kleinen Vulkaninsel Jan Mayen im Nordatlantik bzw. in der Grönlandsee. Die seit 1929 zu Norwegen gehörende Insel liegt etwa 650 Kilometer nordöstlich von Island und 450 Kilometer östlich von Grönland, mitten im Entstehungsgebiet des Island-Tiefs. Wenn polare Kaltluft aus dem eisigen Norden nach Süden zieht, so entstehen über dem vergleichsweise wärmeren Wasser des Nordatlantiks durch Konvektion Wolken. Diese werden von der Kaltluft in langen »Fäden« auf ihrem Weg nach Süden »mitgerissen«, so wie man es auf dem Satellitenbild (Fotomitte) sehen kann. Die gebirgige Insel Jan Mayen stellt sich dieser Luftströmung in den Weg, sodass sie von ihr über- und umströmt wird. Das ist anhand der dort auffälligen, nach Süden verlaufenden spiralförmigen Struktur aus Wolkenwirbeln zu erkennen. Es handelt sich um eine sogenannte Kármán'sche Wirbelstraße, benannt nach dem ungarischen Physiker und Aerodynamiker Theodore von Kármán (1881–1963). Die Luftmassen umströmen die Insel und lösen sich auf Leeseite auf. Danach folgen zwei Reihen von Wirbeln mit entgegengesetztem Drehsinn.

Solche Wirbelstraßen entstehen nur dann, wenn die Geschwindigkeit der anströmenden Luftmassen groß genug ist. Sie können sich, wie in diesem Fall, über einige hundert Kilometer entlangziehen. Jene Wolken, die die Berge von Jan Mayen überströmen, ordnen sich quer zur Strömung an, deutlich am weißen Wolkenfleck (auf dem Satellitenbild in der Mitte) zu erkennen.

Jan Mayen liegt auf dem Mittelatlantischen Rücken und ist von Vulkanismus und Gletschern gekennzeichnet. Der höchste Gipfel, der nach einem holländischen Walfänger benannten Insel, ist der beinahe 2.300 Meter hohe Beerenberg, der in der Nordhälfte

Nebel und karge, vegetationsarme Landschaften prägen die Vulkaninsel Jan Mayen.

der löffelförmigen, etwa 370 Quadratkilometer großen Insel liegt. Es handelt sich um einen Strato- oder Schichtvulkan, der einen im Durchmesser rund einen Kilometer großen Zentralkrater sowie mehrere Nebenkrater besitzt. Der Beerenberg war in unregelmäßigen Abständen immer wieder aktiv – letztmalig im Jahr 1985 – und ist stark vergletschert. Seine Eiskappe nimmt mit etwa 114 Quadratkilometern immerhin ein Drittel der Gesamtfläche der Insel ein. Im Südwesten der Insel gibt es mit der Sør-Jan-Gruppe einen weiteren Vulkan-Komplex. Die aus Aschekegeln und Lavadomen bestehende Gruppe gilt als erloschen.

Das Klima auf Jan Mayen ist arktisch mit maritimer Komponente. Im Winter trägt der Ostgrönlandstrom Treibeis bis zur Küste heran (oben links). Ihm entgegenkommend bringt der Golfstrom wärmeres Wasser. Die Mischung beider Strömungen mit den dazugehörigen Luftmassen sorgen oft für stürmisches Wetter.

Vielerorts auf der Insel haben sich die Gletscher weit zurückgezogen. Dann kann man sehr gut das Trogtal mit den Seitenmoränen und die von den Schmelzwassern des Gletschers zerfurchte Grundmoräne erkennen.

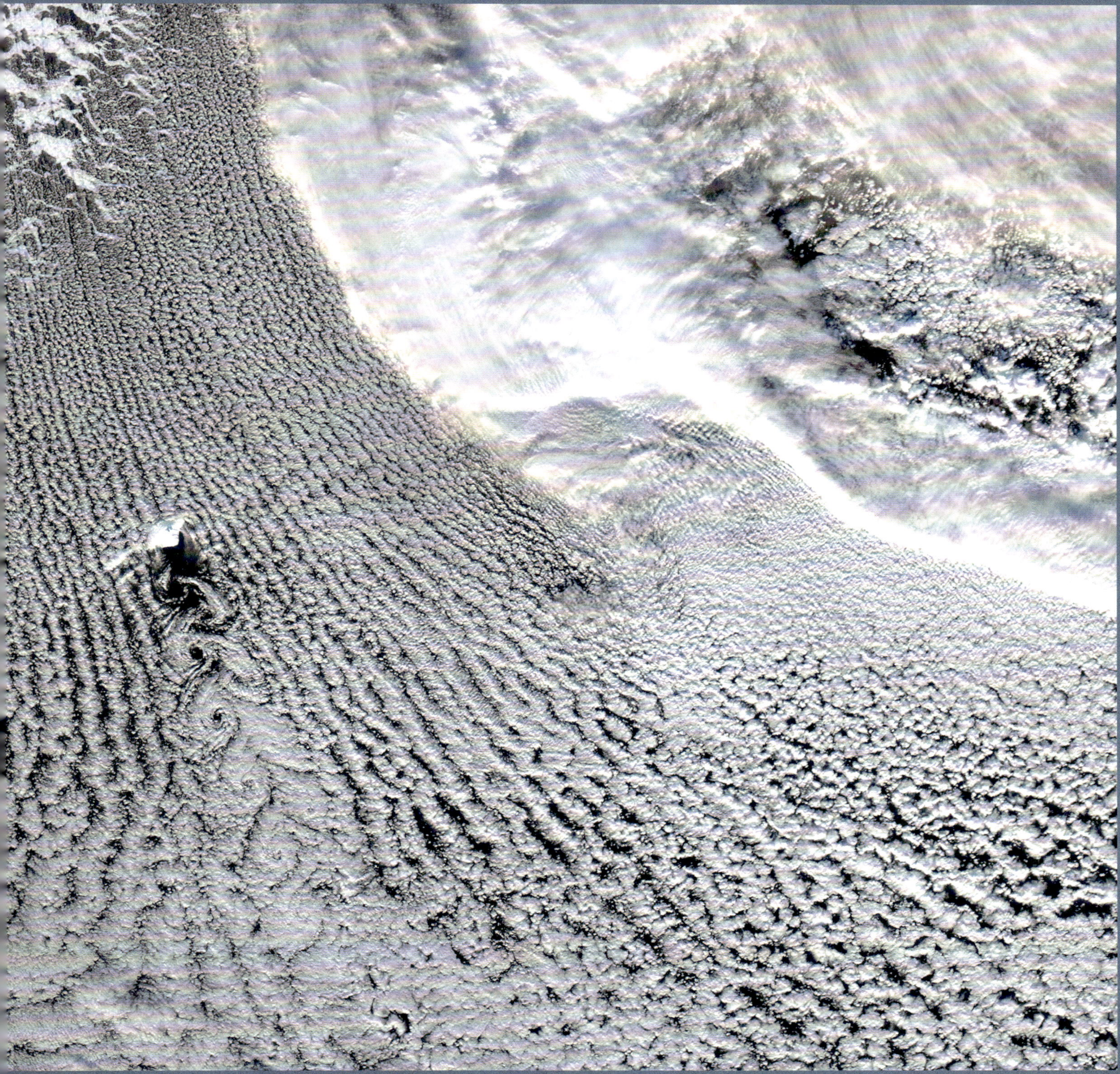

Die Finnmark ist Norwegens größte, nördlichste und zugleich am dünnsten besiedelte Region. Sie liegt ebenso weit im Norden wie Sibirien, Grönland und Alaska; ihre Küste grenzt im Westen an das Europäische Nordmeer und im Osten an die Barentssee, beides Randmeere des Atlantischen Ozeans und des Nordpolarmeeres. Aber aufgrund eines Zweiges des Nordatlantikstroms (Golfstrom), des Norwegischen Stroms, der dicht an der Küste entlangströmt, sind die Winter dieser hohen Breiten verhältnismäßig mild, auch die Küstengewässer frieren nicht zu. Trotz reichlichen Schneefalls werden weite Bereiche der Küstenregion durch umgebende Gebirgszüge gut gegen die widrigen Wind und die arktische Kälte abgeschirmt, sodass in geschützten Lagen die Temperaturen nicht allzu tief sinken.

Wie an der gesamten norwegischen Westküste sind die spektakulären Landschaftsformen in erster Linie das Werk eiszeitlicher Gletscher. Besonders eindrucksvoll sind natürlich die breiten und offenen Fjorde der Finnmark. Die durch Eiszeit-Gletscher ausgehobelten Gebirgstäler wurden nach der letzten Eiszeit und mit dem damit verbundenen Anstieg des Meeresspiegels geflutet.

Die Fjorde der Finnmark reichen tief – einige mehr als 100 Kilometer – ins Land hinein; der längste ist mit 123 Kilometern der Porsangerfjord, zugleich der viertlängste des Königreiches. Westlich des Porsangerfjords erstreckt sich die Halbinsel Porsanger, der die Insel Magerøy vorgelagert ist. Auf ihr befindet sich das Nordkap, das auf 71°10'21" nördlicher Breite liegt und alljährlich das Sehnsuchtsziel zahlreicher Besucher ist – auch wenn das Nordkap nicht der nördlichste Punkt Europas ist. Trotzdem ist das Nordkap ein Touristenmagnet, denn von hier lässt sich auch das Schauspiel der Mitternachtssonne gut beobachten, wolkenfreier Himmel vorausgesetzt. Im Gegensatz zur Küste der Finnmark sieht es in ihrem Landesinneren, der Finnmarksvidda, ganz anders aus (auf dem Satellitenbild unten rechts). Hier kann es im Winter mit Temperaturen um –40 °C bitter kalt werden. Ferner erinnert diese flache und karge, auf 300 bis 600 Meter Höhe liegende Hochebene mit ihren zahlreichen Seen an die finnische Seenplatte. Sie ist die Heimat der Volksgruppe der Sami, die hier halbnomadisch von Rentierzucht leben. Weite Teile der Finnmarksvidda sind mit Tundrenvegetation bewachsen, also Flechten, Moose und Heidekräuter. An manchen Stellen geht diese in Waldtundra, mit Bäumen (Nadelbäume), und sogar in Taiga über, wie etwa im Stabbursdalen nasjonalpark. Hier, unweit vom Porsangerfjord entfernt, befindet sich der am nördlichsten gelegene Kiefern-Urwald der Welt, mit über 500 Jahre alten Bäumen. Das sumpfreiche Schutzgebiet ist Heimat zahlreicher Vogelarten, darunter die Schellente oder die Zwergammer.

Das Nordkap, Europas nördlichster Punkt, befindet sich auf einem 307 Meter hohen Schieferplateau.

Blick auf das Europäische Nordmeer und das nördliche Norwegen: Von zahllosen Fjorden gekennzeichnet und von bizarren Gebirgskämmen durchzogen, so präsentiert sich die stark zerfurchte und gegliederte Küste der Finnmark auf dem Satellitenbild.

Stürmisch und rau sind die Gewässer im Varangerfjord, deren Wellen an die felsige Küste im äußersten Nordosten Norwegens brechen.

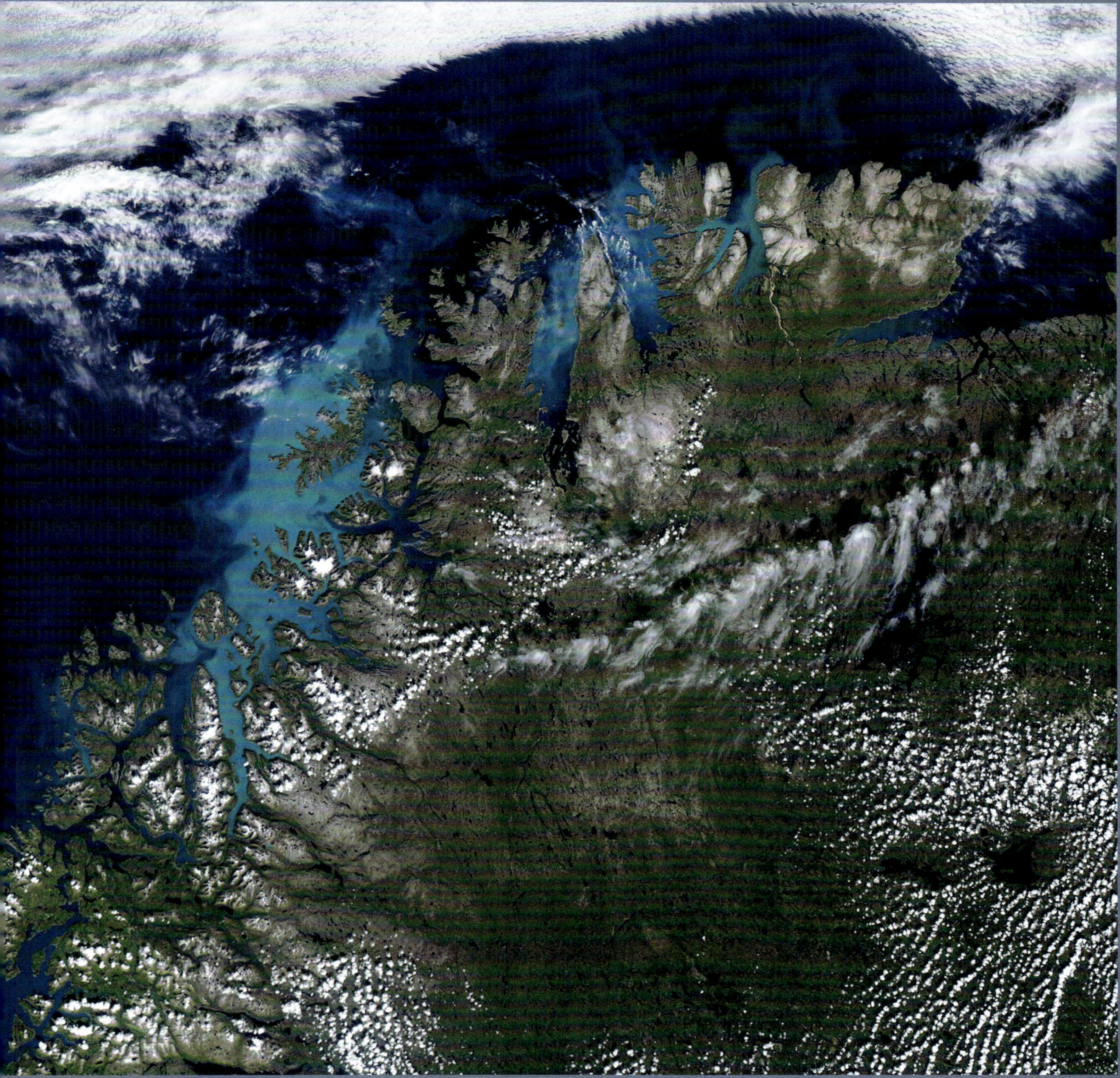

Der Hardangerfjord, in Norwegens Südwesten und auf Höhe der Stadt Bergen, zählt zu den schönsten des Landes. Er ist, nach dem Sognefjord, mit etwa 183 Kilometern Länge der zweitgrößte Fjord Norwegens. Vielgliedrig und dutzendfach verästelt schlängelt er sich von der Schärenküste im Westen ins Landesinnere Richtung Nordosten und schneidet sich tief ins Bergland des Hardangerfjells hinein. Am Fjordanfang und in Küstennähe ist das Ufer noch von Wald- und Wiesenlandschaften geprägt. Aber in den mittleren und inneren Abschnitten werden die Ufersäume immer schmäler und mehr und mehr von steilen Felswänden flankiert. Hier beginnt der Einflussbereich des Folgefonna, des drittgrößten Gletschers auf Norwegens Festland. Er liegt auf einer Halbinsel im gleichnamigen Nationalpark, zwischen Sørfjord im Osten, Åkrafjord im Süden und Hardangerfjord im Westen. Schließlich erreicht der Hardangerfjord am Hochplateau der Hardangervidda seine Grenze im Osten. Dort teilt er sich in den kleineren Eidfjord und Sørfjord auf. Am Ufer des Sørfjord blühen zwischen Mai und Juni Tausende von Obstbäumen und lassen die Landschaft in zarten Farben und Düften erscheinen. Begünstigt wird dies zum einen durch den milden Golfstrom, zum anderen schützt der etwa 1.600 Meter hohe Folgefonna das schmale Tal vor Wind und Kälte. Hier werden bereits seit dem Mittelalter Äpfel, Kirschen und Pflaumen angebaut. In dieser Region gibt es auch einige der spektakulärsten Wasserfälle des Landes. So befindet sich z. B. am Ende des Sørfjord das Oddatal, auch »Tal der Wasserfälle« genannt. Publikumsmagnet ist der Låtefoss, dessen Wassermassen aus der Hardangervidda über eine mehrere hundert Meter hohe Kaskade zu Tal stürzen. In der Hardangervidda, der größten Hochebene des Landes, gibt es den in Europa stärksten Bestand an Rentieren.

Blick vom Landesinneren auf den Hardangerfjord.

Das Foto zeigt die Fjordküste bei Bergen (links) sowie den Hardangerfjord und sein Fjordsystem (von links unten nach rechts oben). In der Mitte ist der Gletscher Folgefonna auf der gleichnamigen Halbinsel gut zu erkennen. Sie wird im Osten vom schmalen Sørfjord und der schneebedeckten Hardangervidda begrenzt.

NORWEGEN: FJORDLAND, GEIRANGERFJORD

Der Geirangerfjord steht als eine der schönsten Landschaften der Erde seit dem Jahr 2005 als Weltnaturerbe unter dem Schutz der UNESCO. Er ist der innerste Zweig des 120 Kilometer langen Storfjords, den alljährlich mehr als 150 Kreuzfahrtschiffe aus aller Welt passieren. Vom Schiff aus zu sehen sind unter anderem die drei berühmten Wasserfälle »Sieben Schwestern«, »Freier« und »Brautschleier«. Auch die Hurtigruten-Schiffe legen im Sommer in dem 250-Seelen-Dorf Geiranger am Ende des Fjords an. Die Passstraße Ørneveien, »Adlerstraße«, vom Geirangerfjord zu dem nördlich gelegenen Norddalsfjord ist mit den vielen Serpentinen und Aussichtspunkten eine der atemberaubendsten Bergstraßen Skandinaviens. An der Serpentine »Ørnesvingen« bietet sie einen herrlichen Blick auf den Geirangerfjord.

Fjorde sind ursprünglich von der Eiszeit geformte Trogtäler und nirgendwo weisen die Meeresarme so spektakuläre Formen auf wie in Norwegen. Mit seinen Wasserfällen namens »Sieben Schwestern« – im Sommer fallen oft nur noch vier – weiß der Geirangerfjord zu beeindrucken (links).

FINNLAND: SCHÄRENKÜSTE

In den Gebieten der Nordhalbkugel, die während des rund 2,5 Millionen Jahre dauernden Pleistozäns wiederholt von mächtigen Inlandeismassen bedeckt waren, sind noch heute vielfältige, überaus markante Spuren jener Zeit erkennbar. Dieser als Eiszeitalter bekannte Abschnitt der Erdgeschichte endete vor etwa 10.000 Jahren. In den Küstengebieten Nordeuropas (und Kanadas) entstanden durch die abschleifende Wirkung der vorrückenden Eismassen die sogenannten Schären. Bei diesen handelt es sich um Hügel aus anstehendem Gestein, die nach dem Schmelzen der Eismassen an der Oberfläche auftauchten und durch den nacheiszeitlichen Anstieg des Meeresspiegels zu Inseln wurden. An manchen Küstenabschnitten erscheinen hunderte oder sogar tausende derartiger Formen als Schärengärten.

In Bezug auf ihre Genese sind Schären dem glazialen Formenschatz zuzuordnen, der das Landschaftsbild in einst vergletscherten Regionen noch heute maßgeblich prägt. Neben dem postglazialen Anstieg des Meeresspiegels bewirkt ein zweites Phänomen die Dynamik der Schärenlandschaft: Nach dem Abschmelzen der Eismassen setzte eine isostatische Hebung der vom Gewicht des Eises befreiten Landmassen ein, die – wenn auch in bescheidenem Ausmaß – immer noch anhält. Somit wachsen die Schären weiter und neue tauchen aus dem Meer auf. Die Höhenunterschiede im Bereich dieser welligen Felsenküste sind relativ gering, die Senken zwischen einzelnen rundhöckerartigen, abgerundeten Inseln reichen nicht sehr weit ins Festland hinein. Die Größe einzelner Schären kann jedoch stark variieren, sie reicht von wenigen Quadratmetern bis zu mehreren Quadratkilometern. Ähnliches gilt für die Höhe, die bis zu einigen Zehner Metern reichen kann. Nur die höheren Schären sind mit Vegetation bewachsen, die neben Grasbedeckung auch Sträucher und kleinere Bäume umfassen kann. Einige der größeren Schären vor der Küste Finnlands, Schwedens und Norwegens sind bewohnt.

Im Satellitenbild zeigen sich Schärenküsten als Mosaik mit vielen unterschiedlich großen Abschnitten, die teils dichter geschart, teils weiter voneinander entfernt sind. Jede Schärenküste bildet – vor allem aus dem Weltraum betrachtet – ein unvergleichliches Muster. In Bezug auf die Zeit ihrer Entstehung ähneln Schären den Fjorden an der stark zerklüfteten Westküste Norwegens, auch wenn diese aus ehemaligen Flusstälern hervorgingen.

Im Schutz der Schären wurden an manchen Stellen Häfen angelegt. Dies gilt auch für einige skandinavische Metropolen wie Helsinki, Turku oder Stockholm, die sich im Hinterland von ausgedehnten, weit verzweigten Schärengärten befinden. Andererseits stellt das Navigieren zwischen einzelnen Schären angesichts oft nur schwer vorauszusagender Untiefen Schiffskapitäne vor große Herausforderungen. In Booten mit geringerem Tiefgang (z. B. Segelbooten) kann man die Schärenlandschaft meist problemlos durchfahren. Es gibt auch eigene touristische Angebote, in deren Rahmen man die schöne Inselwelt der Schären an Bord eines Bootes erleben kann.

Schärenküste mit glatt geschliffenen Felsen unweit der finnischen Hauptstadt Helsinki.

Der Blick aus dem All macht deutlich, welch ein Gewirr kleiner Felskörper die Schärenküste – hier der Nationalpark Skärgårdshavets vor der Küste von Turku und Åbo – darstellt. Rundhöcker mit dazwischenliegenden Schmelzwassersenken sind auch auf dem Festland erkennbar; anhand ihrer Längsachsen lässt sich die letzte Eisbewegungsrichtung rekonstruieren.

Nicht nur in der langen Dämmerung oder bei Sonnenuntergang wirken Schärenküsten eindrucksvoll. Sie sind Zeugen des Eiszeitalters, in dem gewaltige Eismassen u. a. weite Teile Nordeuropas nachhaltig umgestalteten und formten.

Kurz vor Arnhem durchquert der größte deutsche Fluss, eine der wichtigsten internationalen Wasserstraßen überhaupt, die Grenze der Niederlande; bereits ab Bonn trägt er den Namen Niederrhein. Bis zur Mündung in die Nordsee ist es von dort eigentlich nicht mehr weit; aber nun wird es komplizierter für den Rhein, denn er muss einiges von seinem Wasser abgeben – unter anderem an die Waal, die einen großen Teil des Rheinwassers aufnimmt. Im Gegenzug teilte der Rhein sich seine Mündung lange Zeit mit der Maas. Da auch der Mündungstrichter der Schelde in die räumliche Nachbarschaft gehört, ist gelegentlich statt vom Rheindelta auch vom Rhein-Maas-Schelde-Delta die Rede. Zwar ist auf dem Satellitenbild kein weit ins Meer hineinragender Schwemmfächer zu erkennen, wie er für manche Deltamündungen typisch ist, doch auch so lässt sich nicht übersehen, dass diese Landschaft vom Wasser geformt wurde: Die Kette aus – tatsächlichen und ehemaligen – Inseln ist durch Ablagerung von Sedimenten entstanden, aber auch durch teils natürliche, teils künstliche Verlagerungen von Wasserläufen und durch Erosion. Sedimente hinterlassen aber nicht nur die Flüsse, allen voran der Rhein: Auch die Gezeiten haben das Mündungsdelta jahrtausendelang immer wieder umgeformt. Wie das Satellitenbild zeigt, sind die Landflächen im Delta besiedelt und weitgehend landwirtschaftlich genutzt. Der Einfluss der Gezeiten stellte deshalb stets eine Bedrohung dar, denn Sturmfluten konnten große Teile dieses Landes fortspülen und ins Meer reißen. Nach der Flutkatastrophe von 1953 setzte die niederländische Regierung sich deshalb ein sehr ehrgeiziges Ziel: Die bestehenden Seedeiche mussten erheblich aufgestockt werden, gleichzeitig sollte ein neues System von Deichen, Sperrwerken und Schleusen das Delta gegen künftige Überflutungen abschirmen. Die Ingenieure, die mit der Planung der Deltawerke betraut waren, betraten damals technisches Neuland und schufen aufsehenerregende Anlagen, die als technische Weltwunder galten. Gut sichtbar sind diese Vorrichtungen an den beiden großen lang gestreckten Inseln in der Bildmitte: Die obere (Goeree-Oberflakkee) ist an der Unterseite (rechts) über den Philipsdam mit dem Festland verbunden. Vorn, zum Meer hin, verbindet der sechs Kilometer lange Brouwersdam die Insel mit dem darunter gelagerten Schouwen-Duiveland. Die spektakulärste Anlage unter den Deltawerken ist das Oosterschelde-Sturmflutwehr. Das neun Kilometer lange Sperrwerk (links unten) schützt die Binnengewässer unterhalb von Schouwen-Duiveland. Geplant war an dieser Stelle eigentlich nur ein Deich, der die Oosterschelde von den Gezeiten getrennt hätte; fehlender Zustrom von Salzwasser hätte die ökologischen Bedingungen jedoch nachhaltig verändert. Vier Kilometer wurden deshalb als Sturmflutwehr ausgebaut, dessen Tore nur bei drohender Gefahr komplett geschlossen werden.

Bei Arnhem: Ein Frachter auf dem Niederrhein, der einen flachen Landstrich durchfließt.

Der Brouwersdam zwischen den beiden großen Inseln in der Bildmitte (links, zum Meer hin) hat sich zu einem Revier für Windsurfer entwickelt. Rechts der Absperrung ist dank der Dämme das Grevelingenmeer entstanden, ein bedeutender Salzwasser-Binnensee.

Die deutsche Nordseeküste erstreckt sich von der deutsch-niederländischen Grenze im Westen bis zur deutsch-dänischen Grenze im Norden. Sie ist eine Gezeitenküste, die dem Spiel der Elemente – Wind und Wasser – ausgesetzt ist. Diese Kräfte sind es, die den Küstenbereich und die ihm vorgelagerten Inseln – die Nordfriesischen und Ostfriesischen Inseln – formten und auch weiterhin umgestalten. Für die Entstehung der heutigen Küstenlinie und des Wattenmeers war der Meeresspiegelanstieg vor etwa 6.000 Jahren, nach dem Ende der letzten Eiszeit verantwortlich. Aber auch danach kam es zu – wenn auch geringeren – Schwankungen des Meeresspiegels und immer wieder zu verheerenden Sturmfluten, die zum Teil massiv auf die Morphologie der Küstenregion einwirkten.

Begrünte Deiche, die an der gesamten Nordseeküste eine Länge von mehr als 1.500 Kilometer betragen, schützen die Küstenlinie und das vielerorts unter dem Meeresspiegel gelegene Hinterland vor den Sturmfluten der Nordsee. Typisch für Gezeitenküsten sind Ästuare, das sind Flussmündungen mit trichterähnlicher Form, wie die der Ems, Weser und Elbe. Die nur wenige tausend Jahre alten Ostfriesischen Inseln erstrecken sich – wie man auf dem Satellitenbild unten links gut erkennen kann – nahezu parallel zum Küstenverlauf. Es sind Barriereinseln, die durch Ablagerung der von der Brandung mitgeführten Sedimente entstanden sind. Nach und nach sammelten sich die Sedimente zu Sandbänken an, bis sie schließlich aus dem Wasser aufragten. Die Ansiedlung erster Pflanzen führte zu deren Stabilisierung. Dennoch befinden sich die Ostfriesischen Inseln durch Materialumlagerungen weiterhin in Bewegung. Die vorherrschende Wind- und Strömungsrichtung sorgt im Westen der Inseln für die Abtragung von Sand, der dann im Osten wieder abgelagert wird. Anders als die Ostfriesischen Inseln bestehen die Nordfriesischen Inseln aus Resten des ehemaligen nordwestdeutschen Küstengebietes, der Geest, die einst durch eiszeitliche Aufschüttungen entstanden ist. Daher sind sie etwas höher als die flachen Ostfriesischen Inseln.

Zwischen den Nordfriesischen und Ostfriesischen Inseln und dem Festland erstreckt sich das bis zu 30 Kilometer breite Wattenmeer, eine einzigartige amphibische Naturlandschaft, die einer vielfältigen Tierwelt Lebensraum bietet. Wenn sich bei Ebbe das Meer weit zurückzieht, breitet sich eine graufarbige Schlickfläche aus – Heimat zahlreicher Kleinst- und Kleinlebewesen, die wiederum Nahrungsgrundlage für Säugetiere, etwa Seehunde und Kegelrobben, Vögel und Fische sind. Der teilweise tiefe Boden wird von Wasseradern, den Prielen, durchzogen. Durch diese dringt das Wasser bei Flut wieder ein.

Dieses bedeutende gezeitenabhängige Feuchtbiotop, das die weltweit größte zusammenhängende Fläche aus Schlick- und Sandwatt bildet, wurde im Jahr 2009 von der UNESCO als »grenzüberschreitende Weltnaturerbestätte« (in den Niederlanden und in Deutschland) anerkannt. Neben dem Watt stehen u. a. auch die Salzwiesen, die Marschflächen und die Dünen unter Schutz.

Der Leuchtturm Westerheversand auf der Halbinsel Eiderstedt, die von Entwässerungsgräben durchzogen wird.

Im Bild links unten sieht man die der Küste vorgelagerten Ostfriesischen Inseln, dazwischen liegt das Wattenmeer. Die für Gezeitenküsten typischen Trichtermündungen der Ems, der Weser und der Elbe (unten von links nach rechts) sind ebenfalls gut zu erkennen. Die Nordfriesischen Inseln sind in der rechten Bildhälfte.

Die etwa 20 Quadratkilometer große ostfriesische Insel Langeoog (auf Friesisch »Lange Insel«) weist neben ihren langen Sandstränden auch bis zu 20 Meter hohe Dünen und weitäufige Salzwiesen auf.

Wenn Reisende von der Mosel schwärmen, sind geografische Fakten eher zweitrangig. Die sind rasch aufgezählt: Der 545 Kilometer lange Fluss entspringt in den Vogesen und fließt als längster deutscher Nebenfluss des Rheins durch das Saarland und Rheinland-Pfalz, bis er am Deutschen Eck bei Koblenz in den Strom mündet. Mitte des 20. Jahrhunderts wurde ein großer Teil der Mosel schiffbar gemacht; seither zählt sie zu den wichtigsten europäischen Wasserstraßen. Mit der Mosel – genauer: der Mittelmosel zwischen Trier und Pünderich südlich von Cochem –

Bei Kröv an der Mosel wird der Wein – vor allem Riesling – in Steilhanglage angebaut.

Wahrzeichen von Cochem: die Reichsburg

verbinden sich jedoch noch ganz andere Bilder. Dort nämlich verläuft der Fluss durch das Moseltal, eine der traditionsreichen deutschen Landschaften: ein klassisches Weinbaugebiet, geprägt von idyllischen Winzerdörfern und großflächigen, teilweise steilen Weinbergen, deren sonnenverwöhnte Schieferhänge den Reben besonders zuträglich sind. Heute wird hier vor allem Riesling angebaut.

Vom Naturraum her zählt das Moseltal zum Rheinischen Schiefergebirge. Auf dem Satellitenbild ist der Flusslauf der Mosel – als Diagonale von links unten nach rechts oben – gut zu erkennen; links (westlich) schließt sich die Eifel an, rechts erstreckt sich der Hunsrück. Was den besonderen Reiz des Moseltals ausmacht, ist selbst im Satellitenbild problemlos zu erkennen: Die Mosel besteht hier aus einer Abfolge weiträumiger oder auch eng geführter Flussschlingen, die als tiefe Täler erkennbar sind.

Genau genommen beginnt das Moseltal an der Saarmündung in Konz; kurz darauf erreicht der Fluss die alte Römerstadt Trier (links unten in einem Bogen). An einer weit nach rechts vorspringenden Schleife (in Bildmitte) liegt die schöne Fachwerkstadt Bernkastel-Kues. Unmittelbar darüber folgt eine weitere enge Schleife, die – auf dem Bild – wie ein Tropfen nach unten weist: Dort umschließt die Mosel Traben-Trarbach. Die nächste, ähnlich gelagerte Schlinge gehört zum Städtchen Zell. Von dort ist es dann nicht mehr weit bis zu einer sehr schmalen, nach links weisenden Schlinge bei Bremm; oberhalb von Bremm folgt die Römerstadt Cochem. Die große W-förmige Schleife zwischen Bremm und Cochem ähnelt in ihrer Form einer gebogenen Klammer; diese Schlingen tragen daher den Namen »Cochemer Krampen«. Die vom »Krampen« eingeschlossene Hochfläche stellte Ende des 19. Jahrhunderts beim Bau der Eisenbahn ein echtes Hindernis dar; abgekürzt wurde der Weg nach Cochem dann durch den Bau des Kaiser-Wilhelm-Tunnels, lange Zeit der längste deutsche Eisenbahntunnel.

Oberhalb von Trier beginnt links der Mosel ein flaches Becken, das etwa bei der Stadt Wittlich (Bildmitte, links von der dort nach links weisenden Moselschleife) endet. Bei dieser Vertiefung handelt es sich um die Wittlicher Senke.

Er steht für Österreichs Hochgebirge und die Verschiebung von Erdkrusten-Teilen, die Faltung und das Übereinanderschieben von Gesteinsmassen und die Umwandlung von Gesteinen: der Großglockner, ein pyramidenförmiger Felsgipfel mit Eismantel, der zum gleichnamigen Kamm zählt und 1986 zum Sonderschutzgebiet Großglockner-Pasterze im Nationalpark Hohen Tauern kam. In der letzten Gebirgsbildungsphase in der Erdgeschichte entstand die 3.766 Meter hohe Obere Glocknerscharte durch eine nordöstlich-südwestlich streichende geologische Störung. Diese Gefügestörung zieht sich von der engen, etwa 600 Meter hohen und 55 Grad geneigten Pallavicinirinne hoch zur Scharte und durch die Pillwaxrinne hinunter ins Ködnitzkees.

Eine Treppe führt zur formschönen Zunge des längsten Gletschers Österreichs. Die Pasterze hat seit 1856 ihre Fläche von 30 Quadratkilometern fast halbiert.

Faszinierende Bergwelt: die Glockner-Hochalpenstraße in der Mitte des Tauernfensters.

Scheinbar grenzenlos ist die Aussicht vom Glockner, die weiteste aller ostalpinen Berge: Berücksichtigt man die Strahlenbrechung, reicht sie fast 240 Kilometer weit und umfasst mehr als 150.000 Quadratkilometer. Der Blick der jährlich 5.000 Gipfelbezwinger schweift bis zur Po-Ebene im Süden und zum Böhmerwald im Norden. Man steht auf magmatischem Gestein und Sedimenten, wie Kalk und Sandstein, die der hohe Druck der Tiefe in harte kristalline Schiefer verwandelte. Über mehr als zehn Kilometer arbeiteten sich die Glockner-Schichten vor etwa 20 Millionen Jahren nach oben, in eine seit der Kreidezeit durch Erosion aufgebrochene, west-östliche Überschiebungszone, die durch plattentektonische Hebung entstand. Serpentinite, Brekzien, Quarzite und Phyllite finden sich in der Großglocknerbasis. Zentralgneise im Zentrum des durch die Hebung der Alpen entstandenen Tauernfensters werden von einer bunten Schieferhülle zwiebelschalenartig umschlossen. Aus ihr ragt der Großglockner, der aus dem umgewandelten Vulkangestein Prasinit aufgebaut ist. Dieser harte, auch schwärzliche Grünstein trotzte Erosion und Verwitterung und bewirkte die schroffe Form des Berges. Die rötlich-grauen Kalkglimmerschiefer-Gipfel der übrigen Glockner-Gruppe wurden durch Erosion rundlich geformt.

Die knapp neun Kilometer lange Pasterze am Fuße des Großglockners schmilzt jährlich zehn Meter ab. Hübsch entwickelte, hoch gelegene Firnmulden nähren auch ihren Ruf als vorbildlicher alpiner Talgletscher. Der 3.453 Meter hohe Johannisberg teilt die Verflachungen des obersten Pasterzenbodens in den Schneewinkel und den Rifflwinkel, von denen das Eis breit talabwärts strömt, bevor es am Hufeisenbruch von einer hohen Steilstufe in Spalten und Türme getrennt wird. Dort geht es in den eigentlichen Pasterzengletscher über, in die vier Kilometer lange Zunge. Am Bruch sieht man, dass die Firnmulden immer weniger Eis nachschieben. Die Moränen auf dem rechten Teil der Zunge schützen die hier etwas höhere und weiter talabwärts reichende Gletscheroberfläche vor dem Abschmelzen. Dennoch: So klein wie jetzt war der Gletscher in der Neuzeit noch nie. Für die erste Hälfte des 17. Jahrhunderts ist ein Hochstand der Pasterze nachweisbar, etwas größer als der letzte von 1856. In weiter zurückliegenden Perioden des vor etwa 11.000 Jahren beginnenden Postglazials war sie wiederholt kleiner als heute. Prasinite, Amphibolite und Kalkglimmerschiefer der Glocknerfazies sorgten für eine fast vollständige Verlandung des seit 1958 entstandenen Sandersees.

Weiß verschneit ist die Gruppe, deren Spitze mit 3.798 Metern der höchste Berg Österreichs ist. Das verdankt der Großglockner dem beständigen, grünfarbigen Prasinit, einst ein Ozeanboden.

Was wären die Schweizer Alpen, höchstgelegener Teil des Alpenbogens zwischen Nizza und Wien, ohne ihre Vergletscherung, ohne den 23 Kilometer langen Großen Aletschgletscher auf der Südabdachung der Berner Alpen? Zum granitkernigen Aarmassiv in der Zentralschweiz gehört der Aletschgletscher – sommers wie winters ein beliebtes Freizeitziel, nicht nur für Sportler.

Um den längsten und mit 86 Quadratkilometern größten Eisstrom der Alpen finden sich nur Sedimentgesteine mesozoischen und tertiären Alters. Im Laufe der alpinen Gebirgsbildung wurden sie vom Untergrund horizontal versetzt und nach Nordwesten verlagert. Vor 30 Millionen Jahren begannen Hebungsvorgänge, die die Alpen um 0,5 bis einen Millimeter pro Jahr vergrößern.

Ohne Abtragungsprozesse, wären die Alpen etwa 30 Kilometer hoch. Im Zuge der Abtragung graben sich Eis und Wasser synchron mit der Faltung von oben in den Deckenstapel ein, wodurch der Aletschgletscher entstehen konnte.

In der Wärmephase vor 18.000 bis 13.000 Jahren zerfiel die Vergletscherung in kleinere Talgletscher. Der Oberaletschgletscher dockte um 1878 vom Großen Aletsch ab. Driest- und Zenbärchengletscher trennten sich vor über 10.000 Jahren von ihm. Der Mittelaletsch bildete Anfang der 1970er Jahre eine eigene Gletscherzunge aus.

wie an Altbestand mit bis zu 800 Jahre alten Arven. Jahresringe von Bäumen, die er einst überrollt hatte, zeigen, dass er bis um 1.200 v. Chr. deutlich kleiner als heute war. Die Gletscherzunge reicht nun bis zu 1.560 Meter über dem Meeresspiegel.

Seine mächtige Masse bewirkt, dass kurzzeitige Klimaschwankungen den Aletsch kalt lassen. Ende der 1970er und Anfang der 1980er Jahre nutzten viele Gletscher die vorübergehende Abkühlung zum Vorstoß – nicht so der Aletsch, den auch die warmen Jahre ab 1983 wenig ins Schwitzen brachten. Mittlerweile reagierte er auf Störungen des Ökosystems

Vegetationslose Seitenmoränen und flechtenbewachsene Felsen säumen das Nährgebiet des Aletschgletschers.

Seinen Ursprung hat der Große Aletsch, ein Firnmuldentyp, in der 3.800 Meter hohen Jungfrau-Region. Sein Herz ist der Konkordiaplatz, eine sechs Quadratkilometer große und nur wenig geneigte Fläche, auf der das Eis 900 Meter dick ist. Drei Teilströme, durch Mittelmoränen getrennt, zu einer großen Zunge vereint, bilden den Gesamtgletscher. Sie werden vom Großen Aletschfirn,Jungfrauenfirn und Ewigschneefeld gespeist.

Seine Zunge im Zehrgebiet streckte der Aletsch bei jüngeren Vorstößen bis tief in die Waldregion – erkennbar an Pioniervegetation in Gletschernähe, somit Kürzungen von 2,5 Kilometern und einer Schlankschmelzung um 100 Meter gegenüber seinem Höchststand Mitte des 19. Jahrhunderts.

Das Gebiet des Aletschgletschers ist seit dem Jahr 2001 Bestandteil des UNESCO-Weltnaturerbes Jungfrau-Aletsch-Bietschhorn.

Eis und Schotter auf erdgeschichtlichen Falten: Die dunklen Spuren sind Mittelmoränen, die die drei Hauptfirne des Aletschgletschers (Bildmitte) optisch voneinander abgrenzen. In der linken unteren Bildhälfte verläuft das Obere Rhônetal.

In weitem Bogen holt der Große Aletschgletscher aus, wenn er vom Konkordiaplatz südöstlich strömt. Ihn säumen Dreieckhorn und Großes Wannerhorn. Auf Höhe Märjelensee biegt er immer weiter nach Südwesten ab, der Grat des Eggishorns und des Bettmerhorns trennen ihn vom Oberen Rhônetal.

Blick vom Jungfraujoch aufs scheinbar ewige Eis: Wie ein Reptil schlängelt sich der Große Aletsch mit einer Fließgeschwindigkeit von 180 Metern pro Jahr auf 1,5 Kilometern Breite talwärts. Richtung Süden ist sein Eis nur noch 150 Meter dick. Rechnet man Ober- und Mittelaletschgletscher dazu, da sie früher mit dem Großen Aletsch verbunden waren, betrug die gesamte vergletscherte Fläche 1973 etwa 128 Quadratkilometer. 1863 waren es noch 163 Quadratkilometer.

Mächtig stehen sie da, dominiert von Alpenriesen, von unübersehbaren Zentralmassiven. Beherrscht von Viertausendern, wie dem 4.807 Meter aufragenden Mont Blanc in der Haute Savoie, dem höchsten Berg der Alpen. Begünstigt mit dem höchsten Alpenpass, dem 2.770 Meter hohen und nur im Sommer befahrbaren Col d'Iseran in Savoyen: die Westalpen, junge Gebirge voller Rekorde.

In ihrem Schweizer Teil stemmt sich die kapriziöse Dufourspitze als zweithöchster Gipfel der Alpen und höchster der Schweiz, mit ihrem teilweise zerrissenen Monte-Rosa-Gletscher, auf 4.634 Metern dem Himmel entgegen. In den Berner Alpen prunkt der Aletsch als längster Alpengletscher und kündet von ewigem Eis und der Abhängigkeit der Menschen von seiner Beständigkeit.

Westlich der zu Urlaubsträumen verführenden Linie Bodensee-Rhein-Splügenpass-Lago di Como liegen die Westalpen, die in Frankreich eine Fläche von knapp 41.000 Quadratkilometern abdecken und beinahe die ganze Schweiz einnehmen. Die westalpinen französischen Gemeinden gehören zu den Regionen Rhône-Alpes und Provence-Alpes-Côte d'Azur. Weil die Westalpen im Zuge der alpidischen Gebirgsbildung höher gehoben und deshalb stärker zerschnitten wurden, überragen ihre hohen, vereisten Gipfel die Ostalpen.

In den Westalpen findet sich der frühere Rand des europäischen Kontinents in abgelagerten Teilen eines der Deckensysteme der Alpen, des sogenannten Helvetikums. In Frankreich wird es auch Dauphiné genannt und bildet die Westhälfte der Alpen zwischen Cannes und Mont Blanc, über Grenoble. Die beeindruckende Barre des Écrins (4.102 m), zugleich westlichster und südlichster Viertausender der Alpen mit einer stark vergletscherten, imposanten Nordseite, ist ein Sprößling der Dauphiné-Alpen, einem Alpinisten-Dorado. Der Parc National des Écrins ist mit 1.786 Quadratkilometern Fläche und einer Kernschutzzone von 918 Quadratkilometern der größte der sieben französischen Nationalparks. Seen, Schluchten und Gletscher lachen Bergsteigern und anderen Besuchern ebenso entgegen, wie die Barre des Écrins, La Meije (3.983 Meter), L'Ailefroide (3.953 Meter) und Pelvoux (3.946 Meter).

Bei der Subduktion der Afrikanischen unter die Europäische Platte legten sich in den Rhône-Alpes Kalk und Mischgestein aus Jura und Kreidezeit in Falten und schufen ganz am Rand des Helvetikums die naturgeschützten Ketten von Bauges, Chartreuse und Vercors. Das größte Naturschutzgebiet Frankreichs berührt auf 1.860 Quadratkilometern das wilde Herz des Vercors. Zwischen Klippen und Hochebenen, tiefen Tälern und hohen Gebirgsstöcken, liegt der wildromantische Parc naturel régional im äußersten Osten Frankreichs. An den Seiten schroff ansteigend, ist die Gegend für Autos kaum zugänglich. Erosion hat das Kalkgestein des Parks auffallend schön geformt, Wasser hat sich tief eingegraben: Außer Felsspitzen, Klippen und Schluchten, bestaunen Wanderer einige der schönsten Höhlen Europas und unterirdische Wasserläufe, freuen sich über Gämsen, Mufflons, die berühmten Walnüsse, Enziane und Hundszahnveilchen. Insgesamt sind mehr als 1.800 Pflanzenarten, darunter 80 geschützte Arten und 61 verschiedene Orchideen, wie die Spitzorchis oder die Korallenwurzel, zu bewundern.

Gleißendes Weiß strahlt vom vergletscherten Mont Blanc, der auf seiner Nordseite erstaunlich rund wirkt.

Steil fallen die Ufer des Brienzersees ab, so steil wie Rothorn und Schwarzhorn in seinem Spiegel.

Wälder als grüne Adern im Weiß der Rhône-Alpes.

Heute streiten sich Italien und Frankreich um die Gipfelregion des Mont Blanc, dessen Grenze aus italienischer Sicht genau über dem Gipfel verläuft. Für Frankreich gehört die Spitze zu Frankreich. Am Fuß des von Süden aus markant-steilen und von Norden aus rundlich-weichen Berges liegt das Tal der Arve mit Chamonix, wichtiger Ausgangspunkt für die Besteigung des eisigen Gesellen. Bis auf 1.420 Meter fließt auf seiner französischen Nordseite der Glacier des Bossons vom Gipfel herab: So entsteht mit 3.390 Metern der größte von einem Gletscher überwundene Höhenunterschied in den Alpen.

Wild, urtümlich, unberührt und naturbelassen: Der Satellit blickt auf Ketten, Falten, Gletscher eines Teils der Westalpen. Scharf trennen lange Täler verformte Gesteine im Süden sowie eine Kalkzone im Westen und Norden von den oft bizarren Zentralmassiven.

Unwirklich lösen sich die markanten Formen des massiven Dreigestirns im Abendrosarot auf: Die 4.158 Meter hohe Jungfrau gehört zum UNESCO-Weltnaturerbe. Festgewordene Schneekristalle ließen den Mönch auf 4.107 Meter anwachsen. Auf 3.970 Meter Höhe ragt der Eiger auf.

Formschön ist der bekannteste Alpen-Viertausender, einst als Trümmerstück einer ostalpinen Decke auf die penninischen Decken der Westalpen aufgeschoben. Ein afrikanischer Einwanderer, der in sich Fossilien von Korallenriffen, Meerestieren sowie vulkanische Sedimente vom Boden des urzeitlichen Ozeans Tethys trägt. Er kündet von Pangaea, dessen Teilung in Laurasia und Gondwana sowie der Entstehung und dem Übereinanderschieben der afrikanischen und europäischen Kontinentalplatten, dem Vor-sich-Herschieben des Meeresbodens durch die afrikanische Platte und der Faltung der Alpen: Das Matterhorn (4.478 m), das zwischen Zermatt und Breuil-Cervinia in den Walliser Alpen liegt, mit seiner steilen Nord- und der Westwand auf Schweizer, mit der Südwand auf italienischem Gebiet.

Ein magischer Augenblick: das Matterhorn im Spiegel des Riffelsees. Seinem markanten Gipfel, der in Form und Aussehen einer Pyramide gleicht, verdankt der Berg einen weltweiten Wiedererkennungswert.

Jeder weiß es, und dennoch mag man es beim Blick auf das Satellitenbild oder eine Karte zunächst kaum glauben: Das Mittelmeer mit einer Wasserfläche von rund 2,5 Millionen Quadratkilometern ist auf natürliche Weise nur durch eine einzige schmale Meerenge mit dem Atlantischen Ozean und den Weltmeeren verbunden – einen zweiten Zufluss gibt es erst seit dem Bau des Suezkanals im 19. Jahrhundert. Die Straße von Gibraltar zwischen Spanien und dem britischen Überseegebiet Gibraltar im Norden und Marokko im Süden misst in der Länge nicht mehr als 60 Kilometer; die Breite schwankt zwischen 14 und 44 Kilometern. Nirgendwo sonst kommen Europa und Afrika einander so nahe – kein Wunder, dass bereits darüber nachgedacht wurde, die Kontinente an dieser Stelle sogar durch eine Brücke zu verbinden.

Womöglich ahnt der Betrachter selbst beim Blick auf das moderne Satellitenbild, was phönizische, griechische und römische Seeleute in der Antike empfunden haben mögen, wenn sie sich aus den Weiten des Mittelmeers (rechts) auf die enge Meerespforte zubewegten. Wie die Pfosten eines Tores ragten zwei Berge vor ihnen auf: rechts auf einer schmalen Landzunge der Kalksteinfelsen von Gibraltar (auf dem Bild die schmale Spitze, die ganz rechts oben ins Meer hineinragt), direkt gegenüber auf afrikanischer Seite der Monte Hacho bei Ceuta. Einer verbreiteten Theorie zufolge meinte man in der Antike genau diese beiden Vorgebirge, wenn man von den mythologischen »Säulen des Herkules« sprach – den Grenzen der damals bekannten Welt, über die man sich besser nicht hinauswagte.

Vom Ende der Welt konnte freilich auch in der Antike bald keine Rede mehr sein. In den fruchtbaren Küstenebenen und im Schutz der Ausläufer des Rif-Gebirges entstanden auf marokkanischer Seite schon früh bedeutende Städte; eine davon ist die marokkanische Hafenstadt Tanger an einer kleinen Bucht (links unten). Dort, wo die marokkanische Küste im Mittelmeer im rechten Winkel nach Süden abzweigt, weist eine schmale Landzunge deutlich sichtbar nach Osten (Mitte rechts): An diesem Ort liegt Ceuta, eine weitere afrikanische Hafenstadt, die allerdings als eine der wenigen noch verbliebenen Enklaven nicht zu Marokko, sondern zu Spanien gehört. Auch das nördliche »Gegenstück« (oben), der Hafen von Gibraltar, der dieser Meerenge den Namen gab, ist als britisches Territorium eine – von Spanien nur widerwillig akzeptierte – Enklave: ein Beweis dafür, welch große strategische Bedeutung diesem schmalen Zugang ins Mittelmeer bis heute zukommt. Mitten in der Straße von Gibraltar ist auf spanischer Seite unschwer der südlichste Punkt der iberischen Halbinsel auszumachen. Dort liegt die Stadt Tarifa, der östlichste Ort der Costa de la Luz (weiter links). Tarifa ist bekannt für kontinuierliche starke Winde, was nicht nur die Surfer freut: Im Hinterland produzieren Windenergieanlagen umweltfreundlichen Strom.

Blick von Westen auf den terrassenförmigen Hang des Kalksteinfelsens von Gibraltar.

Beinahe wie eine Düse wirkt das Verbindungsstück zwischen Atlantik (links) und Mittelmeer (rechts). In dieser Rinne befördert eine starke Strömung frisches Atlantikwasser nach Osten; den Ausgleich besorgt eine schwächere Gegenströmung in der Tiefe.

426 Meter hoch ragt der berühmte Kalksteinmonolith von Gibraltar über der Mittelmeerenge auf – steil und abweisend nach Osten, zum Meer hin. Der Panoramablick aus der Höhe gilt als Touristenattraktion; hinauf führen nicht nur Wege, sondern auch eine Seilbahn.

Die größte Kanarische Insel, Teneriffa, liegt etwa 250 Kilometer vor der nordwestafrikanischen Küste im Atlantischen Ozean. Die Insel ist knapp 100 Kilometer lang, knapp 50 Kilometer breit und nimmt eine Fläche von mehr als 2.000 Quadratkilometern ein. Das vor etwa zwölf Millionen Jahren vulkanisch entstandene Teneriffa besteht vor allem aus Basalten und Phonolithen. Wie auch die anderen Inseln des Kanaren-Archipels ist die Entstehung auf einen Hot Spot zurückzuführen. Während die Inselgruppe westwärts driftet, wandert die Afrikanische Platte nach Osten. Im äußersten Nordosten, im Nordwesten und äußersten Süden befinden sich die geologisch ältesten Gebiete der Insel. Das im Zentrum von Teneriffa liegende Vulkanmassiv dagegen ist jüngeren Ursprungs.

Die Inselmitte wird von einer Caldera, die Las Cañadas genannt wird, eingenommen, aus der sich – wie der Blick aus dem Weltraum zeigt – der gewaltige Kegel des Vulkans Pico de Teide erhebt. Er erreicht eine Höhe von 3.718 Meter und ist damit der höchste Berg Spaniens; er bildet den mittleren Abschnitt des Inselgebirgssystems, das sich im Nordosten über den bis zu 2.200 Meter hohen Cumbre Dorsal bis zum etwa 1.000 Meter hohen Anagagebirge erstreckt. Die den Teide umgebende Hochgebirgs- und Kraterlandschaft mit ihren bizarren Felsformationen wurde 1954 zum Nationalpark (ca. 20.000 ha) erklärt. Teneriffa liegt, wie die anderen Inseln der Kanaren, im Einflussbereich des beständig wehenden Nordostpassats, der der gebirgigen Insel einen niederschlagsreichen und damit vegetationsreichen Norden beschert. Zwischen 1.000 und 1.400 Meter Höhe bilden sich oft Wolken, die sich an den Berghängen abregnen. Der Süden dagegen ist arid und karg; in der wüstenhaften Landesnatur wachsen vor allem trockenliebende Pflanzen. Das Inselklima ist ausgeglichen, die Temperaturen sind ganzjährig mild, in den Sommermonaten können aber auch Temperaturen weit über 30 °C erreicht werden.

Artenreich ist die Pflanzenwelt auf Teneriffa, einige davon sind endemisch, d. h. sie sind nur auf Teneriffa oder auf den Kanarischen Inseln heimisch. Besonders erwähnenswert sind die Kanarischen Drachenbäume sowie Lorbeerbäume und Ginstersträuche. Im trockenen Süden wachsen u. a. Kakteen und Sukkulenten (z. B. Aloe Vera). Teneriffa weist nur eine geringe Anzahl von Säugetieren auf, ganz im Gegensatz zur reichen Vogelwelt. In den fruchtbaren Gebieten an der Südküste werden Bananen, Tomaten und Weinreben angebaut.

Bizarre Felsformationen und nacktes Gestein prägen die karge Vulkanlanschaft Teneriffas. im Hintergrund erhebt sich der verschneite Gipfel des Pico de Teide.

Kakteen im kargen Gebiet rund um den Pico de Teide.

Der von Nordosten nach Südwesten streichende Gebirgskamm gipfelt im Massiv des Pico de Teide, der die Inselmitte dominiert. Deutlich hebt sich der vegetationsreichere und damit grünere Inselteil vom trockeneren Süden Teneriffas ab.

Der mächtige Vulkankessel im Zentrum von Teneriffa gleicht einer öden Mondlandschaft. Die spektakulären Lavaformationen sind im Lauf der Jahrmillionen durch zahlreiche Vulkanausbrüche entstanden und durch die Erosion geformt.

Direkt vor der Spitze des italienischen »Stiefels«, nördlich von Malta und nicht weit von Tunesien liegt ein großes dreieckiges Landstück im Mittelmeer: die Insel Sizilien. Geprägt wird sie von den Ausläufern des Apennin, dem Rückgrat der italienischen Halbinsel, der auf Sizilien seine Fortsetzung findet: zunächst in den Monti Peloritani (im Satellitenbild oben rechts) und dann in den Monti Nebrodi (Bildmitte), die sich parallel zur Nordküste am Tyrrhenischen Meer (oben) entlangziehen.

Dennoch beherrscht eine Erhebung ganz anderer Art den gesamten Osten Siziliens: der auf der Insel weithin sichtbare Vulkankegel des Ätna (auf Italienisch Monte Etna oder Mongibello genannt). Er ist nicht nur einer der höchsten, sondern auch der mit Abstand aktivste Vulkan Europas. Und wie sich das für einen noch aktiven Vulkan gehört, ist seine Höhe gar nicht exakt bestimmbar: Da es immer wieder zu Eruptionen kommt, sind Größe und Gestalt einem ständigen Wandel unterworfen. Gegenwärtig misst der Ätna etwa 3.300 Meter – eine Höhe, die erklärt, warum selbst die Gipfel eines aktiven Vulkans fast das ganze Jahr über mit Schneefeldern bedeckt sein können (Bildmitte). Auch die Grundfläche ist gewaltig: Mehr als 1.250 Quadratkilometer umfasst das Massiv, auf dem der Berg in die Höhe wächst.

Typische Merkmale dieses sizilianischen Feuerberges lassen sich in der Luftansicht gut erkennen: etwa die unzähligen Parasitär- und Nebenkrater, die im Laufe der letzten Jahrtausende an den Flanken entstanden sind; die Bildung solcher Flankenvulkane ist noch längst nicht abgeschlossen. Ein dunklerer Braunton kennzeichnet Lavafelder (vor allem oben, rechts und unten), die übrigens eine Besonderheit des Ätna anzeigen: Die Lava tritt hier in der Regel nicht aus einem zentralen Hauptkrater aus, sondern aus sogenannten Eruptionsspalten, die an den Hängen des Bergkegels in Längsrichtung aufreißen. Vulkantypische Ablagerungen wie z. B. Asche, Lavareste und Schlacke finden sich auf dem Ätna vor allem in Höhen von über 2.000 Metern; diese Hochlagen sind – wie auf dem Satellitenbild unschwer zu erkennen – weitgehend frei von Vegetation.

Vulkanismus gibt es an diesem Ort schon seit etwa 600.000 Jahren. Ursache dafür ist die sogenannte Messina-Verwerfung, eine unter anderem an Sizilien entlangführende tektonische Störungszone; hier wirkt sich aus, dass die Afrikanische Kontinentalplatte allmählich unter die Eurasische Platte gleitet. Der geborstene Kegel im Osten (rechts) erinnert an eine der großen Katastrophen in dieser geologisch unruhigen Region: Vor 8.000 Jahren löste sich eine Flanke des Ätna, ein riesiger Erdrutsch donnerte hinab ins Mittelmeer und löste einen gewaltigen Tsunami aus. Derart verheerende Naturereignisse am Ätna blieben zwar die Ausnahme, folgenreiche Eruptionen sind aber durchaus belegt: Beispielsweise die Zerstörung Catanias 1669 oder – harmloser – die Bildung ganz neuer Krater. Weniger bedrohliche, aber durchaus eindrucksvolle Eruptionen mit hohen Rauchsäulen, hunderte Meter hohen Lavafontänen und glühenden Lavaströmen ereignen sich regelmäßig im Abstand weniger Jahre und sind damit – zumal in geologischer Zeitrechnung – beinahe an der Tagesordnung. Straßenabschnitte oder Häuser können dann durchaus schon einmal dem brennend heißen flüssigen Gestein zum Opfer fallen.

Übrigens fördert die Messina-Verwerfung nicht nur den Vulkanismus der Region, sondern auch die Erdbebengefahr: Unweit vom Ätna kamen im Jahr 1908 bei dem Erdbeben von Messina etwa 100.000 Menschen ums Leben.

Ein Bild trügerischer Ruhe: Wandergruppen auf ihrem Weg durch die karge Vulkanlandschaft.

Weithin sichtbare Rauchsäule über dem Ätna.

Spektakulärer Ausbruch im Sommer 2002.

Hangabwärts fließende Lavaströme, November 2006.

Allerdings hat der Vulkan auch seine guten Seiten: Verwitterte Lava ist äußerst fruchtbar, und so wird das Land um den Ätna intensiv genutzt, u. a. für den Anbau von Zitrusfrüchten, Oliven und für Weingärten. Gut sichtbar sind aber auch die grünen Anbauflächen in der Küstenebene.

Ein Rauchwolke weht vom verschneiten Gipfel des niemals schlafenden Ätna. Das grünfarbige Umland am Fuße des Vulkanmassivs ist äußerst fruchtbar und steht in krassem Gegensatz zu den vegetationsfreien Hängen des Ätna.

Das Schwarze Meer ist ein Nebenmeer des Mittelmeers, mit dem es über die Meerengen Bosporus und Dardanellen sowie über das zwischen diesen gelegene Marmarameer verbunden ist. Die an ihrer schmalsten Stelle nur rund vier Kilometer breite Straße von Kertsch stellt die Verbindung von Schwarzem Meer und Asowschem Meer (im Satellitenbild rechts oben) dar. Die Fläche des Schwarzen Meers, das sich zwischen Osteuropa und Vorderasien erstreckt, beträgt 425.000 Quadratkilometer, die maximale Tiefe 2.200 Meter. Der Küstenverlauf ist über weite Strecken relativ ausgeglichen, nur im Norden und Westen ist die Küste stärker gegliedert. Im Schwarzen Meer wie auch im Asowschen Meer gibt es nur wenige Inseln. Bemerkenswert sind Salz- und Sauerstoffhaushalt beider Binnenmeere.

Vor allem im Westen und Norden erhält das Schwarze Meer starken Zufluss durch wasserreiche Flüsse wie Donau, Dnjepr und Dnjestr. Dieser stetige Eintrag großer Mengen an Süßwasser bewirkt in den oberen Wasserschichten einen vergleichsweise geringen Salzgehalt, der nur etwa halb so groß ist wie der im Atlantischen Ozean. Erst unterhalb von mehreren hundert Metern steigt der Salzgehalt an. Diese vertikale Schichtung verhindert eine tiefgreifende Durchmischung des Wassers und führt deshalb in den tieferen Schichten zu starkem Sauerstoffmangel. Er ist so ausgeprägt, dass dort keine Organismen existieren können, deren Stoffwechsel auf Sauerstoffatmung beruht. Hier finden vorwiegend Bakterien geeigneten Lebensraum. Anders ist dies in den oberflächennahen Schichten: Dort kommt es von Zeit zu Zeit zu ausgeprägten Algenblüten oder riesigen Ansammlungen von Phytoplankton, die ebenfalls vorwiegend aus Algen bestehen. Eine derartige Situation zeigt das Satellitenbild, in dem die Algenteppiche als blau-grüne Schlieren erscheinen. Dieses starke Wachstum des Phytoplanktons ist eine direkte Folge der hohen Nährstoffeinträge durch die wasserreichen Zuflüsse.

Dies gilt ebenso für das rund 38.000 Quadratkilometer große Asowsche Meer im Nordosten. Trotz der nur schmalen Verbindung mit dem Schwarzen Meer spielt der Eintrag von Süßwasser, vor allem durch den Don, vom Festland eine noch viel größere Rolle für den Wasserhaushalt, als dies beim Schwarzen Meer der Fall ist.

In den Hochlagen des 1.243 Meter hohen Aj-Petri, eines Berges des Krimgebirges.

Ein felsiger Abschnitt an der Schwarzmeerküste.

Die Aufnahme zeigt das gesamte Schwarze Meer mit der Halbinsel Krim (oben), die das Asowsche Meer (rechts oben) abdämmt. Die vor allem im linken Teil des Satellitenbildes erkennbaren blau-grünen Farbtöne entsprechen ausgedehnten Algenteppichen.

Salzmarschen sind im Küstenbereich des Asowschen Meeres weit verbreitet (Bild links außen). Die Mündungsgebiete einzelner Flüsse ins Asowsche Meer entstanden durch Überflutung der Flusstäler durch nacheiszeitlichen Meeresspiegelanstieg. Man bezeichnet diese Gebiete als Limane (Bild links).

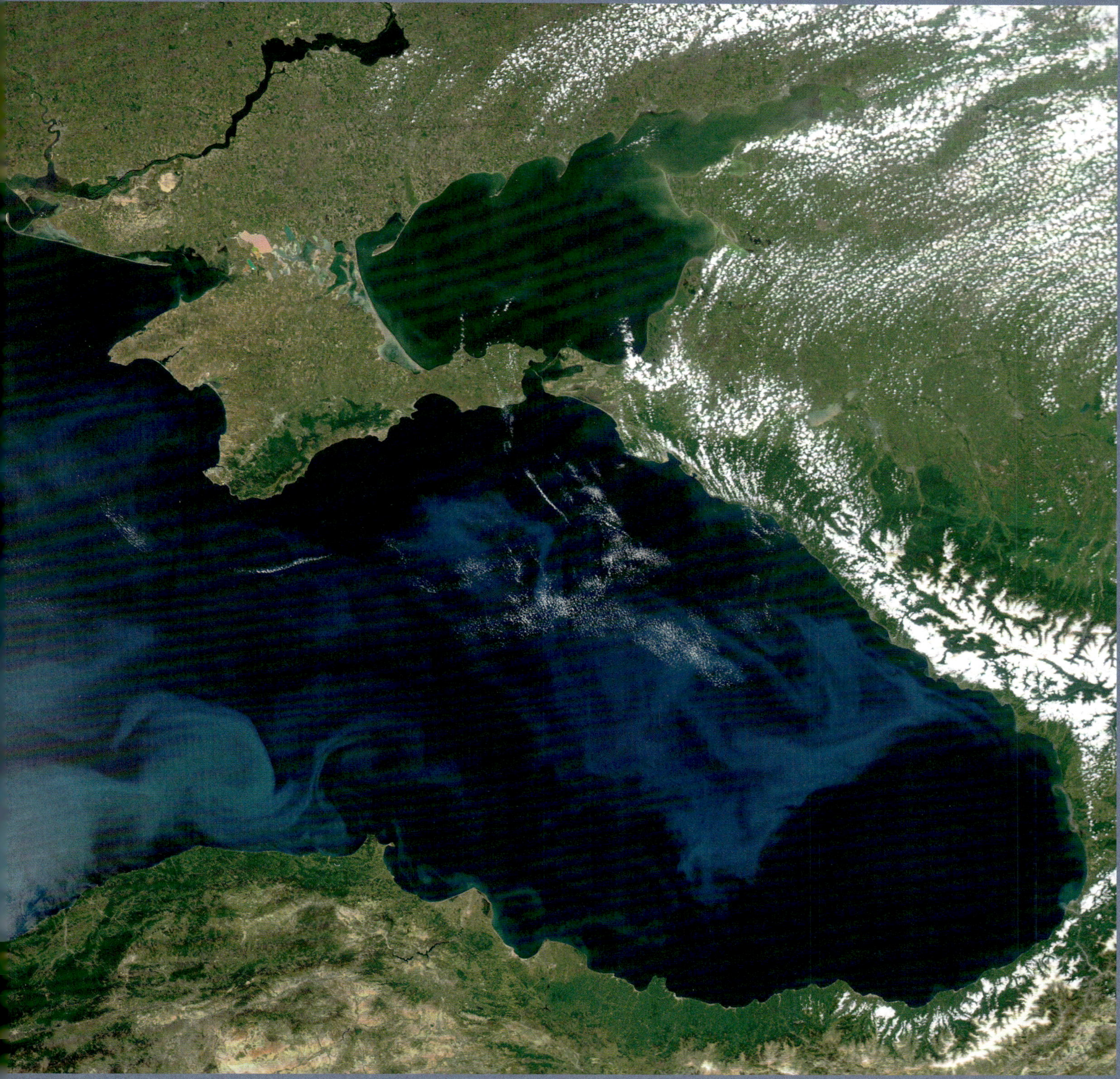

Das Kaspische Meer nimmt unter allen Binnengewässern der Erde eine Sonderstellung ein: Mit einer Fläche von ungefähr 371.000 Quadratkilometern ist es der größte See der Erde und wird wegen dieser enormen Ausdehnung als Meer bezeichnet. Es befindet sich in einer geologischen Senke, die bis weit unter den Meeresspiegel reicht, selbst der Seespiegel befindet sind noch etwa 25 Meter unter Normalnull. Das Tiefenprofil ist sehr unregelmäßig. Während das Kaspische Meer im Norden nur wenige Meter tief ist, erreicht es im Süden Tiefen von mehr als 1.000 Metern (Maximalwert: 1.023 Meter). Der Wasserstand unterliegt jedoch bereits seit Jahrzehnten stärkeren Schwankungen, entsprechend verändern sich auch die Werte für Fläche und Tiefe kontinuierlich. Trotz des großen Wassereintrags durch die Zuflüsse (allen voran die Wolga) war die Wasserbilanz aufgrund der vor allem im Sommer sehr hohen Verdunstungsraten negativ. Darüber hinaus wird von den Zuflüssen vermehrt Wasser abgezweigt – zur Versorgung der Bevölkerung nahe gelegener Städte und Industriegebiete mit Wasser sowie zur Bewässerung von Agrarflächen in den Einzugsgebieten der Flüsse. Seit einiger Zeit ist – vermutlich infolge von geologischen Aktivitäten am Boden des Kaspischen Meeres – wieder ein Anstieg des Seespiegels zu verzeichnen. Neben der Wolga ist insbesondere auch der Zufluss durch den Ural von Bedeutung.

Das in Nord-Süd-Richtung etwa 1.200 Kilometer lange Kaspische Meer erstreckt sich zwischen mehreren ausgedehnten Naturräumen, die im Satellitenbild (links) zu erkennen sind: Von der Kaspischen Senke im Norden mit dem Mündungsgebiet der Wolga im Nordwesten reicht es im Süden bis zum Gebirgsfuß des Elburs im Iran. Im Westen grenzt das Kaspische Meer an das Vorland des Kaukasus, im Osten an das Tiefland von Turan. Die Aufnahme zeigt auch Karabogaz-Gol, eine rund 18.000 Quadratkilometer große Bucht im Osten.

Die Wolga mündet in einer Vielzahl von Armen in das Kaspische Meer. Wegen seiner großen ökologischen Bedeutung als Lebensraum einer artenreichen Tierwelt (u. a. mehr als 200 Fischarten) und als Zwischenstation für Zugvögel auf dem Weg in südliche Gefilde steht das Wolgadelta unter Naturschutz. In dem ausgedehnten Feuchtgebiet, das landwärts rasch in Trockengebiete übergeht, wachsen vielerlei Pflanzen, darunter Schilfrohr, Lotosblumen und Seerosen. Entlang einzelner Flussarme sind Auwälder entwickelt, die an die stark schwankenden Wasserstände im Mündungsbereich gut angepasst sind.

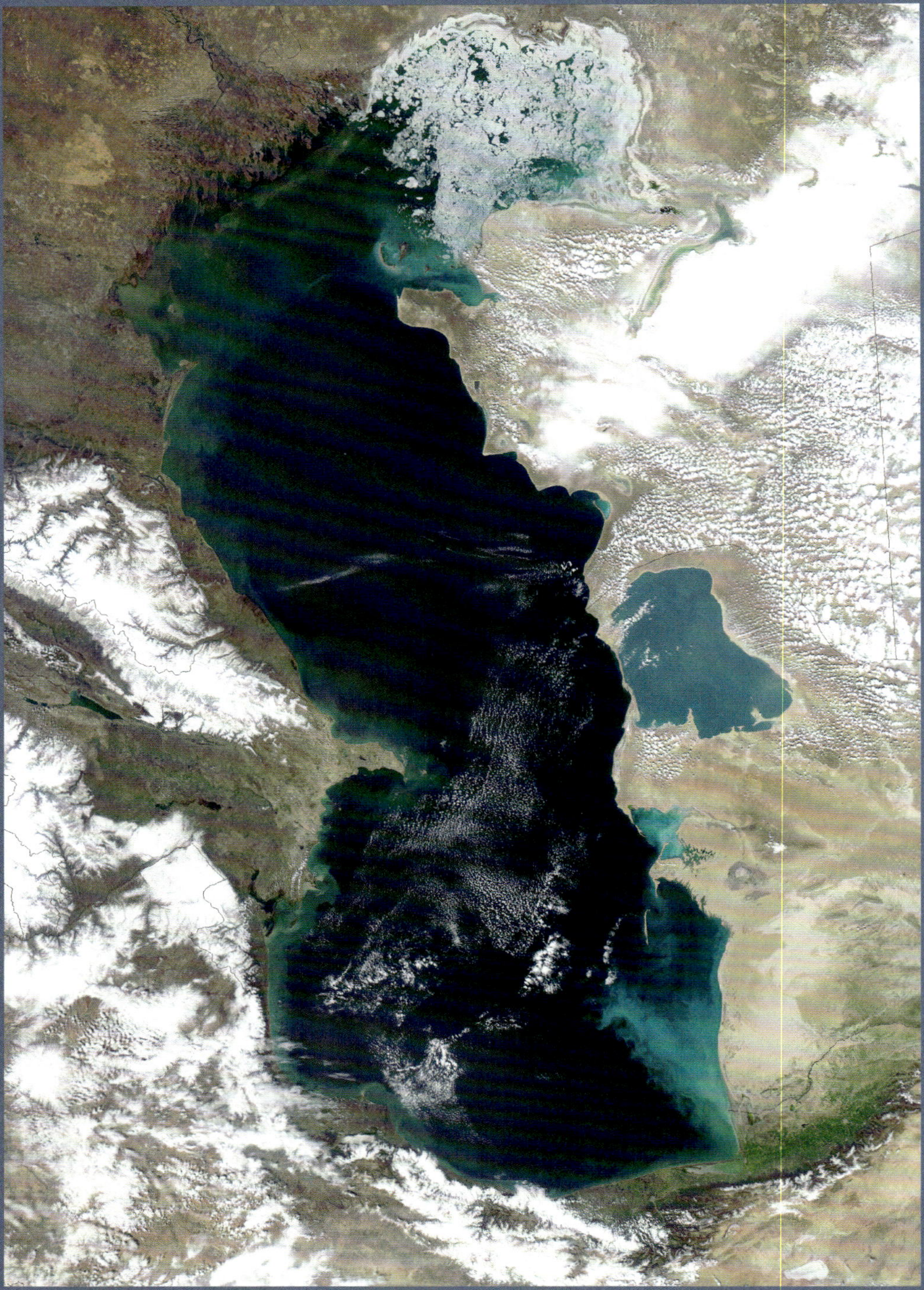

Winterliche Eisbedeckung im Norden des Kaspischen Meers.

Marsch an der Mündung des Ural.

Achtuba, längster Mündungsarm der Wolga.

Die Wolga mündet mit mehreren hundert Flussarmen, die zum Teil miteinander verästelt sind, in den nordwestlichen Teil des Kaspischen Meers. Längster von ihnen ist der Achtuba. Das Wolgadelta hat eine Gesamtbreite von etwa 180 Kilometern.

ASIEN

Markant heben sich die grünen, waldreichen Ebenen und Gebirge Südsibiriens von den schier endlos weiten, vegetationsarmen Steppengebieten Kasachstans, der Mongolei und Nordchinas ab.

Der Blick auf die syrisch-arabische Wüstentafel zeigt eine Reihe von unterschiedlichen Landschaften in klarer meridionaler Anordnung. Links außen erstreckt sich der geradlinige Verlauf der Mittelmeerküste, einer typischen Ausgleichsküste mit wenigen Naturhäfen. Dahinter verläuft die etwa 30 Kilometer breite Bewässerungslandschaft Sharon. Dann steigt das Judäische Gebirge bis 1.200 Meter Höhe an, ehe es zum tief eingesenkten Grabenbruch des Jordan mit dem Toten Meer abfällt. Weil es vor allem im Winter um die 500 Millimeter Steigungsregen erhält, ist es weithin von Vegetation bedeckt. Östlich der Grabensenke erhebt sich auf jordanischer Seite teils recht steil die parallele Grabenflanke, die sich von ihrem über 1.000 Meter hohen Scheitel aus sanft zu der tiefer gelegenen Wüstensteppe und Wüste absenkt.

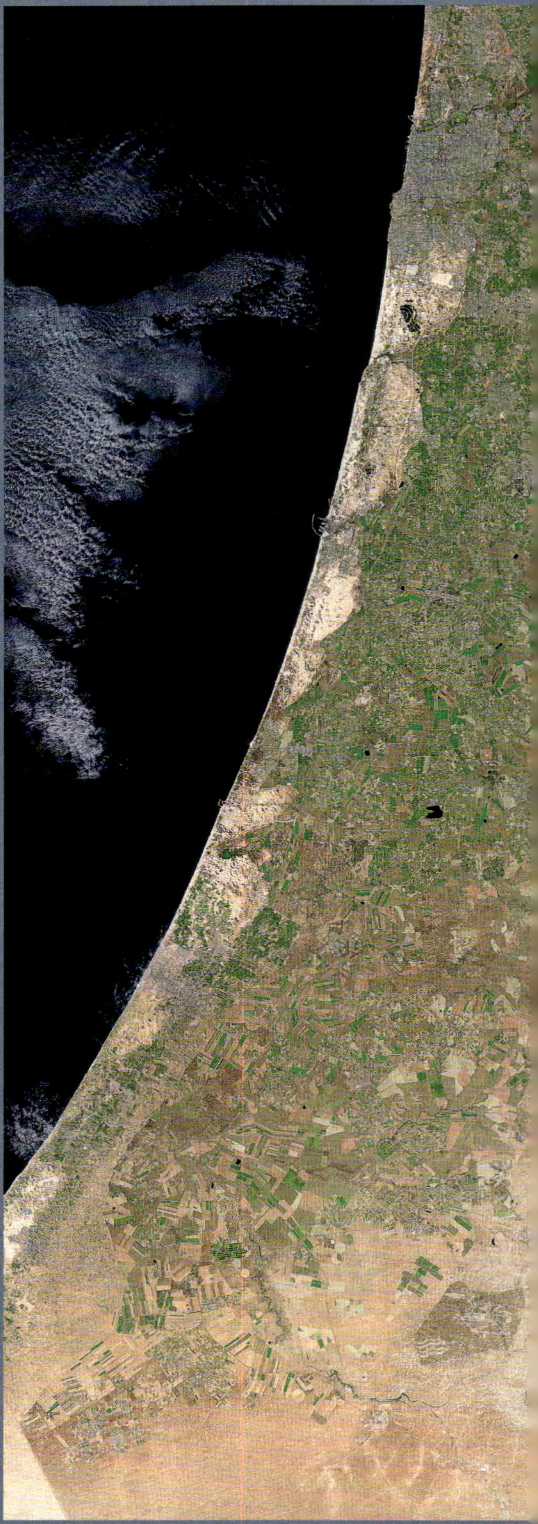

Das abflusslose Tote Meer ist die tiefste sichtbare Depression der Erdkruste. Sie liegt 420 Meter unter dem Meeresspiegel. Diese Tatsache ist ein Hinweis darauf, dass hier die Verdunstung wesentlich höher ist als der Niederschlag. Vor 20.000 Jahren soll der Seespiegel nur auf -180 Meter, vor etwa 4.000 Jahren auf -250 Metern gelegen haben. Noch bis vor etwa 20 Jahren bestand das Meer aus einem größeren Nord- und einem kleineren Südteil, eingeschnürt durch die Lisan-Halbinsel. Inzwischen hat sich der Meeresspiegel so dramatisch abgesenkt, dass nur noch im Norden ein Meer mit einer Fläche von rund

Der Jordangraben erstreckt sich vom See Tiberias im Norden bis zum Golf von Akaba.

800 Quadratkilometern, einer mittleren Tiefe von 120 Metern und einem Umfang von 135 Kilometern übrig geblieben ist. Grund dafür ist die erhöhte Wasserentnahme aus dem Jordan. In den 1930er Jahren flossen jedes Jahr 1.300 Millionen Kubikmeter Wasser ins Tote Meer. Heute sind es nur noch etwa 350 Millionen Kubikmeter. Israel und Jordanien benötigen das Wasser dringend zur Bewässerung, für die Industrie, vor allem aber als Trinkwasser. Weil jedoch die Verdunstung gleich hoch bleibt, die Wasserzufuhr aber abnimmt, trocknet das Tote Meer langsam aus. Seit den 1980er Jahren sinkt der Meeresspiegel um rund einen Meter pro Jahr.

Zwar leben im Toten Meer keine Fische, aber an seinen Ufern tummeln sich zahlreiche Bade- und Gesundheitstouristen. Denn der hohe Salzgehalt und die Salzzusammensetzung des Meerwassers besitzen eine überaus heilende Wirkung bei Neurodermitis und Schuppenflechte. Der schwarze Mineralschlamm hilft zudem gegen Arthritis. Die Ultraviolettstrahlung ist verringert, sodass man mehr Zeit an der Sonne verbringen kann, ohne sich einen

An den Ufern des Toten Meeres wachsen keine Pflanzen, außer in wenigen Süßwasseroasen.

Sonnenbrand zu holen. Außerdem ist der Luftdruck um fünf Prozent höher als auf Meeresniveau und die Luft enthält mehr Sauerstoff.

Seit jeher wird am Toten Meer Salz gewonnen: Der Salzgehalt betrug früher 27 Prozent. Heute liegt er bei rund 33 Prozent. Der abgetrennte südliche Meeresteil ist ganz in einzelne seichte Becken zur Salzgewinnung unterteilt. Der in das Meer gebaute Damm folgt der Grenzlinie zwischen Israel und Jordanien.

Im Bereich des tief eingesenkten Toten Meeres steigt die Luft ab. Deshalb lösen sich die Wolken auf. Somit erhält dieser Raum höchst selten Niederschläge. Durchschnittlich fallen im Norden 85 Millimeter, im Süden 50 Millimeter Regen im Jahr.

Auf der Südwestseite des Toten Meeres steigt ein Inselberg steil über 400 Meter hoch empor. Der Höhenunterschied auf der anderen Hangseite in Richtung Judäischer Wüste beträgt dagegen nur etwa 100 Meter. Auf dem Felsplateau legten die Juden eine Festung an, die sie als letzten Stützpunkt im Kampf gegen die Römer hielten. Erst 73 n. Chr. gelang es dem römischen Heer, über eine künstlich aufgeschüttete Rampe (links im Bild) die Festungsmauer zu durchbrechen.

Als Wadi bezeichnet man in Nordafrika und Vorderasien tiefe steilwandige Trockentäler, die sich zu ausgedehnten Talsystemen vereinigen, wie sie auf dem Satellitenbild dargestellt sind. Wadi Rum ist das durchgehend in meridionaler Richtung verlaufende Tal links von der Bildmitte. Es ist im südlichen Teil über mehrere Seitentäler und Senken mit parallel verlaufenden Wadis verbunden. Aus Werbegründen wird heutzutage der Begriff Wadi Rum nicht allein für das rund 100 Kilometer lange und wenige Kilometer breite Trockental verwendet, sondern für ein Gebiet von 720 Quadratkilometern. Im Juni 2011 nahm die UNESCO das Wadi Rum in die Liste der Weltnaturerbestätten auf. Zusammen mit der nahen Küstenstadt Aqaba und der Felsenstadt Petra bildet das Wadi Rum das goldene touristische Dreieck Jordaniens.

Das Wadi Rum liegt auf der Ostflanke des Jordangrabens, und dieser Lage verdankt es sein Erscheinungsbild mit den tief eingegrabenen Tälern, den zerschnittenen Sandsteinplateaus und den freigelegten Partien des Grundgebirges. Vor rund 30 Millionen Jahren wölbte sich die Erdkruste empor, und zwar entlang einer Linie, die von Ostafrika über das Rote Meer, den Golf von Aqaba und den Jordangraben bis in den Norden Syriens reicht. Die Gesteinsschollen wurden gehoben und schräg gestellt. Als der Scheitel dieser Zone einbrach, entstand zwischen den beidseitig aufgewölbten Flanken ein gewaltiger Grabenbruch. Auf den gehobenen und schräg gestellten

Wadi Rum – eine bizarre Wüstenlandschaft.

Gesteinsschollen setzte sogleich eine verstärkte Verwitterung ein. Während z. B. Europa unter einem dicken Eispanzer lag, herrschte hier eine Regenzeit. Damals wurden die breiten Täler angelegt.
Heute fallen hier nur im Winter Niederschläge, die durch die obersten Sandsteinschichten rinnen und vom Granit gestaut werden. Aus diesem Grund finden sich da und dort an den Hängen Quellen; deshalb führen uralte Karawanenwege durch diese Täler und so ist hier der Grundwasserspiegel etwas höher. Hier liegen auch die Ursachen für die regelmäßigen kantigen und kreisrunden Formen, die im rechten oberen Bildviertel zu erkennen sind. Hier wird intensiver Bewässerungsfeldbau betrieben.

Das Wadi Rum und die übrigen breiten Täler sind bis zu einer Höhe von rund 1.000 Metern über dem Meeresniveau mit Sand gefüllt. An den Flanken steigen steil die stark erodierten Gebirgsrücken, Hügelkuppen und Felsklippen auf, die vereinzelt bis in eine Höhe von fast 1.800 Metern reichen.

Weithin bekannt wurde das Wadi Rum in der westlichen Welt durch den britischen Agenten T. E. Lawrence, der im Jahr 1917 mit den Angehörigen mehrerer Beduinenstämme hier lagerte, sowie durch den Oscar-prämierten Spielfilm »Lawrence von Arabien« (1962).

In seinem Buch »Sieben Säulen der Weisheit« schildert T. E. Lawrence 1917 eine Wanderung durch das Wadi Rum. Er spricht von dem »massiven Wall roten Gesteins«, der sich hier auftürme, und von den typischen »parallelen Felsmauern in meilenlanger Avenue«. Die roten Schichten eines bizarr verwitterten Sandsteingebirges, der graubraune Granit des Grundgebirges und die beigefarbenen Sandebenen der Talböden sind die bestimmenden Naturelemente des Wadi Rum.

SAUDI-ARABIEN: AR RUB' AL KHALI

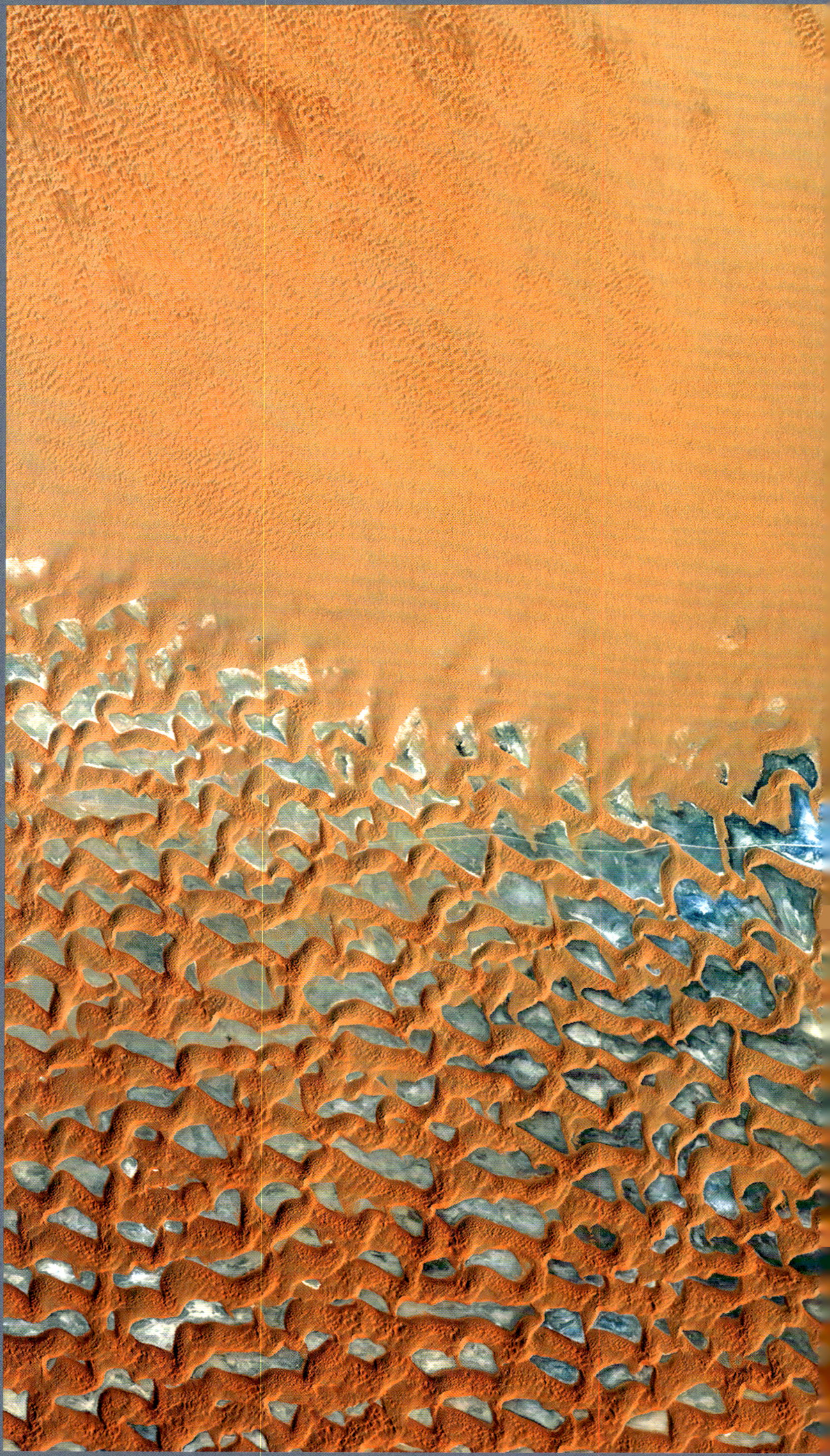

Das südliche Drittel der Großen Arabischen Wüste nimmt die Ar Rub' al Khali ein, ein extrem arides Gebiet. Der arabische Name bedeutet »leeres Viertel«, denn in dieser Wüste fehlen Oasen beinahe vollständig. Sie ist mit einer Fläche von 780.000 Quadratkilometern die größte zusammenhängende Sandfläche der Erde. Ihre Sandschicht ist durchschnittlich über 100 Meter dick. Auf ihr türmen sich bis zu 300 Meter hohe Dünenwälle auf.

Diese Wüste, aus deren Südosten der Bildausschnitt stammt, ist eine sogenannte Wendekreiswüste. Das bedeutet, dass sie in der geografischen Breite des Nördlichen Wendekreises liegt. Dort herrschen das ganze Jahr über konstante Hochdruckgebiete mit ihren absteigenden, trockenen Luftmassen.

In dieser Wüste fallen weniger als 50 Millimeter Niederschlag im Jahr; deshalb kann sich kein Pflanzenwuchs entwickeln, der Wind aber kann seine stärkste Wirkung entfalten. Die Sandkörner werden je nach

Dünen mit Ton- und Salzablagerungen.

Sterndünen, auch Pyramidendünen genannt.

Größe, Gewicht und Windgeschwindigkeit geschoben, gerollt, zum Fliegen oder Springen gebracht. Auch der Dünensand wird unablässig umgelagert. Wo sich zwischen den Dünen Sandkrusten bilden, erscheinen die Flächen hellgrau bis weiß. Wo der Untergrund zutage tritt, zeigen sich dunkle Farbtöne.

Bestimmende Bildelemente sind einerseits die große einheitliche rote Sandebene (links oben), andererseits die durch Dünenwälle gegliederte Fläche ringsum. Hier reicht das Farbspektrum von Dunkelblau bis Weiß. Hell leuchten die Salzausblühungen, blau bis silbrig reflektieren die Tonmineralien des Untergrundes, rot erscheint der eisenhaltige Sand.

Die Sanddünen der Ar Rub' al Khali zeigen deutlich die Windrichtung an. Auf dem flachen Luvhang gleiten die Sandkörner wie auf einer Rampe aufwärts bis zur oberen Kante, wo sie dann frei in den Windschatten hinabfallen. Die geradlinig verlaufenden kleinsten Krater sind Hinweise auf menschliche Aktivitäten. Entweder handelt es sich um die Schächte von unterirdisch verlaufenden Wasserrinnen (Kanate) oder um die Reste von Bohrversuchen, da in dem Gebiet Erdöl gefunden wurde.

Der Iran ist ein ausgesprochenes Gebirgsland. Im Westen des vorderasiatischen Staates erstrecken sich die überwiegend von Nordwesten nach Südosten streichenden Ketten des rund 1.500 Kilometer langen Zagrosgebirges, von denen einige Höhen von über 4.000 Metern erreichen. Das Gebirge reicht vom südöstlichen Anatolien bis zur Straße von Hormus. Diese Meerenge verläuft zwischen dem iranischen Festland im Norden und der Arabischen Halbinsel im Süden und verbindet den Persischen Golf mit dem Indischen Ozean. Die nach einer Insel vor der iranischen Küste benannte Meeresstraße misst an ihrer schmalsten Stelle etwa 40 Kilometer. Als wichtiger Transportweg für das im und rund um den Persischen Golf geförderte Erdöl und Erdgas ist die Meeresstraße von großer strategischer Bedeutung.

Die höchsten Berge des Iran befinden sich zwar im Elburs, der im Norden des Landes von der schmalen Küstenebene am Kaspischen Meer steil aufragt, das Zagrosgebirge ist jedoch in Bezug auf die Fläche das größte Gebirge des Landes. Höchster Berg ist der Zard Kuh mit 4.550 Metern. Das Gebirge entstand im Zuge der alpidischen Orogenese (Gebirgsbildung), in der auch andere Hochgebirge wie der Himalaya und die Alpen aufgefaltet wurden. Die Oberflächenformen basieren maßgeblich auf der unterschiedlichen Widerstandsfähigkeit der anstehenden Gesteine. Während die weicheren Gesteine rascher verwitterten und der Erosion weniger Widerstand entgegensetzen konnten, blieben härtere eher erhalten. Auffallend ist die Verbreitung von Salzstöcken. Sie wurden auch von den Faltungsprozessen erfasst, ein Teil des Salzes findet sich nun auf der Oberfläche des Gebirges. Die während der Eiszeiten vergletscherten Hochlagen erhalten für die geografische Breite relativ hohe Niederschläge. Das Wasser sammelt sich in Gebirgsflüssen, das in Hochbecken sowie am Gebirgsfuß einzelne Oasen speist.

Die Region um den Persischen Golf ist wegen ihrer umfangreichen Lagerstätten an weltweit genutzten Rohstoffen wie Erdöl und Erdgas von enormer geopolitischer Bedeutung. Hier befinden sich die Länder mit den größten Erdölreserven – neben dem Iran sind dies Saudi-Arabien, Irak, Vereinigte Arabische Emirate und Kuwait. Die Straße von Hormus – das »Nadelöhr« am Ausgang des Persischen Golfs – wird täglich von riesigen Öltankern durchfahren, die etwa ein Fünftel des weltweit gehandelten Erdöls transportieren. Die Meerenge hat wegen des geringen Süßwassereintrags in den Persischen Golf und der infolge hoher Temperaturen starken Verdunstung einen etwas höheren Salzgehalt als die Weltmeere.

Blick über eine zum Teil von Schnee- und Salzschichten bedeckte Gipfelregion im Zagrosgebirge.

Die Aufnahme zeigt im unteren Teil rechts den nördlichen Abschnitt der Straße von Hormus mit einigen Inseln, darunter Qeshm als größte Insel im Persischen Golf. Unmittelbar hinter der Küste steigt das Gelände rasch zum Zagrosgebirge an. Die deutlich erkennbaren Sättel und Mulden bildeten sich durch Verwitterung und Erosion unterschiedlich harter Gesteine.

Kargheit prägt große Teile des flächenmäßig größten Gebirges im Iran. Aufgrund der im Jahresverlauf überwiegend trockenen Bedingungen sind auch weite Gebiete des Zagrosgebirges nur äußerst spärlich mit Vegetation bedeckt.

IRAN: GROSSE SALZWÜSTE

Das als Große Salzwüste (Dasht-e Kavir) bezeichnete Trockengebiet erstreckt sich im Norden des Iran, im Südwesten und Norden wird es von Hochgebirgen (Zagrosgebirge bzw. Elburs) begrenzt. Die Abschirmung durch diese Gebirge bewirkt die extreme Trockenheit des Gebiets. Die nordwestlichen Ausläufer der rund 200.000 Quadratkilometer großen Wüste reichen bis an die Randbezirke der Hauptstadt Teheran. Das Gebiet der Großen Salzwüste wurde in früheren Zeiten von einem ausgedehnten Binnenmeer eingenommen, das aber über keinerlei Abfluss verfügte. Zuflüsse aus den umrahmenden Gebirgen

Von Rissen durchzogene Salzpfanne mit harter Kruste.

Geologische Struktur in der Großen Salzwüste.

verfrachteten in großen Mengen Gesteinsmaterial und Salz in dieses Binnengewässer.
Sehr hohe Temperaturen resultierten in entsprechenden Verdunstungsraten, die auskristallisierten Salze akkumulierten zu mächtigen Schichten. Salzpfannen und Salzseen sind verbreitete Phänomene, einzelne Salzdome überragen die karge Oberfläche um mehrere hundert Meter. Insgesamt präsentiert sich die Große Salzwüste als Welt aus Salz und Stein, nur kleinere Gebiete sind mit Sand bedeckt. Menschliche Besiedlung in dieser ausgesprochen lebensfeindlichen Region beschränkt sich auf nur wenige Oasenstädte an Stellen mit hoch anstehendem Grundwasser. Weite Teile dieser Wüste sind außerdem noch unerforscht.

Salzkrusten überziehen große Teile der ausgedehnten Großen Salzwüste. Dunkle Farbtöne resultieren aus der Vermischung von Salz mit verschiedenen Sedimenten. Vor allem im unteren Teil der Satellitenaufnahme sind einzelne Salzdome, sogenannte Diapire, zu erkennen.

Die Satellitenbilder dokumentieren die größte Umweltveränderung in Zentralasien: das Schrumpfen des Aralsees. Bis etwa 1960 lag hier der mit 68.000 Quadratkilometern viertgrößte See der Erde. Er bildete die Grundlage für Zehntausende von Arbeitsplätzen in der Fischerei sowie im Tourismus. Mit einem Prozent Salzgehalt war sein Wasser nur leicht brackig, bedingt durch die hohe Verdunstung. Sein Fischreichtum und die Artenvielfalt wurden gerühmt. Der See wurde gespeist durch den von Osten kommenden Syrdarja und den Amudarja aus dem Süden, den wasserreichsten Strom Mittelasiens. Beide Flüsse führen vor allem nach der Schneeschmelze in den zentralasiatischen Gebirgen sehr viel Wasser. Der Amudarja lieferte früher über 60 Milliarden Kubikmeter Wasser im Jahr, heute bringt er es kaum noch auf ein Sechstel dieser Menge. Der Syrdarja erreicht heute seinen Endsee nicht einmal mehr als schmales Rinnsal. Nur wenn die Schneeschmelze übermäßig hoch ausfällt, kommen beide Fremdlingsflüsse noch bis zum Aralsee durch.

Was hat sich hier ereignet und zur Austrocknung des Aralsees geführt? In den 1960er Jahren wurden in der damaligen Sowjetunion Pläne entwickelt, durch Bewässerung riesiger Areale beiderseits der Flüsse in Kasachstan und Usbekistan neue Flächen vor allem für den monokulturartigen Baumwollanbau zu gewinnen. Außerdem wurden durch den neuen Karakum-Kanal und den 400 Kilometer langen Amu-Buchara-Kanal den Flüssen und ihren Zuflüssen Wasser entzogen. Wegen des großen Bevölkerungswachstums sowie wegen der zunehmenden Industrialisierung wurde verstärkt Wasser entnommen. Seit den 1960er Jahren sank der Wasserspiegel von ursprünglich 54 Metern über dem Meeresspiegel (1960) auf 40 Meter über dem Meeresspiegel (1987) auf heute 30 Meter. 1990 hatte der See noch die Hälfte der ursprünglichen Größe. Durch die Verlandung zerfiel er in den südlichen Großen und in den nördlichen Kleinen Aralsee. Dies geschah dadurch, dass die einstige Insel Kokaral zuerst eine Verbindung mit dem Westufer bekam, also zur Halbinsel wurde; 20 Jahre später erreichte sie auch das Ostufer und trennt seitdem den See in die beiden Teile. Und diese Seen selbst schwinden weiter. Seit 2009 ist der östliche Teil sogar völlig ausgetrocknet und zur Salzebene geworden. Dieser neuen Wüste gab man den Namen Aralkum.

Der Aralsee im Jahr 1985, Blickrichtung von Norden nach Süden.

Das Wasservolumen des Aralsees beträgt heute kaum mehr ein Zehntel des ursprünglichen, abgesehen von leichten Schwankungen, die durch die Witterung bedingt sind. Diese Verringerung der Wassermenge hat den Salzgehalt so gewaltig erhöht, dass heute keine Fische mehr in den Gewässern leben können. Die unteren Wasserschichten sind schwerer und salziger als die oberen. Eine Durchmischung findet nicht statt.

Die Stadt Aralsk lag früher direkt am Nordufer des Aralsees; heute ist sie 30 Kilometer vom nördlichen Restsee entfernt. Noch schlimmer traf es die Stadt Mujnak im Bereich des Amudarja-Deltas. Im Umkreis von 100 Kilometern gibt es keinen See mehr. Durch das großflächige Absinken des Grundwasserspiegels wird im Westen und Südwesten des einstigen Aralsees Weideland ausgetrocknet und vernichtet. Das wenige noch bewirtschaftete Ackerland wird bedroht durch die Auswehungen von Salzen aus dem ehemaligen Seeboden. Der Charakter des Klimas gewinnt an Kontinentalität, weil die ausgleichenden Wirkungen der großen Wasserfläche fehlt.

Der nördliche Teil des Aralsees im Jahr 1973.

Der Nordteil des Aralsees wird abgeschnürt (ca. 1998).

Das Satellitenbild stellt den zentralen Bereich des abflusslosen Tieflands von Turan vor, das überwiegend von Wüsten, Steppen und Salzflächen eingenommen wird. Vor allem im Süden fällt das Kulturland auf, wo der Amudarja Süßwasser für die Bewässerung der Felder liefert.

Ein abwechslungsreiches Bergland mit vergletscherten Gipfelregionen, tief eingeschnittenen Tälern und lang gezogenen Talgletschern im Südosten Zentralasiens ist hier dargestellt. Der größte See in dem Hochgebirgsland ist mit einer Fläche von 380 Quadratkilometern der abflusslose Kara-Kul. Er wird von einer Halbinsel sowie einer Insel in zwei ungleiche Teile gegliedert. In einem nahezu geschlossenen Kreis rahmen ihn die Gebirgsketten ein, die durchwegs über 5.000 Meter Höhe aufsteigen. Die Auswertung von Satellitenbildern brachte Geologen zu der These, dass das fast kreisrunde Becken mit dem

Flusstal im Hochland von Pamir.

»Kalte Steppenweide« bedeutet Pamir in der Sprache der Einheimischen.

See im Zentrum und mit einem Durchmesser von über 50 Kilometern seine Entstehung dem Einschlag eines Meteoriten vor rund 25 Millionen Jahren verdanke. Die Gebirgsketten selbst sind bereits vorher, im frühen Tertiär angelegt und später in die heutige Höhe gehoben worden.

Wie bereits die Abflusslosigkeit des Kara-Kul anzeigt, herrscht auf dem »Dach der Welt« ein trockenes Kontinentalklima. Die Schneegrenze liegt in über 5.000 Meter Höhe. Die Gebirge sind weithin vereist. Einzelne Talgletscher ziehen viele Kilometer talwärts. Ihre Schmelzwässer bauen Schotterfelder auf und münden in weiten Delten in den Kara-Kul.

Im Osten Tadschikistans und des Hochlandes von Pamir liegt das im Bild wiedergegebene Bergland mit dem Kara-Kul im Zentrum. Im Osten und Norden schließen die Ketten des Transalaigebirges diesen Raum ab, im Süden die Ausläufer des Karakorum und im Osten die Ketten des Kunlun Shan.

In einer Höhe von etwa 3.900 Metern liegt der Wasserspiegel des Karal-Kul, in dem sich die von Schnee und Eis bedeckten Gebirgsketten des Hochlands von Pamir spiegeln. Sie reichen bis in eine Höhe von mehr als 7.000 Metern. Um den größten See des Pamir breitet sich eine spärliche Steppenvegetation aus. Die nur kurzen und kühlen Sommermonate lassen an den Gebirgshängen und in den Tälern lediglich Flechten und Gräser aufkommen.

Das große Satellitenbild zeigt den Südwesten Afghanistans und Pakistans. Flache Wüsten, das Industiefland und markante Faltengebirge prägen die Topografie beider Staaten. Im Zentrum des Bildes liegt die Sandwüste Registan mit goldgelben Dünenfeldern, die durch den Hilmend (Rud-e Hellmand) – er ist mit 1.125 Kilometern der längste Fluss Afghanistans – von der im Norden angrenzenden Wüste Dasht-e Margo getrennt wird. Die Südgrenze Registans ist zugleich die Staatsgrenze zu Pakistan. Im Süden wird die Registan von der Central Brahui Range begrenzt, einer Reihe von parallel verlaufenden Kalksteinkämmen. Östlich des markant geschwungenen Gebirges liegt das grüne Band des Industieflands. Östlich davon folgt das keilförmig zum Indus hin sich zuspitzende Fünfstromland Punjab.

Das kleine Satellitenbild zeigt die westlichen Ausläufer des Hindukusch, der hier im nördlichen Gebirgsarm immerhin noch Höhen zwischen 3.000 und 5.000 Metern erreicht. Der aus dem wasserreichen Hindukusch entspringende Amudarja bildet die Staatsgrenze zwischen Afghanistan im Süden und Usbekistan bzw. Tadschikistan im Norden. Südlich des nördlichen Gebirgszuges liegt die tadschikische Hauptstadt Duschanbe. Mehrere von Norden kommende Zuflüsse des Amudarja ermöglichen in dieser ariden Landschaft intensiven Bewässerungsanbau. Die grünen Gebirgsflussoasen heben sich auffallend aus der ockerfarbenen, vegetationslosen Wüstenlandschaft ab. Angebaut werden Baumwolle, Tabak, Getreide, Gemüse und Obst. Südlich des Amudarja liegen die afghanischen Städte Mazar-e Sharif (östlich des Fächers in der Bildmitte) und Konduz.

Ein Sandsturm fegt über die Region.

Die Dezemberaufnahme zeigt die Landschaft um die Kandahar, die nördlich der großen Sandebene im Zentrum des Bildes liegt. Südlich der Stadt erstreckt sich die Wüste Registan, die vom Hilmend durchquert wird. Nur wo ausreichend Wasser aus den niederschlagsreichen Hochgebirgen im Norden vorhanden ist, ist Landwirtschaft möglich: Indus und die Ströme des Punjab (rechter Bildrand) sind die Kornkammern Pakistans.

Flug über die verschneiten Kämme des Hindukusch von Bagram nach Jalalabad. Der Gebirgszug auf afghanischem und pakistanischem Staatsgebiet erreicht im Tirich Mir mit 7.708 Metern seine höchste Erhebung.

Gleich drei Staaten haben Anteil am Gebirgszug des Karakorum, der sich nördlich der Hauptkette des Himalaya über Pakistan, Indien und China erstreckt. Die höchste Erhebung des Gebirgszuges ist der 8.611 Meter hohe K2 (Chogori/Mount Godwin Austen), einer der schwierigsten Achttausender der Welt. Knapp die Hälfte des Gebirges liegt in der autonomen pakistanischen Region Gilgit-Baltistan, der Südosten im indischen Bundesstaat Jammu und Kashmir (27 %), die Nordflanke im chinesischen autonomen Gebiet Xinjiang (24 %). Das gesamte Gebirge ist rund 500 Kilometer lang und etwa 100 Kilometer breit. Im Gebirgszug liegen über die Hälfte der höchsten Erhebungen der Erde – damit ist das Karakorum eigentlich das höchste Gebirge der Erde. Und noch ein Rekord: Keine Region außerhalb der Polargebiete ist so vergletschert: Der Grad der Vergletscherung ist mit 25 Prozent drei Mal so hoch wie im benachbarten Himalaya. Insgesamt vier Gipfel erreichen Höhen über 8.000 Metern, neben dem unter Alpinisten gefürchteten K2 sind es der Gasherbrum I (Hidden Peak, 8.068 m), der Broad Peak (Falchen Kangri, 8.051 m) und der Gasherbrum II (8.035 m). Alle vier Achttausender liegen im Baltoro Muztagh auf pakistanisch-chinesischer Grenze, dazu kommen weitere 140 Siebentausender. Insgesamt unterscheidet man sieben Gebirgsgruppen (muztagh = Eis- oder Schneeberge) innerhalb des Karakorum, die nach dem jeweiligen größten Gletscherfluss benannt wurden: Von Westen nach Osten sind es Batura, Hispar, Panmah, Baltoro, Siachen, Rimo und Saser Muztagh (die drei Letztgenannten liegen im indischen Jammu und Kashmir). Im Südwesten erheben sich die Berge bis zu 5.500 Meter über den Talböden, im Nordwesten nur noch 1.200 bis 1.500 Meter. Einige der größten Gletscherströme weltweit – sie sind allesamt knapp oder über 50 Kilometer lang – finden sich hier: In Pakistan sind es der Batura- (58 km), der Baltoro- (58 km), der Biafo- (63 km) und der Hispargletscher (49 km, zusammen mit dem Biafogletscher bildet er einen durchgehenden Eisstrom von 112 km Länge), in Indien der Siachengletscher (78 km). Das »Herz des Karakorum« ist der 4.600 Meter hoch gelegene Concordiaplatz, der einen Durchmesser von über drei Kilometern hat: Hier fließen gleich mehrere Gletscher zusammen. Eine weitere Besonderheit ist der Snow Lake, ein 16 Kilometer langes Gletscherbassin, das mit einer 1,6 Kilometer mächtigen Eisschicht gefüllt ist. Das Karakorum-Gebirge ist nicht nur die Wasserscheide zwischen dem Indus und dem chinesischen Tarimbecken, sondern auch eine Wetter- bzw. Klimascheide: Richtung Süden fallen ergiebige Niederschläge, im Norden und Osten – im Lee des Hochgebirges – herrschen fast wüstenhafte Verhältnisse. Im höchsten Teil des Gebirges sorgen feuchte Luftmassen, die über die niedrigeren Berge des Himalaya streichen, jedoch für ergiebige Schneefälle. Das Gebirge ist insgesamt nur dünn besiedelt.

Blick zum 8.611 Meter hohen K2.

Nur die besten Alpinisten der Welt schaffen die schwierigen, schroffen Gipfel der Achttausender des Karakorum.

Doppelgipfel: die Cathedral Peaks.

Stark vergletschert präsentiert sich das Karakorum, das auf vergleichweise geringer Fläche so viele Achttausender zu bieten hat.

Das Karakorum ist mit den Achttausendern K2, Gasherbrum I und II sowie Broad Peak das Ziel der ambitioniertesten Alpinisten der Welt. Auf ihrem Weg über den Baltorogletscher fällt ihr Blick auf markante Granitspitzen – die Trango Towers. Diese ragen auf der Nordseite des Baltorogletschers aus einem nordwest-südöstlich verlaufenden Bergrücken zwischen dem Trangogletscher im Westen und dem Dungegletscher im Osten hervor. Insgesamt handelt es sich um vier Gipfel, die höchste Erhebung ist der Great Trango Tower (6.287 m; links im Bild). Mit 1.600 Metern zählt seine Ostwand zu den höchsten Wänden der Welt, die Ehrfurcht gebietenden senkrechten Wände sind von tiefen, mit Schnee und Eis gefüllten Rinnen durchzogen. Der spektakulärste Gipfel ist jedoch der Nameless Tower (rechts im Bild).

Der Nameless Tower im Licht der aufgehenden Sonne: Die 6.251 Meter hohe, fast symmetrisch geformte Felsnadel hebt sich rund 1.000 Meter aus dem Höhenzug heraus. An den fast senkrechten Wänden versuchten sich zahlreiche Extremkletterer, erstmalig erfolgreich waren 1976 britische Bergsteiger.

RUSSLAND: OB

Der im Unterlauf parallel zum Uralgebirge, der inoffiziellen Grenze zwischen Asien und Europa, verlaufende Ob ist rund 3.650 Kilometer lang. Gemeinsam mit dem im Mongolischen Altai (China) entspringenden Irtysch, seinem längsten Nebenfluss, bildet er ein insgesamt etwa 5.400 Kilometer langes Flusssystem. Die beiden Flüsse sind die wichtigsten Vorfluter im Westsibirischen Tiefland, das Einzugsgebiet von Ob und Irtysch hat eine riesige Fläche von annähernd drei Millionen Quadratkilometern.
Über weite Strecken durchfließt der Ob flaches Gelände, weshalb er zahlreiche Flussschleifen bildet. Bei stärkerer Wasserführung – beispielsweise nach der Schneeschmelze in den Gebirgen im Süden des Einzugsgebiets – tritt der Strom großflächig über seine Ufer. Dies ist vor allem im Frühling und Frühsommer der Fall. Bei rascher Schneeschmelze und entsprechend starker Wasserführung im Oberlauf kann es im Mittel- und Unterlauf des Ob zu Eisstau kommen, wenn die Schmelze in diesen Regionen noch nicht eingesetzt hat. Dann bildet der Ob seenartige Erweiterungen. Der Fluss ist eine wichtige Verkehrsader für den Transport von Rohstoffen wie beispielsweise Holz oder Kohle.

Mäandrierender Mittellauf des Ob.

Herbststimmung an einer Flussweitung.

Der im Satellitenbild links unten erkennbare Unterlauf des Ob geht in den rund 800 Kilometer langen und bis zu 70 Kilometer breiten Obbusen (Bildmitte) über. Dieser nimmt das Wasser des Tas auf, der im Osten (rechts) einen etwa 300 Kilometer langen Mündungstrichter (in Form eines Fragezeichens) bildet. Durch den südlichen Abschnitt des Obbusens verläuft der Nördliche Polarkreis.

Die Aufnahme zeigt einen Abschnitt des mittleren Ob, in dem der Fluss die Taiga, ein ausgedehntes Waldgebiet, durchzieht. Im Zuge der im Jahresverlauf stark schwankenden Wasserführung tritt er periodisch über die Ufer und bedeckt dann weite Landstriche. Dokumente hierfür sind die im Bild erkennbaren wasserfreien oder wasserarmen Läufe sowie mehrere Seen. Gemeinsam mit seinem Nebenfluss Irtysch bildet der Ob eines der längsten Flusssysteme der Welt.

Im äußersten Osten Russlands ragt die etwa 1.200 Kilometer lange und bis zu 450 Kilometer breite Halbinsel Kamtschatka in den Pazifischen Ozean. Sie trennt das Ochotskische Meer im Westen vom Beringmeer im Osten. Zu den herausragenden naturräumlichen Merkmalen gehört die Vielzahl an Vulkanen. Ein großer Teil der Vulkanregion steht als Naturpark, der 1996 von der UNESCO zum Weltnaturerbe erklärt wurde, unter besonderem Schutz. Geologisch setzt sich Kamtschatka nach Südwesten in der bis nahe an die japanische Hauptinsel Hokkaido reichenden Inselgruppe der Kurilen fort. Mit einer Fläche von rund 370.000 Quadratkilometern ist die Halbinsel etwa so groß wie die Bundesrepublik Deutschland, die Einwohnerzahl ist mit nicht einmal 400.000 Menschen jedoch äußerst gering.

Die landschaftlich eindrucksvolle Halbinsel im äußersten Nordosten Asiens ist naturräumlich überaus vielgestaltig: Vulkane und Gletscher, Geysire und heiße Quellen, Moore und scheinbar endlose Waldgebiete prägen den Charakter Kamtschatkas und machen seinen landschaftlichen Reichtum aus. Wegen ihrer Lage im Grenzbereich zwischen der Eurasischen und der Pazifischen Platte ist die Halbinsel tektonisch sehr aktiv. Die Pazifische Platte schiebt sich mit einer Geschwindigkeit von wenigen Zentimetern im Jahr unter die Eurasische Platte. Angesichts dieser geologischen Prozesse kommt es häufig zu Vulkanausbrüchen, vereinzelt auch zu Erdbeben. Das stärkste Beben (9,0) auf der Magnitudenskala ereignete sich 1952. Nicht weniger als 29 Vulkane gelten als aktiv, nirgendwo auf der Welt ist die Dichte aktiver Vulkane höher. Häufig brechen auf Kamtschatka mehrere Vulkane gleichzeitig aus. Die Vulkanketten sind Teil des zirkumpazifischen Feuerrings. Das Klima der lang gestreckten Halbinsel wird von großen Temperaturgegensätzen im Jahresverlauf geprägt. Lange, schneereiche Winter, die von Oktober bis Mai dauern können, wechseln mit kurzen Sommern, in denen es durchaus heiß werden kann. Im Norden bleiben die Böden ganzjährig gefroren. Die Halbinsel ist von einer großen Artenvielfalt bei Tieren (vor allem bei Säugetieren und Vögeln) und Pflanzen gekennzeichnet.

Satellitenaufnahme einer Eruption des Kljutschevskaja Sopka, des höchsten Bergs der Halbinsel.

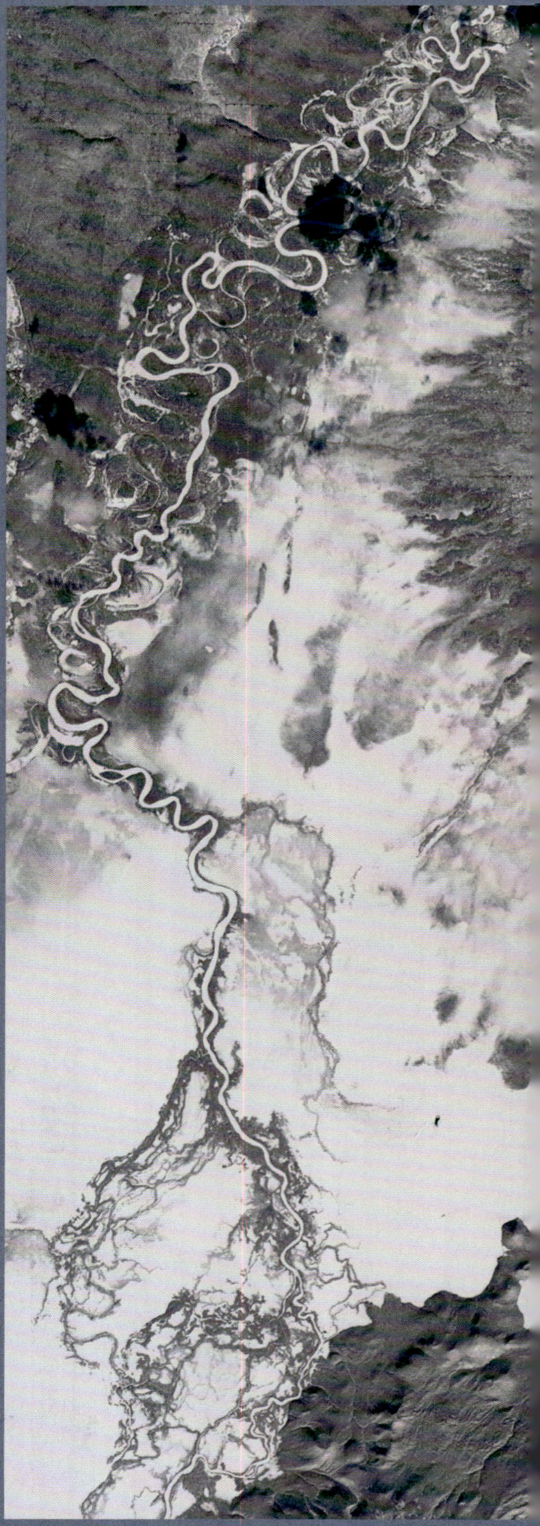

Zu den aktivsten Vulkanen auf der Halbinsel Kamtschatka gehört der 3.283 Meter hohe Schiwelutsch, der auch in der jüngeren Vergangenheit mehrfach ausgebrochen ist. Die Aufnahme vom März 2010 zeigt die Gipfelregion. Die Vulkanflanken links sind mit frischen Aschelagen bedeckt, die dem Schnee aufliegen. Von den aktiven Vulkanen der Kamtschatka-Halbinsel ist der Schiwelutsch der am nördlichsten gelegene. Rechts im Satellitenbild kann man seine Caldera erkennen.

Viele markante Vulkane prägen die Halbinsel Kamtschatka, darunter der 3.528 Meter hohe Kronotsky (links in der Bildmitte) und der 3.456 Meter hohe Koryak (rechts). Einige von ihnen haben eine bemerkenswert symmetrische Form.

Vom Hochland von Pamir im Westen (linker Bildrand) bis zum Lob Nur im Osten erstreckt sich die Wüste Takla Makan über rund 1.500 Kilometer. Sie reicht von den über 7.400 Meter hohen Bergen des Tian Shan im Norden bis zu den rund 650 Kilometer entfernten Gebirgsketten des Kunlun Shan (7.160 Meter) und des Altun Shan (6.300 Meter) im Süden. Sie senkt sich von 1.400 Meter Höhe im Westen auf 780 Meter im Osten. Deshalb fließt der Tarim He, gespeist von den Schmelzwässern der Gletscher, als längster Fluss Zentralasiens (über 2.000 km) am Nordrand der Wüste entlang nach Osten, ehe er in der Salztonebene des Lob Nur versiegt.

Parallel zu der Flussoase des Tarim He verläuft der uralte Handelsweg der Nördlichen Seidenstraße – früher als Karawanenweg, heute als breit ausgebaute Straßen- und Eisenbahnverbindung. Ihr Gegenstück im Süden der Taklimakan ist wie eine Perlenkette ausgebildet, an deren dünner Schnur sich

Pappeln: der Charakterbaum an der Tarim-Flussoase.

Sanddünen und Pappeln begleiten den Tarim He.

Oasen aneinanderreihen. Die Karawanen mieden den Weg quer durch die Wüste, weil sie wegen ihrer extremen Trockenheit, ihrer Sandstürme, der Wanderdünen sowie der gewaltigen Temperaturgegensätze einen lebensfeindlichen Raum darstellt.

In einem abflusslosen Hochbecken liegt die riesige, 300.000 Quadratkilometer große Sandwüste Takla Makan, eingeschlossen von einem Ring von Hochgebirgen und einem grünen Oasenband, das sein Leben spendendes Wasser von den Gletschern des Tian Shan im Norden und des Kunlun Shan im Süden erhält.

»Grand Canyon des Tian Shan« bezeichnen die einheimischen Reiseführer die Gebirgsschlucht am südlichen Rande des Tian Shan, die den Namen der nahen Oasenstadt Kuqa trägt. Die Uiguren nennen sie Keziliya, was so viel wie »Rotes Kliff« bedeutet, denn die Farbe der Gesteine reicht vom dunklen Rotbraun bis zum hellen Gelbrot. Dieser Canyon verläuft auf einer Länge von fünf Kilometern in Ost-West-Richtung zwischen den Felswänden, die bis 1.600 Meter hoch aufsteigen. Die Schlucht ist unten etwa 60 Meter breit, an der schmalsten Stelle aber unter einen Meter breit. Die Wände des Canyons haben Wind und Wasser glatt geschliffen sowie Grotten ausgehöhlt. Hier – nahe der Nördlichen Seidenstraße – schmückten in der Zeit um 500 bis 700 n. Chr. buddhistische Künstler die Grotten mit Wandmalereien aus.

Aus dem Erdaltertum stammen die Sand- und Kalksteine der südlichen Ausläufer des Tian Shan die stark verformt, steil aufgerichtet und gehoben worden sind. Die Erosion durch Wind und Wasser, Frost und Hitze hat ihre heutige Formenvielfalt geschaffen.

Das Satellitenbild zeigt einen Ausschnitt aus dem östlichen Himalaya, wo dieser in einer Reihe von Achttausendern und dem Mount Everest (auf Nepalesisch Sagarmatha) seine mächtigste Erhebung erreicht. Deutlich wird hier die Längsgliederung des Hochgebirgsbogens sichtbar. Seine Mitte (oberer Bildrand) bildet der Hohe Himalaya, dessen höchste Berggestalten durchwegs vergletschert sind, wo mehrere Talgletscher ihren Ausgang nehmen und viele Flüsse entspringen. An den Hohen schließt sich nach Süden hin der Vordere Himalaya an. Ihn kennzeichnen breite Senken zwischen den rund 2.000 bis 3.000 Meter hohen Bergketten. Im unteren Bildabschnitt sind noch die bewaldeten Siwalikketten dargestellt, die aus dem Schutt des aufsteigenden Hochgebirges gebildet wurden.

Der Himalaya ist ein junges alpidisches Faltengebirge, das einen insgesamt 2.500 Kilometer langen Bogen bildet, der nach Nordosten offen ist. Er verdankt seine Entstehung der Drift der Kontinente. Seit über 60 Millionen Jahren driftet die Indische Platte nach Norden. Dabei rammte sie vor 50 Millionen Jahren erstmals Asien. Ein Teil der Erdkruste tauchte unter den asiatischen Kontinent ab, ein anderer Teil wurde auf den indischen Kontinent geschoben. Noch einmal, vor rund 20 Millionen Jahren, steigerten die Kräfte im Erdinneren ihre Aktivität und drängten verstärkt den indischen Subkontinent unter die Asiatische Platte. Nun wurden im Laufe von Jahrmillionen

Von links: Pumori (7.138 m), Lingtren (6.714 m), Khumbutse (6.665 m).

riesige Gesteinspakete aus dem Erdaltertum abgeschert und auf die indische Platte geschoben. So bildete sich ein Gesteinspaket, das sich als Himalaya heraushob. Bis heute wächst dieses Gebirge ununterbrochen – derzeit etwa fünf Millimeter pro Jahr. Denn durch die nordwärts gerichtete Strömung unter der Erdkruste wird Material an die Gebirgswurzel geführt, das dort auskristallisiert und den Gebirgsblock in der Tiefe verstärkt.
Mit der Heraushebung verstärkt sich die Abtragung. So weisen die Berge im Hohen Himalaya scharfe Grate und steile Flanken auf – ausgenommen die von den Gletschern überformten Täler und Rücken.

Der Himalaya ist das mächtigste und höchste Gebirgssystem der Erde. Er trennt Zentralasien von dem indischen Subkontinent. Zugleich bildet der Gebirgswall eine Klima- und Wetterscheide sowie eine Trennungslinie zwischen unterschiedlichen Kulturräumen. Sein Name bedeutet im Sanskrit »Schneewohnung«.

Im nepalesischern Nationalpark Sagarmatha weiden auf den wintertrockenen alpinen Steppen Yaks, die zu der Gruppe der Wildrinder gehören. Der Lebensraum der äußerst genügsamen und witterungsunempfindlichen Tiere reicht bis etwa 6.000 Meter Höhe.

Das große Bild zeigt die tibetische Nordseite des Mount Everest. Ihre scharfen Grate und steilen Flanken verdanken die Berge der Tätigkeit der Gletscher und der intensiven Temperatur- und Frostverwitterung. Hier, auf der trockenen Nordseite des Massivs, liegt die Schneegrenze bei 5.800 Metern, auf der stark beregneten Südseite bei nur 4.800 Metern. Im Gegensatz zu den Wäldern der Südhänge wachsen hier nur spärliche Steppengräser. Mount Everest (8.850 m) heißt der höchste Berg der Erde nach dem britischen Ingenieuroffizier Sir George Everest, der die trigonometrische Vermessung Indiens von 1823 bis 1843 leitete. Die Tibeter nennen den Berg Cholungma, was so viel bedeutet wie »Mutter des Weltalls«. Der nepalesische Name Sagarmatha lautet übersetzt »Stirn des Himmels«.

In einem der zahlreichen Gletscherseen spiegelt sich die verschneite Gipfelpyramide des Mount Everest. Sie besteht zuoberst aus grauem, darunter fossilreichem gelblichem Kalkstein, der auf einem kristallinen Sockel aus Gneisen und hellem Granit lagert.

Auf seinem Weg von der tibetischen Hochebene über die Schluchten Südwestchinas bis zum Roten Becken in Sichuan nimmt der Jangtsekiang sämtliche Flüsse der Osthänge des tibetischen Hochlandes und anschließend jene des mittelchinesischen Berglandes in sich auf. Alles Wasser strömt in den drei großen Jangtse-Schluchten – von West nach Ost die Qutang-, die Wu- und die Xiling-Schlucht – durch die östlichen Randketten des Roten Beckens (linker Bildrand). Auf einer Länge von 240 Kilometern folgen Klüfte mit nackten Felsen, V-förmige Talabschnitte und Strecken mit breiteren Talböden aufeinander. An einer Stelle verengt sich der Fluss auf nur 100 Meter. Am Ostende der Xiling-Schlucht, wo der Strom in die chinesische Tiefebene eintritt, wurde der Drei-Schluchten-Staudamm errichtet.

Pläne für die Bändigung des Jangtsekiang hatte die Regierung Chinas schon lange fertig, aber erst am 14. Dezember 1994 legte der chinesische Ministerpräsident den Grundstein für das Drei-Schluchten-Projekt, das größte jemals in Angriff genommene Wasserbauprojekt. Rund 18.000 Arbeitskräfte bauten zwölf Jahre lang an der 180 Meter hohen und rund zwei Kilometer langen Staumauer, dem Wasserkraftwerk, den Schiffsschleusen und den sonstigen Einrichtungen. Seitdem hat sich ein 600 Kilometer langer Stausee gebildet, der die doppelte Fläche des Bodensees einnimmt. Ihm mussten viele Städte, den. Hochwässer werden durch die Staumauer zurückgehalten. Allein im 20. Jahrhundert hatten die Überschwemmungen des Jangtsekiang drei Millionen Menschenleben gefordert. Die Schifffahrt auf dem wichtigsten Verkehrsweg Chinas wird sicherer, die Transportkapazität steigt, auch wegen der größeren Schiffe. Früher hatte die Wassertiefe geschwankt, jetzt haben die Schiffe immer 70 Meter Wasser unter dem Kiel. Selbst der Tourismus mit den Flusskreuzfahrten erleidet keinen Einbruch, denn das Panorama mit den 1.000 Meter hohen Felswänden bleibt überaus eindrucksvoll. Nur wenige Kilometer

Shanghai liegt nahe der Mündung des Jangtsekiang in das Ostchinesische Meer.

Dörfer, Fabriken und über eine Million Menschen weichen. Umweltschützer befürchten, dass der See wegen der Abwässer verunreinigt und wegen der Sedimentfracht – im Bild durch die gelbliche Farbe dokumentiert – schon in 100 Jahren verlanden wird. Eine Reihe von Gründen sprach für die Durchführung des Projekts: China braucht dringend Elektrizität, um die wirtschaftliche Entwicklung vor allem an der Ostküste voranzubringen. Zudem werden durch das Wasserkraftwerk Kohle eingespart und der Ausstoß von mehreren Millionen Tonnen Kohlendioxid vermieabseits des Stausees zeigt sich das mittelchinesische Bergland weithin unberührt. Das stark gegliederte Relief bedingt viele isolierte Räume, die untereinander kaum Verbindung haben und die nur schwer verkehrlich zu erschließen sind.

In der Mitte des Satellitenbildes quert das helle Band des zum See aufgestauten Jangtsekiang das stark zertalte mittelchinesische Bergland von links nach rechts. Am rechten Bildrand unten ist der See zu erkennen, der durch die Talsperre von Gezhouba geschaffen wird.

Die Stadt Yichang liegt am Jangtsekiang, etwa 40 Kilometer unterhalb des neuen Drei-Schluchten-Staudammes und nahe der älteren Gezhouba-Talsperre. In der Großstadt wird ein Störmuseum unterhalten, das sich mit den Folgen der Dammbauten für den bedrohten Jangtse-Stör befasst.

Der Vulkan auf der japanischen Hauptinsel Honshu ist mit einer Höhe von 3.776 Metern der höchste Berg Japans und gleichzeitig das wohl bekannteste Wahrzeichen des ostasiatischen Landes. Er befindet sich im Gebiet des 1.218 Quadratkilometer großen Fuji-Hakone-Izu-Nationalparks, der bereits 1936 eingerichtet wurde. Dieser Park zählt zu den größten und wegen seiner naturräumlichen Vielfalt auch meistbesuchten Schutzgebieten in Japan. Aufgrund seiner nahezu symmetrischen Form ist der Vulkankegel nicht nur ein beeindruckendes Naturphänomen, sondern auch ein bedeutendes Symbol des Landes sowie ein häufig thematisiertes Motiv der bildenden Kunst Japans. Im Shintoismus gilt der Fuji als heilig, weshalb sich seit Jahrhunderten zahlreiche Mythen und Legenden um den Berg ranken.

Der Fuji liegt im Grenzbereich zwischen Eurasischer, Pazifischer und Philippinenplatte, einer tektonisch überaus sensiblen Zone. Insgesamt sind seit dem 8. Jahrhundert 18 Vulkanausbrüche belegt. Trotzdem gilt das Ausbruchsrisiko des Vulkans derzeit als gering, die letzte größere Eruption ereignete sich 1707. Die Region um den Vulkan wird hingegen häufiger von Erdbeben heimgesucht. In der Umgebung des Gipfels entspringen zahlreiche heiße Quellen, die ebenfalls von der tektonischen Aktivität des Gebiets zeugen. Landschaftlich überaus reizvoll sind die fünf Fuji-Seen an der Nordflanke (Kawaguchi-, Yamanaka-, Motosu-, Shoji-See und Westsee). Sie befinden

Blumenwiese am Fuß des heiligen Berges.

sich in einem Höhenbereich zwischen 700 und 900 Metern in kleinen Senken, die von früheren Lavaströmen des Vulkans abgedämmt wurden.

Der Anblick des Berges, den man auch von der Hauptstadt Tokyo aus sehen kann, ist vor allem im Winter eindrucksvoll, wenn die klare Luft die Schneekappe des Vulkans schon von Weitem erkennen lässt. Neben seiner beeindruckenden Erscheinung ist der Fuji auch für seine überragende spirituelle Bedeutung bekannt. Künstler verschiedenster Genres – darunter Maler und Schriftsteller, Bildhauer und Holzschnitzer – ließen sich von ihm zu besonderen Werken inspirieren.

Die Aufnahme zeigt einen Ausschnitt des östlichen Teils der Hauptinsel Honshu, der Fuji erscheint in der Bildmitte. Rechts unterhalb des Vulkans erkennt man das Hakone-Bergland, an das nach unten die Halbinsel Izu anschließt. Die größeren hellen Flecke stellen Städte dar, darunter die Küstenstadt Odawara rechts neben dem Hakone-Bergland.

An der nördlichen Flanke des Fuji befinden sich fünf Seen, darunter auch der hier gezeigte Yamanaka-See. Von jedem dieser Gewässer, die im Gebiet des Fuji-Hakone-Izu Nationalparks liegen, bietet sich ein schöner Blick auf den Vulkan.

JAPAN: FUJI

Für mehrere Monate im Jahr ist der Fuji von einer Schneekappe bedeckt. Das große Satellitenbild zeigt eine Schrägaufnahme der verschneiten Gipfelregion und den nahezu kreisrunden Krater des höchsten Berges von Japan. Eine Besteigung dieses bemerkenswert idealtypisch aufgebauten Stratovulkans (Schichtvulkans) ist für Einheimische geradezu eine Ehrensache, für viele Besucher des Landes zählt der Aufstieg zu den Höhepunkten ihres Aufenthalts im Land. Als beste Jahreszeit eignet sich dafür der Sommer, Auf- und Abstieg sind über verschiedene Routen möglich. Auch wenn der Gipfel geradezu Ehrfurcht gebietend wirkt, stellt er – im Vergleich zu zahlreichen anderen Dreitausendern – Bergsteiger nicht vor große alpinistische Herausforderungen. Dies liegt vor allem an seiner relativ geringen Hangneigung und der guten touristischen Erschließung der Bergregion. Die meisten Wanderer übernachten in einer Schutzhütte unterhalb des Kraterrandes und steigen frühmorgens auf den 3.776 Meter hohen Gipfel. Von oben bietet sich an klaren Tagen eine fantastische Aussicht – nicht nur wegen des Sonnenaufgangs über dem Pazifik. Der Krater kann bei entsprechender Witterung umrundet werden.

Der Fuji ist von vielen Stellen auf Japans größter Insel Honshu zu sehen. Seine Gipfelregion ragt dabei häufig aus den Wolken empor. Seine markante, nahezu spitzkegelförmige Gestalt macht den Vulkan für viele Betrachter unverwechselbar.

MYANMAR: IRRAWADDY

Die dunkelgrünen Farbtöne zeigen Mangrovenwälder. Ihr Anteil im Delta des Irrawaddy geht zugunsten von landwirtschaftlich genutzten Flächen zurück. Zum Zeitpunkt der Aufnahme (März) lagen viele Reisfelder brach und erscheinen deshalb hellbraun.

Der im Himalaya entspringende, über weite Strecken schiffbare Irrawaddy durchfließt Myanmar von Norden nach Süden und ist die Lebensader und ein bedeutender Verkehrsweg des südostasiatischen Landes. In seinem Mündungsbereich bildet der etwa 2.150 Kilometer lange Fluss ein rund 40.000 Quadratkilometer großes Delta. Es besteht aus einer Vielzahl von Flussarmen, die in die Andamanensee, ein Randmeer des Indischen Ozeans, münden. Es gehört zu den weltweit ergiebigsten Anbaugebieten für Reis. Der Rückgang der ursprünglich wesentlich dichteren Mangrovenwälder, die Küstenregionen vor den Auswirkungen von Flutwellen schützen, gefährdet den Bestand von Teilen des Irrawaddy-Deltas. Andererseits sichert die Produktion von Reis die Ernährung weiter Teile der Bevölkerung von Myanmar.

Mit einer Länge von rund 4.500 Kilometern ist der im Hochland von Tibet entspringende Mekong der längste Fluss in Südostasien und der zehntlängste der Welt. Etwa die Hälfte seiner Strecke legt er auf chinesischem Staatsgebiet zurück und durchquert dabei einige tiefe Schluchten. Im Mittel- und Unterlauf durchfließt er zunächst Laos (auch als Grenzfluss zu Myanmar und Thailand) und Kambodscha. In diesem Bereich ist der Mekong über weite Strecken schiffbar. In Vietnam erreicht der Fluss eine Breite von mehreren Kilometern und bildet bei seiner Mündung ins Südchinesische Meer ein etwa 40.000 Quadratkilometer großes Delta. Im Sommer führt der Mekong wegen anhaltend starker Monsunniederschläge erheblich mehr Wasser und tritt dann vor allem im Unterlauf großflächig über die Ufer.

Die Mündungsarme des Mekong leiten große Sedimentmengen ins Südchinesische Meer – erkennbar an der gelbbraunen Farbe unmittelbar vor der Küstenlinie. Die grünlichen Flecken im Meer stellen Ansammlungen von Phytoplankton dar, vor allem Algenteppiche.

Der Pinatubo (Fotomitte) ist Teil einer Vulkankette, die sich entlang der Westküste Luzons erstreckt. Neben einigen Vulkanen sind auch hellere Ströme auf dem Foto zu sehen. Es handelt sich um Spuren von Laharen. In der unteren Fotoecke rechts liegt die Manila Bay.

Fast 500 Jahre lang galt der Pinatubo im Zentralbereich der philippinischen Insel Luzon als erloschen. Das änderte sich aber 1991 mit einem der gewaltigsten Ausbrüche des 20. Jahrhunderts. Damals schleuderte der bis heute aktive Schichtvulkan Millionen von Tonnen Asche und Gestein bis zu 15 Kilometer hoch in die Atmosphäre und beeinträchtigte damit das globale Klima. Der Staub schwächte die Sonneneinstrahlung ab und führte 1992 zu einer globalen Abkühlung um 0,5 °C. Beim Ausbruch wälzten sich pyroklastische Ströme die Hänge hinab ins Tal. Unglücklicherweise wütete damals zugleich ein Taifun in der Region und es kam durch heftigen Regen zur Bildung von Laharen. Diese riesigen Schlammströme aus Wasser, Asche und Gesteinsbrocken rissen alles mit, was sich ihnen in den Weg stellte.

Auf der Bicol-Halbinsel im Südosten von Luzon erhebt sich der etwa 2.460 Meter hohe Schichtvulkan Mayon (Foto rechts, Mitte). Er gilt wegen seiner wohlgestalteten Form als einer der schönsten Vulkane der Erde, ist aber auch berüchtigt für seine überraschend einsetzenden Ausbrüche, die oft von pyroklastischen Strömen und Laharen begleitet werden. Der zweithöchste Vulkan der Philippinen gehört zugleich zu den aktivsten Feuerbergen des Inselstaates und ist seit den ersten Aufzeichnungen von 1616 über 45-mal ausgebrochen, zuletzt 2009/2010. Da er in dichtbesiedeltem Gebiet steht, birgt jeder seiner Ausbrüche ernste Gefahren für die Städte und Dörfer in seiner Umgebung, wie etwa beim bislang verheerendsten Ausbruch im Jahr 1814 mit mehr als 1200 Todesopfern.

Der Mayon (Fotomitte) ist Teil einer Vulkankette, die in einer Subduktionszone liegt, unweit der Albay-Bucht (Foto, untere Hälfte rechts). An seinem Gipfel stauen sich häufig Wolken und es kommt vor allem zur Monsunzeit zu ergiebigen Niederschlägen.

PHILIPPINEN: MAYON

Der wunderbar symmetrisch aufgebaute Stratovulkan hat aus der Luft betrachtet eine fast kreisrunde Form und am Fuß einen Umfang von 20 Kilometern. Im oberen Abschnitt verfügt der Feuerberg über 35 bis 40 Grad steile Hänge, die am Gipfel von einem vergleichsweise kleinen Krater abgelöst werden. Dieser besitzt nur einen Durchmesser von 200 Metern. Der gleichmäßig geformte Kegel des Mayon ist fast immer von Rauch- und Dampfschwaden umgeben. Sie leuchten nachts, denn sie reflektieren das Licht von dem rot glühenden Magma im Krater. Ein malerischer Anblick, der zusammen mit der reizvollen Umgebung den Mayon zur Touristenattraktion werden ließ. Trotz der Idylle bleibt der Mayon vor allem wegen seiner Unberechenbarkeit gefährlich. So etwa beim Ausbruch im November 2006, als nach einer Entwarnung vorsorglich evakuierte Einwohner wieder in ihre Häuser zurückgekehrt waren. Weil zusätzlich ein Taifun für heftige Regenfälle sorgte, entstanden Schlammströme. Unberechenbar ist der Mayon zudem, weil er diverse Arten von Magma fördert, die entscheidend für die Eruptionsart sind. Mischen sich zwei unterschiedliche Arten von Magma, dann kommt es zu hochexplosiven Ausbrüchen.

Majestätisch erhebt sich der Mayon vor Reisfeldern, sei es am Tag (kleines Foto) oder in der Abendsonne mit Wolkenschleier (großes Foto). Der Boden im Umkreis des Vulkans ist fruchtbar, weshalb die Gebiete am Fuß des Berges landwirtschaftlich genutzt werden.

Beim Ausbruch 1991 entstand auf dem Gipfel des Pinatubo eine im Durchmesser 2,5 Kilometer große Caldera, die sich später mit Wasser füllte. Der Kratersee ist zwischen 600 und 800 Meter tief. Unter ihm entstand beim Ausbruch 1992 ein neuer Lavadom. Durch die Eruption 1991 verringerte der Vulkan seine Höhe um 300 Meter. Der Pinatubo gehört zu einer Vulkankette, die in einer Subduktionszone liegt. Sie entstand durch das Absinken der Eurasischen unter die Philippinische Platte.

Wenn auf der Südhalbkugel der Erde Winter ist – von März bis September –, zeigen sich die Gipfelbereiche der beiden Vulkane, des Bromo und des weiter südlich gelegene Semeru häufig auch schneebedeckt (großes Foto Mitte). Beide Feuerberge befinden sich im Ostteil der indonesischen Insel Java und gehören zu den aktivsten Vulkanen des Inselstaates. Der 2.329 Meter hohe Bromo (auf Indonesisch Gunung Bromo) ist ein Strato- oder Schichtvulkan. Zusammen mit den Vulkanen Batok (2.440 m) und Kursi (2.581 m) erhebt er sich in der sogenannten Tengger-Caldera, die nach einer hinduistischen Volksgruppe benannt ist, die hier in der Umgebung lebt. Die Tengger sind Hindus und benannten den Bromo nach dem indischen Gott Brahma.

Der Kraterkessel besitzt einen riesigen Durchmesser von etwa 16 Kilometern und entstand während unterschiedlichen Eruptionsphasen aus mehreren Vulkanen. Die Entstehungsgeschichte begann vor rund 820.000 Jahren mit einem etwa 4.500 Meter hohen Vulkan. Dieser kollabierte vor gut 150.000 Jahren in einem großen Ausbruch und hinterließ eine erste Caldera. In der Folgezeit entstanden weitere Stratovulkane, die alle das gleiche Schicksal erlitten wie der erste Vulkan, sodass sich heute die Kraterkessel von fünf ehemaligen Vulkanen überlappen. Die jüngste Caldera entstand im frühen Holozän und bildet das heutige neun mal zehn Kilometer große sogenannte »Sandmeer« (Segara Wedi). Der Bromo ist der jüngste Krater in dieser Sandmeer-Caldera und erreicht von ihrem Boden aus gemessen keine 100 Meter. Die meisten seiner Eruptionen sind vom sogenannten strombolianischen Typ, wobei Asche und Lapilli (walnussgroße Lavabrocken), Schlacken und Bomben (erstarrte Lavabrocken) in kurzen Zeitabständen und relativ schwachen Schüben ausgeworfen werden. So auch bei seinem letzten Ausbruch, der vom November 2010 bis ins Frühjahr 2011 dauerte. Seltener sind Ausbrüche vom Typ vulkanisch (nach der Liparischen Insel Vulcano, Italien) oder phreatisch (mit Kraterseebildung).

Der etwas südlich von der Tengger-Caldera aufragende Gunung Semeru ist mit 3.676 Meter der höchste Gipfel Javas und bildet zusammen mit den Vulkanen der Caldera das Bromo-Tengger-Semeru-Massiv im gleichnamigen Nationalpark. Das Massiv ist Teil einer Subduktionszone, die sich entlang des Sundagrabens durch das Abtauchen der Indo-Australischen Platte unter die Eurasische Platte bildete.

Unweit des Massivs liegt ein weiterer Vulkankomplex bestehend aus Gunung Arjuno und Welirang (Satellitenbild links oben), die in ähnlicher Weise ältere Vulkane überlagern. Einer davon ist der Gunung Ringgit bei dessen Ausbruch im Jahr 1686 etwa 10.000 Menschen den Tod fanden.

Blick vom Gunung Pananjakan in die nebelverhangene Tengger-Caldera und auf den Bromo, aus dem Rauchschwaden entweichen. Davor befindet sich der Batok.

In der Mitte des Satellitenbildes ist der Bromo mit schneebedeckter Nordflanke zu sehen. Darunter (südlich) befindet sich mit leichter Rauchfahne der Semeru. In der Bildecke ganz oben links sind die Zwillingsvulkane Arjuno und Welirang zu erkennen. Vor der Südküste (Bildecke, unten rechts) gelegen ist die 325 Meter hohe Kalksteininsel Nusa Barong, auf der ein Naturschutzgebiet eingerichtet wurde.

Wenn die Abendsonne die Tengger-Caldera in rosarote Töne einhüllt, ähnelt sie einer gefärbten Mondlandschaft. Vom Aussichtspunkt des Gunung Pananjakan kann man die Vulkane fast in einer Reihe sehen. Vorneweg der Batok, links dahinter und leicht dampfend der kleinere Bromo, schließlich gefolgt vom Kursi. Der Calderarand (links) erhebt sich bis zu 120 Meter vom Calderaboden. Der Semeru im Hintergrund überragt mit seiner Rauchwolke die ganze Szenerie.

Mächtige Vulkane, die man hier mit »Gunung« bezeichnet, überragen die Inseln von Indonesien. Im Osten von Bali sind es der Agung (3.014 m) und der Batur (1.717 m). Lombok wird vom Rinjani (3.726 m) beherrscht, nach dem Kerinci (3.805 m) auf Sumatra der zweithöchste Vulkan Indonesiens. Auch wenn Bali und Lombok durch die Lombokstraße getrennt sind, so sind ihre Vulkane dennoch Teil einer Bergkette, die den gesamten indonesischen Archipel durchzieht. Der Stratovulkan Batur brach zuletzt im Jahr 2000 aus und steht im Zentrum zweier konzentrisch angeordneter Calderen. Beide sind Relikte

Reisfelder mit dem Gunung Agung im Hintergrund.

Blick auf den Abang und den Agung (rechts).

ehemaliger Ausbrüche. So entstand die größere der beiden (10 x 13,5 km) vor rund 29.000 Jahren durch eine massive Eruption, bei der fast ein Drittel des »Ur-Batur« weggesprengt wurde. Im Laufe der Zeit bildete sich an der Südostflanke der Kratersee Danau Batur. Die kleinere Caldera (6,4 x 9,4 km), innerhalb derer auch der heutige Batur steht, entstand vor rund 20.000 Jahren. Weiter östlich erhebt sich mit dem Gunung Agung der höchste und zugleich am meisten verehrte Gipfel auf Bali. Der aktive Stratovulkan brach zuletzt 1964 aus. Diese Eruption zählt zu den stärksten des 20. Jahrhunderts. Auch der Rinjani auf Lombok ist ein Stratovulkan, der beinahe zwei Drittel der Insel einnimmt.

Links im Bild die Osthälfte Balis mit der Halbinsel Bukit Badung sowie der Insel Nusa Penida im Süden, östlich davon Lombok. Im Osten Balis dominieren der Gunung Batur mit dem sichelförmigen Kratersee Danau Batur sowie der Gunung Agung die Szenerie. Der Gunung Rinjani beherrscht die gesamte Nordhälfte von Lombok.

Dampf- und Rauchschwaden steigen aus dem neuen Nebenkrater Barujari im Kratersee des Gunung Rinjani auf. Die hier gezeigte Westseite des Rinjani (großes Foto) wird von der großen, ovalen Caldera sowie dem See Segara Anak dominiert. Der Name des rund 200 Meter tiefen Kratersees bedeutet »Kind des Meeres«. Der Nebenkrater im Segara Anak entstand durch mehrere Ausbrüche, die sich ab 1847 mit Ruhepausen über mehrere Jahrzehnte hinzogen. Dabei ergossen sich Lavaströme in den Kratersee und formten den 300 Meter hohen Barujari, der seit 2009 sporadisch aktiv ist. Die gesamte Caldera liegt etwa in 2.000 Meter Höhe und bildete sich im 13. Jahrhundert. An ihren Westrändern sind die Hänge dicht mit Büschen und Gräsern bewachsen. Der Rinjani war zuletzt 2004 aktiv.

Weite, von Palmen gesäumte, weiße Sandstrände, wie hier an der Südküste bei Kuta scheinen Lomboks Ruf zu bestätigen, eine Art Bali vor dem Sündenfall des Massentourismus zu sein. Im Abendrot und bei leicht diesigem Wetter zeigen sich die Vulkanmassive von Bali im Hintergrund.

PAPUA-NEUGUINEA: PAPUAGOLF

Neuguinea ist die zweitgrößte Insel der Welt. Von West nach Ost bildet ein über 2.500 Kilometer langes Gebirge aus mehreren Gebirgsketten mit steilen Tälern und nur schwer zugänglichen Hochplateaus das Rückgrat der Insel. Die höchste Erhebung Papua-Neuguineas ist der 4.510 Meter hohe Mount Wilhelm. In den Gebirgen entspringen unzählige Flüsse, die in ausgedehnten Flussdelten südlich der Gebirge in den 400 Kilometer breiten Papuagolf münden. Das Satellitenbild zeigt die Nordküste des Papuagolfs mit dem Turama River (links) und dem Kikori River (rechts). Der in zahlreiche Arme aufgesplitterte Kikori zählt zu den artenreichsten Flüssen des Landes. Der Turama River entspringt im Great Papua Plateau, einer Karstfläche. Die gesamte West- und Nordküste des Papuagolfs präsentiert sich als eine Aneinanderreihung von Flussdelten. Weite Sumpfgebiete prägen die Küste, sie sind an der tiefdunklen grünen Farbe zu erkennen. Die Gezeiten drücken das Meerwasser weit ins Landesinnere, sodass sich entlang der Flussläufe Mangrovenwälder gebildet haben. Das Aufeinandertreffen von Süßwasser und Salzwasser ist am Farbwechsel erkennbar: Durch Erosion tragen die Flüsse eine hohe Sedimentfracht, die tropischen Böden haben das Wasser rot verfärbt. Wo sich dieses Süßwasser mit Salzwasser mischt, wird das Wasser sichtbar klarer.

Bäume wachsen im flachen Schelfbereich.

Der Fly River strömt durch dichten Tieflandregenwald.

Im Delta des Turama River liegt die lang gezogene Insel Morigio Island. Dort, wo sich der Kikori (rechte Bildhälfte) in zahlreiche Arme aufspaltet, liegt die Stadt Kikori. Entlang der Küste fehlt es an Straßen, einziges Fortbewegungsmittel sind Boote.

AUSTRALIEN & OZEANIEN

Australien zählt zu den trockensten Kontinenten der Erde. Vor allem das Outback besteht aus mehreren Wüsten und ariden Gebirgszügen; hier die Wüste nordöstlich der Musgrave Range.

Die Shark Bay (Haifischbucht) befindet sich an der australischen Westküste. Sie besitzt eine Gesamtfläche von rund 10.000 Quadratkilometern bei einer Küstenlänge von ungefähr 1.500 Kilometern und wird durch einige Halbinseln und Inseln vom offenen Meer getrennt. Auf der etwa 80 Kilometer langen Dirk Hartog Island liegt auch der westlichste Punkt des australischen Kontinents.

Die Bucht weist eine bemerkenswerte Gliederung auf: Zwei Halbinseln (im großen Bild linke Seite und Mitte) mit stark zerlapptem Küstenverlauf und eine lang gestreckte Insel (Dirk Hartog Island; oben) prägen das Landschaftsbild im hier dargestellten südlichen Abschnitt der Shark Bay. Zum offenen Meer hin fällt das Gelände der Halbinseln und Inseln, die die Bucht flankieren, steil ab, was im großen Satellitenbild an der nahezu gleichmäßig dunklen Farbe des Meerwassers (links oben) gut zu sehen ist. Zur Landseite hingegen nimmt die Wassertiefe nur allmählich zu – erkennbar an den hell- und mittelblauen Farbtönen. Insgesamt ist die Wassertiefe innerhalb der Bucht mit durchschnittlich etwa zehn Metern relativ gering. Auffallend ist auch der gleichmäßige Küstenverlauf an der Meerseite, dessen Geradlinigkeit auf die stetige Wirkung von Ebbe und Flut zurückzuführen ist. Innerhalb der Shark Bay ist die Küste wesentlich stärker gegliedert, da die Bucht in geringerem Maße Ebbe und Flut ausgesetzt ist und die erodierende Wirkung der Meeresbrandung hier fast zu vernachlässigen ist. Einige der hellen Flecken unmittelbar an der Küste sind Ansammlungen von Salz. Die bei den hier herrschenden hohen Temperaturen entsprechend starke Verdunstung führt zur Auskristallisation der im Meerwasser gelösten Salze, die in einzelnen Becken und Senken auch größere Ansammlungen bilden können.

Die Shark Bay ist ökologisch von besonderer Bedeutung und bietet einer großen Artenvielfalt an Pflanzen und Tieren geeigneten Lebensraum. Trotz des Namens der Bucht sind Haie hier allerdings kaum verbreitet, die Shark Bay ist eher ein Tummelplatz für Delfine. In den küstennahen Gewässern und an Land leben außerdem viele Seekühe. Wegen der Bedeutung dieser Population sowie artenreicher Seegraswiesen und Stromatolithenkolonien (eine Form sehr seltener biogener Sedimentgesteine), die in dem hier stark salzhaltigen Wasser auftreten, wurde die Shark Bay mit ihren küstennahen Gebieten von der UNESCO 1991 zum Weltnaturerbe erklärt. Die Meereslebewesen stehen zudem im Shark Bay Marine Park unter besonderem Schutz.

Die hohen Verdunstungsraten lassen großflächige Salzansammlungen entstehen.

Die Satellitenaufnahme des südlichen Teils der Shark Bay zeigt den zerlappten Küstenverlauf innerhalb der Bucht. Stellenweise gut auszumachen ist zudem die Struktur des Meeresbodens anhand von seichteren Regionen, Untiefen und über den Meeresspiegel ragenden Sandbänken.

Die äußere Küste der Bucht ist stetiger Meeresbrandung ausgesetzt und stellenweise sehr steil (Bild links außen). Den trockenen Bedingungen in der Region entspricht auch der Pflanzenwuchs: Dornsträucher sind weit verbreitet (Bild links)

AUSTRALIEN: MACDONNELL RANGES, GOSSE BLUFF METEORITE CRATER

Die Macdonnell Ranges sind eine faszinierende, rund 650 Kilometer lange Bergkette im Zentrum des Landes, in ihrem Zentrum liegt Alice Springs. Das Gebirge besteht aus mehreren, in West-Ost-Richtung parallel zueinander verlaufenden Gebirgskämmen. Vor 400 bis 350 Millionen Jahren wurden hier im Zuge starker tektonischer Bewegungen mächtige Sandsteinablagerungen zu einem rund 3.000 Meter hohen Gebirge aufgefaltet, von dem durch Erosion jedoch nur harte Quarzitkämme erhalten blieben. Das Satellitenbild zeigt die Western Macdonnells mit ihrer höchsten Erhebung, dem 1.531 Meter hohe Mt. Zeil (nördlich des Kraters). Die Hauptattraktion der Macdonnells sind die von roten Sandsteinfelsen eingerahmten tiefen Schluchten: Ganz rechts am oberen Bildrand durchbricht der Ormiston Creek die Macdonnells, er ist einer der zwei Quellflüsse des Finke River, der anschließend nur wenige Kilometer südlich den Gebirgszug in der Schlucht Glen Helen durchbricht. Der Finke River, von den Aborigines auch Larapinta genannt, führt nur während der Regenzeit Wasser, in der Trockenzeit bleiben jedoch permanente Wasserlöcher für Tiere und Pflanzen zurück. Mit bis zu 350 Millionen Jahren zählt der Fluss zu den ältesten Flussläufen der Erde. Südlich des Glen Helen fließt der Finke River am Ostrand der wüstenhaften Missionary Plain Richtung Süden, um abermals einen Gebirgskamm der Macdonnells zu durchbrechen. Die tief eingeschnittene Finke Gorge am mittleren rechten Bildrand markiert die nördliche Grenze des Finke Gorge National Park, der auch das von Westen einmündende Palm Valley einschließt. Westlich des Finke River Valley ziehen sich von Osten nach Westen die James Ranges. Zwischen dem nördlichen Gebirgszug mit dem Glen Helen und den James Ranges fällt eine kreisrunde Formation ins Auge. Der Gosse Bluff Meteorite Crater gilt als einer der am besten erhaltenen Krater der Welt. Die Aborigines gaben ihm den Namen Tnorala, für sie ist das Kraterinnere ein heiliger Ort. Der Einschlag erfolgte vor rund 142 Millionen Jahren, der Originalkrater hatte einen Durchmesser von 20 bis 23 Kilometern und ist heute noch aus dem Weltall als dunkler Kreis erkennbar. Der Komet bzw. Meteorit drang mehrere Kilometer tief in die Sedimentschichten ein. Die Erosion hat den Krater weitgehend eingeebnet und den zentralen Einschlagsbereich (»central uplift«) freigelegt.

Der Gosse Bluff Meteorite Crater.

Der Meteroritenkrater und die flache Missionary Plain liegen im Tnorala Conservation Reserve.

Nur aus dem Weltall wird die einzigartige Struktur der lang gezogenen, parallel verlaufenden Kämme der Macdonnell Ranges sichtbar. Sie umschließen die nur mit wenigen Wüstenpflanzen bestandene und von Dünen bedeckte Missionary Plain, aus der der Einschlagskrater herausragt.

Unter den klimatischen Bedingungen der zentralen Regionen Australiens sind Salzseen eine verbreitete Naturerscheinung. Episodisch auftretende starke Niederschläge führen in Senken zur Entstehung von Seen, die bei intensiver Verdunstung in den oft mehrere Jahre andauernden Trockenperioden durch Auskristallisation der Salze zu Salzseen werden. Wie bei vielen anderen Salzseen unterliegen Fläche und Volumen auch beim Lake Amadeus erheblichen Schwankungen. Bei hohen Niederschlagsmengen kann der See vorübergehend eine Länge von bis zu 150 Kilometern bei einer maximalen Breite von etwa 30 Kilometern erreichen. In der folgenden, mitunter mehrere Jahre andauernden Trockenzeit fällt er nahezu vollständig trocken und wird von mehr oder weniger mächtigen Salzkrusten bedeckt. Auch unter diesen zum Teil extrem ariden Bedingungen ist die

Auch nach Regen bilden sich an den Ufern Salzkrusten.

Schlierenförmige Salzansammlungen.

Umgebung des aus größerer Entfernung lebensfeindlich wirkenden Sees durchaus von Tieren bevölkert. Sie profitieren vom – trotz langer Trockenheit – relativ hoch anstehenden Grundwasser, das vereinzelt in Quellen zutage tritt. So finden etwa verwilderte Kamele in der Landschaft um den Lake Amadeus einen geeigneten Lebensraum. Nach den seltenen Regenfällen finden sich in dem Areal zudem erstaunlich viele Vögel. Der Lake Amadeus ist Teil einer lang gestreckten Kette von Salzseen, zwischen denen jedoch auch nach Starkniederschlägen keine Verbindungen bestehen.

Wie ein grauer Farbklecks wirkt der See aus dem Weltall. Die von Salzkrusten bedeckten Bereiche heben sich markant von den dunklen Farbtönen um den See ab.

Eine weite Wüstenebene kennzeichnet das trockene Herz des Kontinents Australien. Lediglich schmale Sanddünen beleben das einförmige Relief. Die karge, schüttere Trockenvegetation mit ihren wenigen, einzeln stehenden Sträuchern und Gräsern ist ein weiterer Hinweis auf die unwirtliche Natur dieses Gebietes im Südwesten des Northern Territory, etwas über 400 Kilometer von Alice Springs entfernt.

Unser Blick fällt auf einen Inselberg im Zentrum des Satellitenbildes. Es ist der bekannte Ayers Rock, ein Sinnbild Australiens, den die Aborigines, die Ureinwohner Australiens, Uluru nennen: Das bedeutet Schatten spendender Platz. 348 Meter ragt der Uluru über seine Umgebung auf – das entspricht einer absoluten Höhe von 863 Metern über dem Meeresniveau. 3,6 Kilometer ist der Inselberg lang und 2,4 Kilometer breit. Sein Umfang beträgt neun Kilometer, seine Fläche 3,3 Quadratkilometer.

Bis vor Kurzem hielt man ihn für den größten einzelnen Felsbrocken der Erde, einen Monolithen. Inzwischen weiß man, dass er als Inselberg Teil eines viel größeren uralten Gebirges ist, das unter einer dicken Sedimentschicht verborgen liegt und zu dem auch die benachbarten Kata Tjuta (Mt. Olga) gehören. Schon in der Frühzeit der Erdgeschichte, vor etwa 900 Millionen Jahren, wurden in diesem Gebiet Gesteinsschichten abgelagert. Diese unterlagen im Erdaltertum der kaledonischen Gebirgsbildung. Der Abtragungsschutt dieser Gebirge sammelte sich erneut in weitgespannten Becken und wurde zu zwei- bis fünftausend Meter mächtigen Schichtpaketen aus Sanden und grobem Kies verfestigt. Vor rund 300 Millionen Jahren wurde das Gebiet erneut tektonisch beansprucht. Die Gesteinsschichten zerbrachen, wurden gegeneinander verschoben, teils schräg gekippt, sogar senkrecht gestellt, teils emporgehoben, teils abgesenkt. Sofort setzten die Kräfte der Zerstörung an den herausgehobenen Gesteinen ein. Nur die härtesten Felspartien hielten im Laufe der Jahrmillionen dem Werk der Verwitterung stand. So wurde der Uluru aus dem umgebenden Gestein herauspräpariert. Wie ein Berggipfel aus dem Nebelmeer, so ragt er als Härtling aus dem flachen »Sandmeer« heraus.

Die Temperaturgegensätze, das Sandstrahlgebläse des Windes und die sporadischen Regenfälle bewirken den Formenreichtum des Inselberges, seine schalenförmige, schuppige Verwitterung, die tiefen Schluchten und die zahlreichen Höhlen. Weil sich das wenige Wasser nach den seltenen Regenfällen am Fuße des Uluru sammelt, umgibt den imposanten Felsen ein spärlicher Kranz von Eukalyptusbäumen und -sträuchern.

Nahezu senkrecht steigen die Schichten des Uluru-Sandsteins aus der Sandwüste auf.

Eineinhalb bis zwei Kilometer östlich des Uluru erkennt man deutlich an den hellen Hausdächern die Siedlung Mutitjulu, benannt nach einem mit Wasser gefüllten Loch am Fuße des Uluru. Hier leben Anangu, die den Besuch ihrer Siedlung regeln, die Wanderungen um den Uluru organisieren und führen.

Wie der Panzer einer Schildkröte durchstößt in der Bildmitte der Inselberg Uluru die umgebende Fastebene, die vom Weltraum aus gesehen frei von jeglicher Vegetation zu sein scheint. An den Randbereichen des Monolithen erkennt man sehr gut die von der Erosion und Verwitterung herauspräparierten Schluchten.

Der Uluru besteht aus eisenhaltigem Arkosesandstein. Deshalb leuchtet er bei Sonnenauf- und -untergang in unterschiedlichen Farben: vom kräftigen Dunkelrot über Rot und Orange bis Violett und Braun. Dieses faszinierende Farben-Schauspiel beobachten täglich Tausende von Besuchern. Viele besteigen den Berg, obwohl der Uluru für die Anangu ein mythischer Ort ist. An der Stelle, an der die Aufstiegsroute auf den Berg ansetzt, steht ein Schild mit der Aufforderung, die Gefühle der Anangu zu respektieren und ihren heiligen Berg nicht zu erklimmen. Wer sich über diese dezente Mahnung hinwegsetzt, der gelangt in rund einer Stunde auf den Gipfel. Von oben hat man eine fantastische Rundsicht auf das nur rund 30 Kilometer entfernte Gebirge Kata Tjuta (Mt. Olga) sowie auf die schier endlose Wüste.

Der Uluru ist Teil des 1.325 Quadratkilometer großen Ayers Rock-Mount Olga National Park, der seit 2002 offiziell Uluru-Kata Tjuta National Park heißt. Unmittelbar am Fuße des Uluru führt der Erdmutter-Kulturweg um den heiligen Berg der Anangu.

Nahezu menschenleer zeigt sich die Simpson Desert in Inneraustralien, je 1.000 Kilometer von der Nord- und Südküste, 1.500 Kilometer von der Ostküste und 2.500 Kilometer von der Westküste des Kontinents entfernt. Einen Teil der rund 250.000 Quadratkilometer großen Wüste bildet der hier abgebildete Simpson Desert National Park, der im Südosten des Bundesstaates Queensland liegt. Seine typischen Merkmale sind die großen Systeme der Längsdünen. Sie sind Zeugen der jüngsten erdgeschichtlichen Entwicklung Australiens. Als sich während der letzten Million Jahre in den mittleren Breiten Kalt- und Warmzeiten abwechselten, folgten hier Trocken- und Feuchtzeiten aufeinander. Noch vor 35.000 Jahren füllte ein riesiger See die Eintiefungen im Inneren Australiens aus. Seitdem wurde es zunehmend trockener. Die Ablagerungen der Flüsse und Bäche sowie des Sees fielen trocken. Der Wind verlagerte den Sand und formte die riesigen Längsdünen. Diese Zeugen der jüngsten erdgeschichtlichen Entwicklung sind bis zu 300 Kilometer lang und sehr stabil, das heißt ortsfest. Sie werden etwa 20 bis maximal 30 Meter hoch. Je höher die einzelne Düne aufragt,

Die von Südost nach Nordwest streichenden Längsdünen zeigen die vorherrschende Windrichtung an.

umso größer ist der Abstand zur nächsten Düne. Der weiteste Abstand beträgt einen Kilometer. Höchst selten und unzuverlässig fallen in diesem sommerheißen Gebiet Niederschläge. Wenn aber nach langjährigen Dürreperioden im australischen Winter sintflutartige Regenfälle niedergehen, kommt es zu verheerenden Überschwemmungen. Dann führen die Gerinne Wasser, durchbrechen sogar einzelne Dünenwälle und münden in abflusslose Wannen. Flache Salzpfannen und Salzseen bilden sich dort aus. Die große dunkle Fläche in der Bildmitte ist der sogenannte Titheropatchie Upper Lake, eine riesige unzugängliche Sumpflandschaft.

Die linke Bildhälfte wird geprägt durch eine dunkle, unzugängliche Sumpflandschaft, feuchte dunkle Rinnen und helle Längsdünen im regelmäßigen Wechsel sowie nahezu weiße Salzflächen. Auf der rechten Seite ist ein Hügelland mit geringen Höhenunterschieden dargestellt.

Wo die Dünen ansetzen, zum Beispiel am Rande von Salztonebenen, ist ihr Material sehr hell, fast weiß. Leewärts wird der Sand zunehmend rötlich. Dies führen Geologen darauf zurück, dass sich unter den Klimabedingungen der Wüste die Sandkörner mit einer Hämatitkruste überziehen. Die Kämme der Längsdünen sind in der Simpson Desert durchweg vegetationsfrei. Lediglich an den Flanken wachsen die für Australien typischen Spinifexgräser, die sich durch doldenartige Blütenstände und stachelige Blätter auszeichnen.

Heute führt durch die Simpson Desert eine der Traumrouten der Allradfahrer. Nach Regen ist die Route allerdings unpassierbar, weil dann die tonhaltigen Ablagerungen quellen und auf dem seifigen Untergrund die Fahrten zu Rutschpartien werden.

Die Oberfläche der Sanddünen ist von Rippelmarken geprägt. Die bis zu zehn Zentimeter hohen, parallel laufenden Rippen haben wie die Dünen selbst eine flache Luv- und eine steilere Leeseite.

Lake Eyre, Kati-tanda in der Sprache der Aborigines, ist ein rund 9.690 Quadratkilometer großer Salzsee im wüstenhaften Norden des Bundesstaates South Australia. Mit 15 Metern unter Normalnull ist der Salzsee zugleich der tiefste Punkt Australiens und Mittelpunkt des Lake Eyre Basin. Mit 1.164.063 Quadratkilometern deckt das Lake Eyre Basin ungefähr ein Sechstel des australischen Kontinents ab. Ist der See mit Wasser gefüllt, ist er zudem der größte See des Landes. Lake Eyre besteht aus zwei durch den schmalen, 15 Kilometer langen Goyder Channel verbundene Seen: Lake Eyre North ist rund 144 Kilometer lang und 77 Kilometer breit, der kleinere Lake Eyre South 64 Kilometer lang und 24 Kilometer breit. Über viele Jahre präsentiert sich der See als eine riesige, grell-weiße Salztonebene inmitten einiger der berühmtesten Wüsten des Landes: die östlichen Ausläufer der Great Victoria Desert liegen im Westen, die Simpson Desert und die Tirari Desert im Norden bzw. im Osten. Aufgrund der extrem hohen Temperaturen (50 °C) verdunstet bei einem durchschnittlichen Wasserpegel ein Großteil des Wassers innerhalb eines Jahres, zurück bleibt eine Salzkruste, die sich in Trockenjahren auf 46 Zentimeter addieren kann (etwa 400 Mio. t Salz). Die Größe des Sees und sein Wasserpegel hängen im Wesentlichen von den jährlichen Monsunregen in seinen Einzugsgebieten im Northern Territory, Queensland und South Australia ab, die alle großen jährlichen Schwankungen unterliegen. Alle drei Jahre wird ein Wasserstand von 1,5 Metern erreicht, alle zehn Jahre ein Pegel von rund vier Metern. Seit seiner Entdeckung 1841 war Lake Eyre nur drei Mal komplett gefüllt. Das Wasser des Sees verdunstet nur sukzessive und erreicht dadurch eine Salzkonzentration, die neun Mal so hoch sein kann wie die von Meerwasser. Zu erkennen ist die hohe Salzkonzentration an der Farbe (pink) des Wassers, das dieses den Beta-Karotin-Pigmenten einer Algenart verdankt. Bis zu zwei Jahre steht das Wasser im See und lockt unzählige Tiere an, darunter Pelikane, Möwen und Enten, die mit dem salzhaltigen Wasser kein Problem haben. Flüsse spülen Süßwasserfische in den See, Krebse und Krabben schlüpfen und bieten den Vögeln reichlich Nahrung.

Juni 2009: Wasserhöchststand im Lake Eyre North.

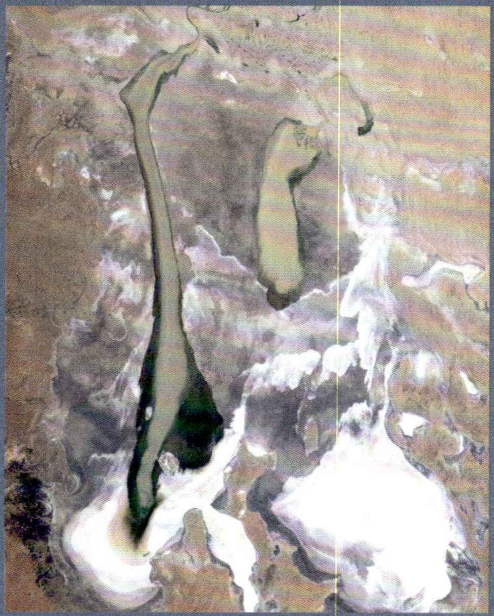

März 2010: Der Warburton Creek flutet den See.

Hochwasserfluten färben den See bräunlich.

April 2009: Das Falschfarbenbild zeigt den Weg der Wassermassen aus dem Channel Country in Queensland (obere Bildmitte) über den Warburton Creek Richtung Lake Eyre. Nördlich des Sees liegt die Simpson Desert, südlich des Channel Country die Sturt Stony Desert, östlich des Sees die Tirari Desert.

2009, 2010 und 2011 hatte es im australischen Sommer heftig geregnet und sich der See danach mit Wasser gefüllt. Durch die extremen Überflutungen 2011 in Queensland erreichte Lake Eyre erstmals seit 1974 wieder seine maximale Ausdehnung. Bis das Wasser aus den Niederschlagsgebieten allerdings den See erreicht, dauert es drei bis vier Monate: Das liegt u. a. an den geringen Reliefunterschieden im Kontinentinneren, durch die die Fließgeschwindigkeit der Flüsse abnimmt. In niederschlagsarmen Jahren verdunstet das Wasser meist schon auf dem Weg zum See. Über die Flüsse Cooper und Warburton fließen die Niederschläge aus Queensland durch das Channel Country in den Lake Eyre. Der See und Teile der Tiari Desert wurden im Lake Eyre National Park unter Schutz gestellt.

Sedimentreich sind die Ströme, die aus dem Channel Country Land in Queensland durch Wüstengebiete zum Lake Eyre fließen. Einer der großen Zuflüsse ist der Warburton River, seine bräunlichen Fluten suchen sich ihren Weg im ausgetrockneten Seebett.

AUSTRALIEN: GREAT BARRIER REEF

Das Great Barrier Reef ist mit etwa 2.300 Kilometern das ausgedehnteste Wallriff der Erde. Es erstreckt sich 30 bis 200 Kilometer vor der Nordostküste Australiens. Insgesamt nimmt dieses einzigartige Ökosystem eine Fläche von etwa 350.000 Quadratkilometern ein. Das Riff, das man mit bloßem Auge sogar aus dem Weltall sehen kann, wurde 1981 von der UNESCO zum Weltnaturerbe erklärt. Das Great Barrier Reef ist mehrere Millionen Jahre alt. In diesem langen Zeitraum senkte sich der Meeresboden mehrfach, ebenso hob und senkte sich der Meeresspiegel, sodass die von Korallen bestandenen Ge-

Das Great Barrier Reef bei den Whitsunday Islands.

Aus 2.900 Einzelriffen besteht das Great Barrier Reef.

biete austrockneten und die hier lebenden Korallenpolypen abstarben. Übrig blieben Kalksteinbänke, die sich durch immer wiederkehrende Überflutungen und Austrocknung sowie Sedimentation zu Kalksteinerhebungen vergrößerten. Auf diesem Sedimentgestein siedelten sich erneut Korallen an, sodass das Riff stetig wuchs.

Faszinierend ist die Vielfalt der Korallenarten in der größten von Lebewesen geschaffenen Struktur auf der Erde. Außergewöhnlich sind die Farben und Formen der Korallen. Im Great Barrier Reef ist eine Vielzahl sonstiger Meerestiere heimisch: So leben etwa 1.500 Fischarten und rund 5.000 Weich- und Schalentiere in den Gewässern des Riffs.

Der südöstliche Teil der Halbinsel York in Queensland: Mehrere Flüsse münden in die Princess Charlotte Bay. Manche der vor der Küste gelegenen Koralleninseln sind mit tropischen Urwald bewachsen, manche weisen Sandstrände auf. Die hellblauen Gewässer rund um die Inseln bieten ideale Bedingungen für Korallen.

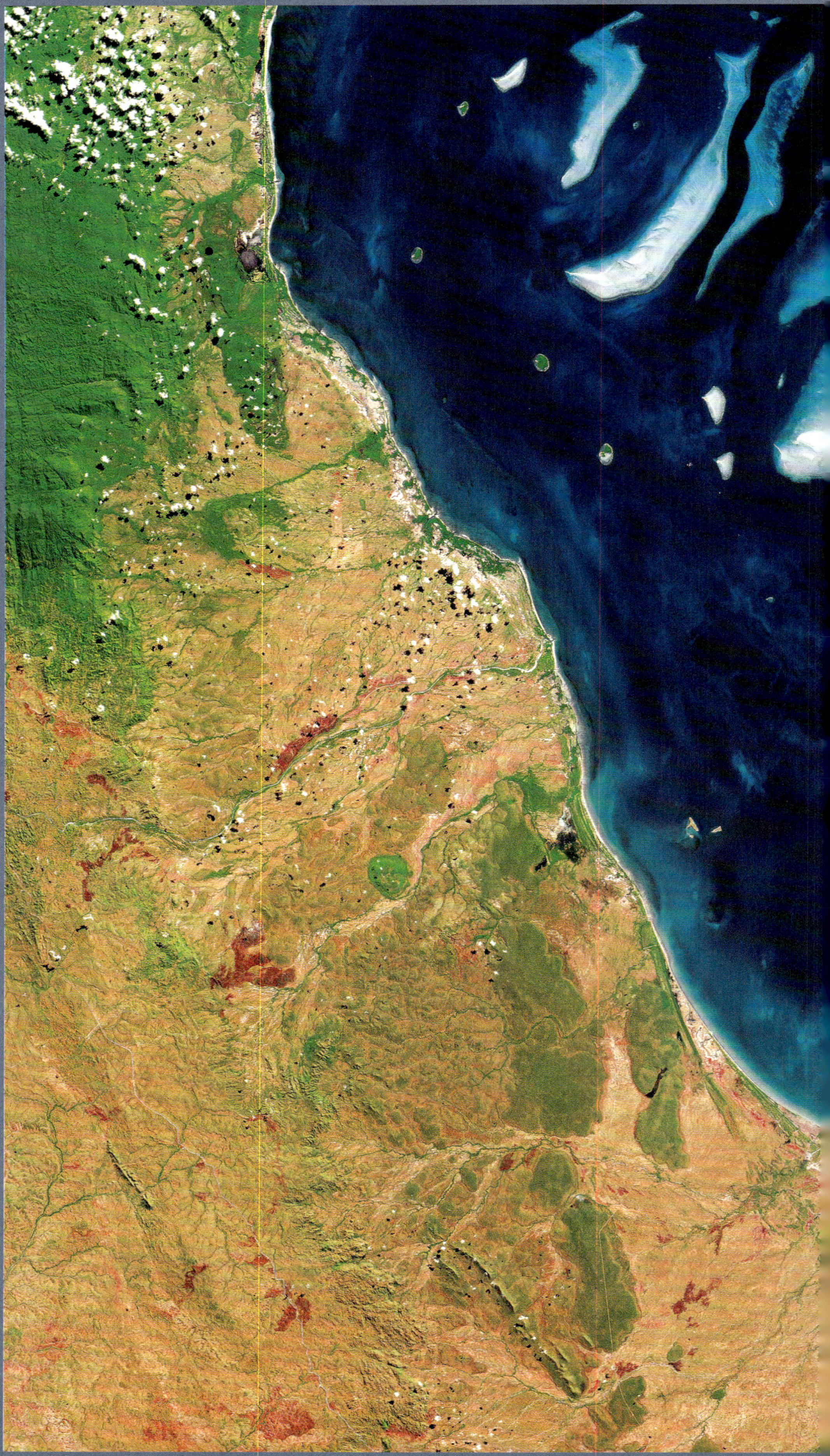

Da die Oberflächentemperatur des Wassers für riffbildende Korallen nicht unter 18 bis 22 °C sinken darf, können diese Korallenarten nur in tropischen Meeren existieren. Weitere wichtige Voraussetzungen sind Sauerstoff und Nahrungszufuhr, vor allem Plankton, sowie ein ausreichend hoher Salzwassergehalt. Von großer Bedeutung ist Licht, darum liegt der Bereich des üppigsten Wachstums in fünf bis 25 Metern Wassertiefe, also in seichtem Meeresgewässer (türkisfarben auf den Bildern). Daher meiden Korallen auch Mündungen großer Flüsse und schlammhaltiges Wasser, da in diesen Zonen nur eine eingeschränkte Lichtdurchlässigkeit vorhanden ist, auch der Süßwassereintrag ist zu hoch. Das optimale Korallenwachstum vollzieht sich in oberflächennahen Bereichen und am äußeren Rand eines Riffs.

In den flachen türkisfarbenen Gewässern erkennt man sehr gut die in wenigen Metern Tiefe unterhalb der Meeresoberfläche gelegenen Korallenstöcke, die auch einmal eine Herzform ausbilden (links).

Das Satellitenbild zeigt die Whitsundays, eine Gruppe von 74 zumeist unbewohnten Inseln, sowie einen Küstenabschnitt Queenslands mit dem Hafenort Arlie Beach, dem »Tor zu den Whitsundays«. Entlang der Küste liegen insgesamt drei Nationalparks. Der abgeschiedene Gloucester Island National Park – eine Handvoll Inseln rund um die große, lang gestreckte Insel Gloucester Island am linken Bildrand – besteht aus Buchten, Riffen und mit Regenwald bedeckten Höhenzügen, die bis zu 400 Meter Höhe erreichen. Rund um die Inseln liegen Korallenriffe. An diesen Nationalpark schließt sich Richtung Südosten der im Satellitenbild braun erscheinende Dryander National Park an, zu dem auch einige Korallenriffe vor der Küste gehören. Der Gipfel des Mount Dryander ist mit 757 Metern die höchste Erhebung im Park. Das waldfreie Cannon Valley mit den Ortschaften Cannonvale und Arlie Beach unterbricht den Höhenzug. Der südöstlich an das Tal anschließende Conway National Park mit der markant ins Meer ragenden Halbinsel umfasst die Convay Range sowie einige Inseln der Whitsundays. Er schützt Mangrovensümpfe, ein größeres Gebiet an Tiefland-Regenwald, Mangroven sowie Korallenriffe rund um die Inseln. Auf den Bergrücken entlang der Küste und in den tiefen Tälern wächst die Hoop Pine, die häufig das Kronendach des Regenswalds überragt. Zum Wasser hin fallen die Berge in spektakulären Kliffs zur Whitsunday Passage ab. Der Archipel der Whitsundays liegt nördlich des südlichen Wendekreises und besteht aus 74 Inseln, die unter strengem Naturschutz stehen. Captain Cook taufte die Durchfahrt zwischen Küste und Inseln 1770 Whitsunday Passage, weil er sie am Pfingstsonntag (Whitsunday) durchsegelt hatte. Beim Blick aus dem Weltall fällt die große Ähnlichkeit zwischen den beiden Waldnationalparks und den Inseln auf: Sowohl die beiden Parks als auch der Archipel gehören zu einem vulkanischen Gebirge, das durch den Meeresspiegelanstieg nach der Eiszeit vor 30.000 bis 50.000 Jahren im Meer versank: Dabei wurden die Inseln (damals die höchsten Erhebungen des Gebirges) vom Festland getrennt. Durch das subtropische Klima mit Temperaturen zwischen 17 und 29 °C und Niederschlägen um die 1800 Millimeter sind die Inseln mit einer dichten Vegetation bestanden. Der Archipel zählt dank der geschützten Lage zwischen Küste und Great Barrier Reef zu den besten Segelrevieren der Welt – hier finden die Segler traumhafte weiße Strände, glasklares blau-türkises Wasser und lagunenartige Buchten zum Ankern. Nur zehn der Inseln sind bewohnt, die kleinen Hotelanlagen dürfen nur unter strengen Auflagen betrieben werden. Die beiden größten Inseln des Archipels sind Whitsunday Island und die nördlich davon gelegene Insel Hook Island. Mount Robinson auf Whitsunday Island erreicht eine Höhe von 380 Metern.

Whitehaven Beach auf Whitsunday Island, der größten Insel des Archipels.

Die mit Regenwald bestandenen Küstengebirge heben sich deutlich aus der flachen, vorwiegend agrarisch genutzten Ebene ab. Die hellblaue Wasserfarbe zeigt flache Schelfbereiche an, die Whitsunday Passage zwischen Inseln und Festland ist deutlich dunkler, sprich tiefer. Am rechten oberen Bildrand sind das bogenförmige Hook Reef und das Black Reef East zu sehen – beide gehören zum Great Barrier Reef.

Er zählt zu den zehn schönsten Stränden und zu den meistfotografierten der Welt: der fast sieben Kilometer lange Whitehaven Beach auf Whitsunday Island. Grund dafür ist der unglaublich weiße, feine Sand, der zu fast 100 Prozent aus reinem Quarz besteht – Queensland wirbt damit, dass der Sand der weißeste der Welt sei. Am nördlichen Ende des Strandes liegt das Hill Inlet, das sich weit ins Inselinnere zieht: Hier verlagern Gezeiten und der ins Meer mündende Fluss die Sandbänke immer wieder von Neuem und sorgen so für einzigartige Farbspiele und Muster im grün-türkisblauen Wasser. Vorwiegend Tagesbesucher und Segler kommen auf die faszinierende Insel mit ihren undurchdringlichen Wäldern, den Mangrovensümpfen entlang der Flüsse und den weißen Sandstränden.

Die größte Insel des Archipels ist unbewohnt, nur Zelten ist unter Auflagen erlaubt. Tagesbesucher kommen zum Schnorcheln, Tauchen oder für einen Strandspaziergang, Segler ankern in den Buchten. Den schönsten Blick hat man vom Tongue Point Lookout auf der Landspitze nördlich des Inlets (großes Bild rechts unten).

Der eindrucksvolle Mount Taranaki ist ein ruhender Vulkan auf der Nordinsel Neuseelands und einer der markantesten Berge des Landes. Mit 2.518 Metern zählt er nicht zu den höchsten Gipfeln Neuseelands, ist aber wegen seiner nahezu vollkommen spitzkegeligen Form weltweit bekannt. Wissenschaftliche Untersuchungen ergaben, dass es sich beim Mount Taranaki um einen – in geologischen Zeiträumen betrachtet – relativ jungen Vulkan handelt. Vulkanologen gehen davon aus, dass seine erste Eruption vor etwa 130.000 Jahren erfolgte. Immer wieder erreichten einzelne Lava- oder Schlammströme die nahe gelegene Küste und ergossen sich ins Meer. Der letzte Ausbruch erfolgte 1755, spätere vulkanische Aktivitäten beschränkten sich auf Lavaströme in den 1850er und 1860er Jahren. Im statistischen Mittel ereigneten sich stärkere Ausbrüche etwa alle 500 Jahre, schwächere etwa alle 90 Jahre. Da eine weitere Aktivität in naher Zukunft nicht ausgeschlossen werden kann, gilt der Mount Taranaki heute als ruhend. Seine Flanken sind dicht mit Regenwald bewachsen, der zum Teil sehr alte Bestände bildet. Der übergangslose Kontrast zum nicht bewaldeten Umland ist im Satellitenbild markant. Dies liegt an der unterschiedlichen Nutzung: Während das annähernd kreisrunde Gebiet, das den gesamten Vulkan umschließt, als Egmont National Park (siehe nächste Doppelseite) unter Naturschutz steht, wird die Umgebung zum Teil landwirtschaftlich genutzt. Das Farmland reicht an manchen Stellen bis an die Grenze des Nationalparks.

Der Mount Taranaki gilt als Paradebeispiel für einen Vulkan mit nahezu symmetrischer (idealtypischer) Form. Da in seiner näheren Umgebung keine weiteren Gipfel ähnlicher Höhe aufragen, ist er bei entsprechenden Sichtverhältnissen schon von Weitem zu sehen. Am besten ist die Sicht am Vormittag, ab Mittag ist die Gipfelregion meist wolkenverhüllt. Für Bergsteiger ist der Gipfel über mehrere Wanderwege unterschiedlicher Schwierigkeitsgrade zu erreichen. Für Geübte ist eine Besteigung auch möglich, wenn die höheren Lagen schneebedeckt sind, was den überwiegenden Teil des Jahres der Fall ist. Entlang den Routen gibt es mehrere Schutzhütten. Vom Gipfel bietet sich eine Aussicht über den Westen der neuseeländischen Nordinsel und über die Tasmansee. Den Maori, der indigenen Bevölkerung Neuseelands, gilt der Berg seit je als heilig.

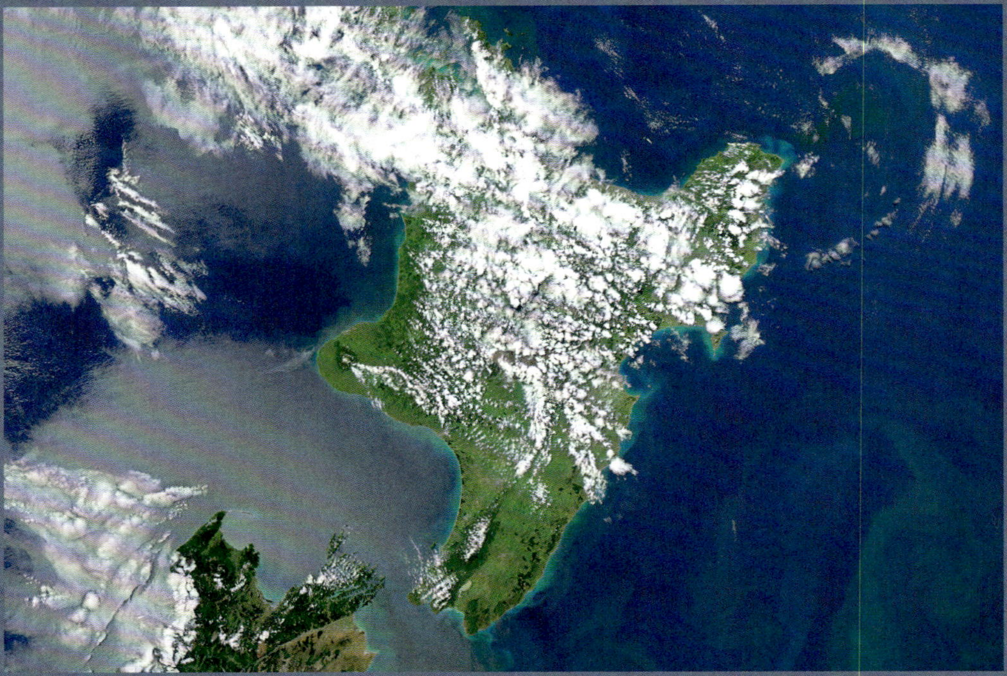

Die neuseeländische Nordinsel mit dem Mount Taranaki (links von der Bildmitte) im Satellitenbild.

Schneebedeckt zeigt sich die Gipfelregion des Vulkans.

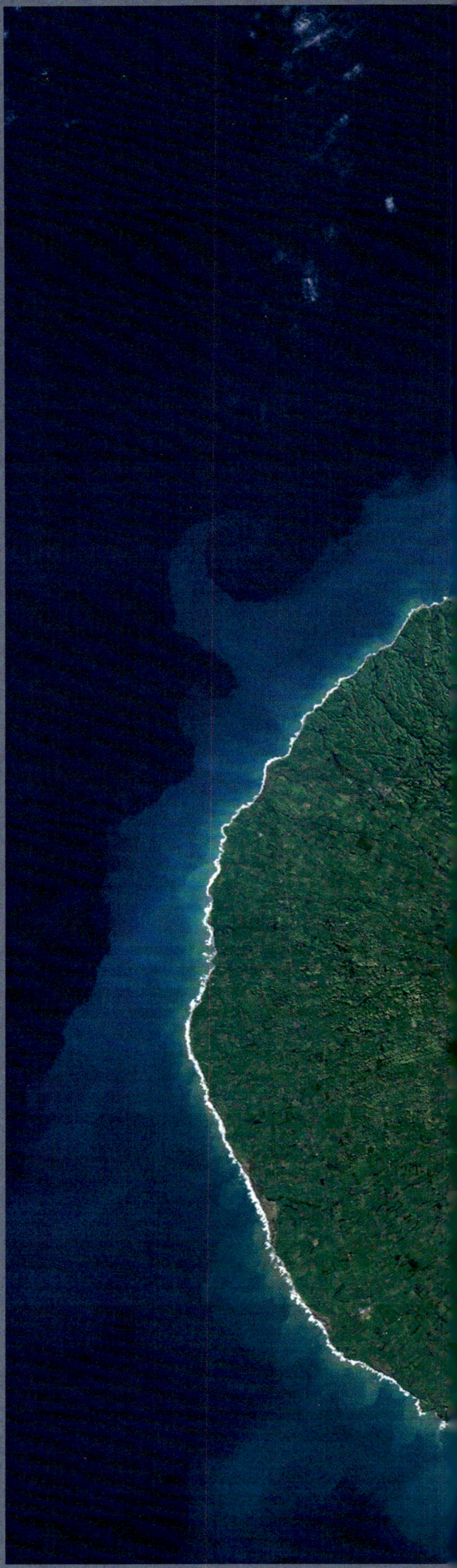

Zwei nahezu konzentrische Kreise lassen den Berg auch aus großer Entfernung klar hervortreten. Genauso deutlich wie der schneebedeckte Gipfel grenzt sich der gesamte Vulkan durch die dunkle Farbe der Wälder an den Bergflanken von seiner helleren Umgebung ab.

Besonders für Taucher sind die Palau-Inseln im westlichen Pazifik die Verkörperung eines Südseeparadieses. Diesen Eindruck vermitteln in der Tat unberührte Strände, mit tropischer Vegetation bewachsene Inseln, türkisblaues Meer sowie Atolle und Riffe mit einer fantastisch bunten Unterwasserwelt. Bereits wenn man sich im Flugzeug vom Südwesten kommend im Landeanflug auf Koror befindet, eine der größeren Inseln, bietet sich einem ein herrlicher Blick auf die Inselgärten oder Rock Islands (Foto, unten). Diese auch als »Schwimmende Gärten« bezeichneten, dicht bewachsenen Felsinseln bestehen aus Kalkstein. Viele von ihnen haben durch Unterspülung eine zum Teil pilzartige Form bekommen. An manchen Stellen bilden größere, der verkarsteten Felsen aber auch natürliche Brücken. Der Inselstaat liegt nördlich von Neuguinea, etwa 800 Kilometer östlich der Philippinen und im westlichsten Zipfel Mikronesiens. Der Archipel umfasst ca. 200 Inseln der westlichen Karolinen-Gruppe und besteht insgesamt aus rund 340 Inseln, von denen einige nur wenige Meter über der Meeresoberfläche liegen. Die größten von ihnen, Babeldaob, Koror, Peleliu und Angaur, sind vulkanischen Ursprungs. Hinzu kommen die flachen Korallenatolle Kayangel und Ngaruangl sowie Hunderte von Kalksteininseln. Außer Kayangel und Ngaruangl im Norden sowie Angaur ganz im Süden liegen alle Palau-Inseln innerhalb eines Barriereriffs. Mit knapp 400 Quadratkilometern macht das zum Teil von tropischer Vegetation bewachsene Babeldaob nicht nur den größten Teil an der Gesamtfläche Palaus aus (508 km^2), auf der Insel erhebt sich mit dem Mount Ngerchelchauus (242 m) der höchste Berg des Inselstaates. Überhaupt handelt es sich bei den größeren Palau-Inseln um die Gipfel untermeerischer Berge vulkanischen Ursprungs. Die kleineren Inseln dagegen bestehen aus Korallen oder Kalkstein. In Palau kann man vor allem zwei Riffformen hervorheben. So schützt das westlich des Hauptin-

Das Atoll von Kayangel umschließt die begrünten Inseln sowie die helleren Flachwasserbereiche der Lagune.

Wie eine grüne Kette präsentieren sich die von dichter Vegetation bestandenen Rock Islands im türkisfarbenen Meer.

selgebietes vorgelagerte Barriereriff wie ein Wall die dahinter liegende Lagune sowie die Inseln vor der zerstörerischen Brandung des Pazifischen Ozeans. In ähnlicher Weise tun das beispielsweise auch die Atolle von Kayangel und Ngaruangl.
Die Riffe und Lagunen der Inselgruppe bieten einer Vielzahl von Pflanzen und Tieren einen Lebensraum, darunter mehr als 1.500 Fischarten und über 700 Korallen- und Anemonenarten. Beispielhaft lassen sich aus der bemerkenswerten Unterwasserfauna von Palau Lebewesen nennen, etwaa Mördermuscheln, Nautilus, Lederschildkröten, Mantarochen und Riffhaie. Außerdem kann man auf den Rock Islands oder in den vorgelagerten Gewässern auf Seeschlangen, Seekühe (Dugongs) und sogar Salzwasserkrokodile treffen. Weil viele dieser Tierarten in ihrem Bestand gefährdet sind – dies gilt besonders für die Haie und Dugongs –, hat die Regierung ein Meeresreservat im Gebiet der Rock Islands eingerichtet, das aus aus etwa 70 Inseln besteht (Seventy Islands National Park).

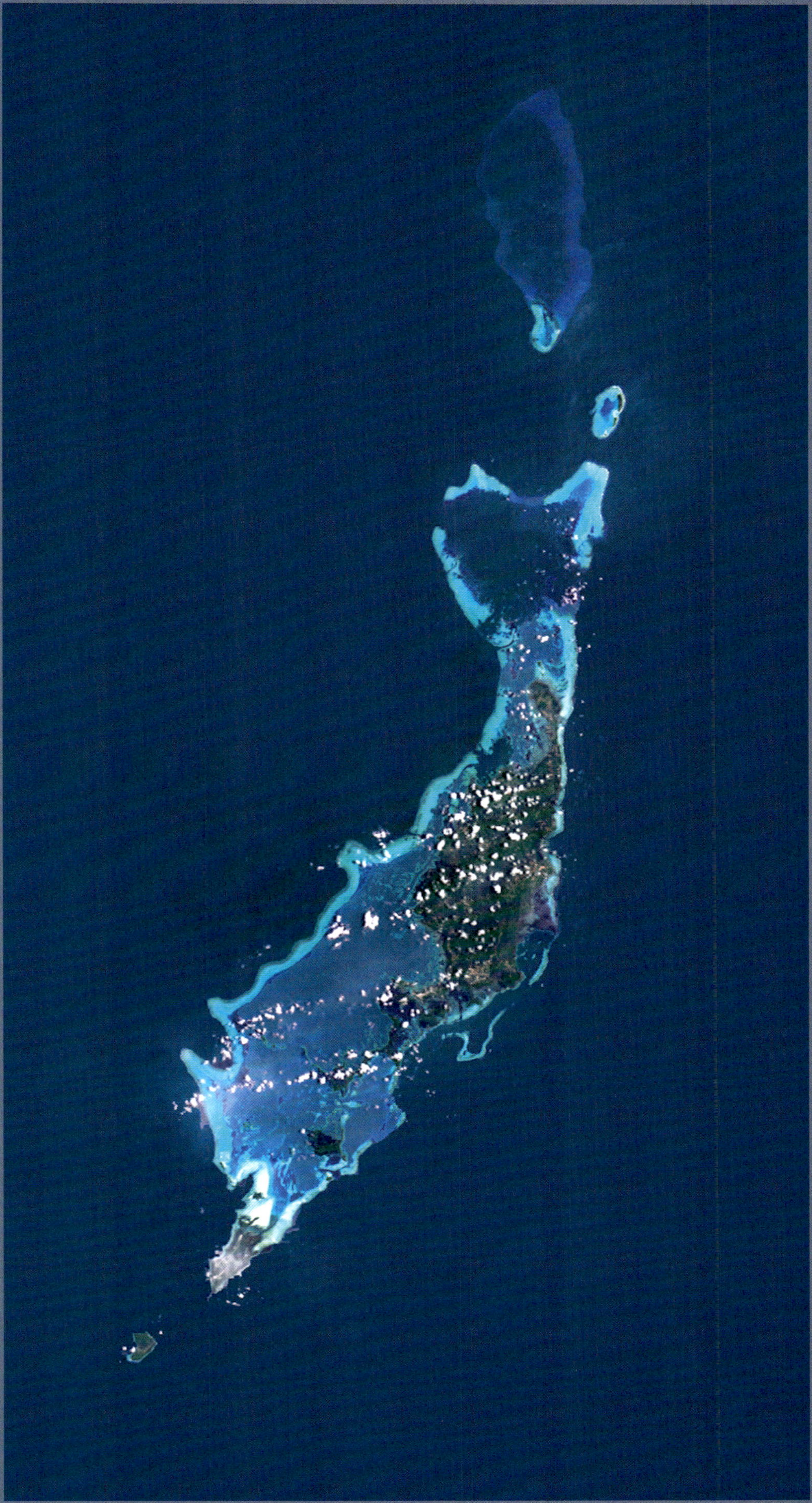

Von den Inseln des Palau-Archipels sticht besonders das beinahe 400 Quadratkilometer große Babeldaob hervor. Sehr gut kann man das Korallenriff erkennen, das die acht größeren Inseln und die hellblaue Lagune umgibt. Im Bild unten links befindet sich Angaur, das außerhalb dieses Riffs liegt.

Die melanesische Inselgruppe im südlichen Pazifik umfasst eine Hauptinsel (Grande Terre) und mehrere Archipele mit vielen kleineren Inseln und Eilanden. Grande Terre, dessen nördliche Spitze im Satellitenbild gezeigt wird, hat eine Fläche von 16.370 Quadratkilometern und umfasst damit knapp 90 Prozent der Landfläche Neukaledoniens. Längs durch die Hauptinsel verläuft ein Gebirgszug, der Grande Terre klimatisch in einen feuchteren östlichen und einen trockeneren westlichen Teil trennt. Höchster Gipfel ist der 1.628 Meter hohe Mont Panié. Vor allem im Osten von Grande Terre sind weite Gebiete bewal-

Traumhaft-tropisches Inselparadies im Pazifik.

Bewaldeter Bergzug auf Grande Terre.

det. Bemerkenswert ist die immense Artenvielfalt, viele der hier lebenden Tier- und Pflanzenarten sind endemisch. Wiederholt wurde die Inselgruppe von schweren Wirbelstürmen heimgesucht. Das Neukaledonische Barriereriff, eines der ausgedehntesten und eindrucksvollsten seiner Art, wurde von der UNESCO im Jahr 2008 zum Weltnaturerbe erklärt. Als besonders schützenswert wird dabei die große Vielfalt an Riffstrukturen angesehen, die noch größer ist, als die im australischen Great Barrier Reef. Einige Bereiche des Riffs sind für Taucher und Schnorchler zugänglich, die einen großen Teil der Urlauber ausmachen. Politisch ist Neukaledonien ein französisches Überseegebiet mit einer vergleichsweise großer Autonomie.

Das türkisfarbene Korallenriff umschließt Grande Terre und die vorgelagerten Inseln nahezu vollständig. Helle Farbtöne vor der Küste markieren geringe Wassertiefen. Im Osten reicht der zentrale Gebirgszug stellenweise nahe an die Küste.

Die am linken unteren Bildrand liegende Insel Bora-Bora ist die namengebende Hauptinsel des gleichnamigen Atolls, das zusammen mit den rechts liegenden Inseln Raiatea und Tahaa zur Gruppe der Inseln unter dem Wind gehört. Dieses Gruppe bildet wiederum den westlichen Teil der Gesellschaftsinseln in Französisch-Polynesien. Bora-Bora (der tahitische Name lautet Vava'u) stellt die »Idealform« eines südpazifischen Atolls dar: Im Zentrum des ringförmigen Barriereriffs, das eine tiefblaue Lagune umschließt, erhebt sich eine (vulkanische) Zentralinsel. Ein Kranz aus zahlreichen flachen, nur wenige Meter hohen und mit Palmen bestandenen Riffinseln (polynesisch: die Höhe und wird so zu einem Barriereriff, das die darin eingeschlossene Lagune und die Vulkaninsel schützt. Während die Wellen gegen den Außenrand des Atolls branden, ist das Wasser in der maximal 60 Meter tiefen Lagune ruhig und klar. Alle Atolle haben über mindestens einen Kanal (Riffkanal, Passage) eine Verbindung zum offenen Meer. Die Riffinseln bestehen vielfach aus Sand und Korallenschutt und liegen meist eins bis vier Meter über dem Wasserspiegel, sie wachsen ausschließlich auf der Außenseite. Bei dem im Satellitenbild zu sehenden Atoll liegen noch Vulkanstümpfe über dem Meeresspiegel, die sich markant über den flachen Riffinseln erheben.

Das Atoll Huahine liegt rund 50 Kilometer östlich von Raiatea und besteht aus zwei Vulkaninseln.

Ein Kranz aus mit Palmen bestandenen Riffinseln und Sandbänken umgibt das Atoll Bora-Bora.

Motu – Inselchen) umgibt diese Zentralinsel. Die Motus sind untereinander durch Gezeitenkanäle (polynesisch: Hoa) getrennt.

Atolle finden sich ausschließlich in tropischen Gewässern, in denen Korallen wachsen können. Diese benötigen dazu sauerstoffreiches Wasser über 18 °C und einen Salzgehalt von mindestens 3,5 Prozent. Ausgangspunkt für die Bildung eines Atolls ist ein Vulkan, um den herum sich ein Saumriff bildet. Aus verschiedenen Gründen kann der Vulkan im Laufe der Zeit verschwinden: Erosion, Absinken des Meeresbodens oder Anstieg des Meeresspiegels. Während der Vulkan im Meer versinkt, wächst das ihn umgebende Saumriff parallel zum Meeresanstieg in

Einem Kometen gleichen die Doppelinseln Tahaa (tahitischer Name Uporu) und Raiatea: Die Insel Tahaa wird vom 590 Meter hohen Vulkan Mont Ohiri gekrönt, die länglichere, zerklüftete Vulkaninsel Raiatea (Hava'i) von gleich zwei Gipfeln: dem 1.017 Meter hohen Tefatua und dem 824 Meter hohen Oropiro. Die Ortschaften beider Inseln liegen am Rand der gemeinsamen Lagune. Raiatea – die »heilige Insel« – gilt als Wiege der polynesischen Kultur.

Korallenriffe und strahlend weiße Sandstrände umschließen die zwei mit tropischer Vegetation bedeckten Südseeinseln Raiatea und Tahaa. Am linken unteren Bildrand liegt das Atoll Bora-Bora.

Moorea zählt zu den im südlichen Pazifischen Ozean gelegenen Gesellschaftsinseln, die politisch Französisch-Polynesien angehören. Innerhalb der Gesellschaftsinseln unterscheidet man zwischen den Inseln unter dem Winde und den Inseln über dem Winde. Moorea ist Bestandteil des letztgenannten Archipels und liegt nur 17 Kilometer westlich von dessen Hauptinsel Tahiti.

Das 19 Kilometer lange und elf Kilometer breite Moorea hat eine Fläche von 133 Quadratkilometer und besitzt eine annähernd dreieckige Form und ist wie die gesamte Inselgruppe vulkanischen Ursprungs – für deren Entstehung ein Hot Spot unterhalb der Pazifischen Platte verantwortlich gewesen war. Man schätzt das Alter der Vulkaninsel auf etwa 1,5 bis zwei Millionen Jahre.

Umgeben wird Moorea von einem Saumriff, der von einigen Durchlässen durchbrochen ist. Die schmale Lagune wird von langen, weißen Sandstränden gesäumt. An der Nordseite befinden sich die beiden Buchten Baie de Cook und Baie d'Opunohu, die sich tief in die Insel einschneiden.
Das Inselinnere wird von einer beeindruckenden Berglandschaft mit steilen Erhebungen eingenommen. Ein halbkreisförmiger Gebirgskamm, der Südrand eines ehemaligen Vulkankraters, durchzieht die Insel in einem weiten Bogen von Nordwesten südwärts ins Inselinnere, und verläuft dann in nordöstliche Richtung. Er bildet die Wasserscheide zwischen dem Norden und dem Süden Mooreas. Höchste Erhebung der stark zerklüfteten Bergwelt ist der Mont Tohiea (1.207 m).
Das tropisch-feuchte Klima und der permanent wehende Südostpassat sorgen für gleichbleibend hohe Temperaturen und reichlichen Niederschlag, insbesondere für die Luvseite der Insel. Kein Wunder, dass Moorea eine üppige exotische Vegetation zu bieten hat, die sich je nach Bodenbeschaffenheit, Höhenlage und Niederschlagsmenge sehr unterschiedlich zeigt. Kokospalmen und Brotfruchtbäume gedeihen vor allem an der Küste, die höheren Lagen dagegen werden von dichtem tropischen Regenwald oder aber von Farnwäldern eingenommen.
Artenreich präsentieren sich auch die warmen Gewässer in der Lagune und am Riff. Hier leben neben hunderten von Fischarten zahlreiche Kraken, Krebsarten und Weichtiere.

Blick auf die Nordwestspitze von Moorea. Unten links liegen die beiden Riffinseln (Motu) Tiahura und Fareone.

Tiefer Einschnitt: die Baie d'Opunohu.

Auf dem Satellitenbild erkennt man sehr gut die gebirgigen Topografie von Moorea (links) und der größeren Insel Tahiti. Beide Inseln werden von einem Saumriff umgeben. Innerhalb des Riffs erkennt man die seichte Lagune an der hellblauen Färbung.

Mit üppig-exotischer Vegetation, bizarren Berggipfeln und spiegelglatter Lagune entspricht Moorea den jahrhundertealten Vorstellungen der Europäer von einem friedvollen Südseeparadies.

HAWAII-INSELN

Wie Perlen auf einer Schnur aufgereiht liegen die Inseln Hawaiis inmitten des Pazifiks. Insgesamt besteht der Archipel aus 137 größtenteils unbewohnten Inseln mit einer Gesamtfläche von 16.625 Quadratkilometern. Die Hawaii-Inseln sind keine Kontinentalinseln. Sie sind nicht Teil einer abgesprengten Festlandmasse, sondern sind ozeanische Inseln und bis auf die Korallenriffe vulkanischen Ursprungs. Um ihre Entstehung zu beschreiben, bedarf es eines Ausflugs in die Geologie. Die Inseln liegen auf der Pazfischen Platte, die sich langsam, mit etwa fünf

Die Küste der Insel Kauai mit versteinerten Sanddünen.

Sonnenuntergang an einem Lavastrand auf Maui.

Zentimetern pro Jahr, nach Nordwesten bewegt. Das erscheint wenig, es sind aber in 100 Jahren fünf Meter und in einer Million Jahren 50 Kilometer. An bestimmten Stellen der Erde gibt es nun Hot Spots (heiße Flecken), Wärmezonen, aus denen immer wieder Magma aufsteigt. Sie verbleiben mehr oder weniger an ihrem festen Ort, während über sie die Platte, im Falle der Hawaii-Inseln, die Pazifische Platte hinwegwandert. In unregelmäßigen Abständen kommt es zu Ausbrüchen und – vereinfacht gesagt – wächst ein Vulkan aus dem Wasser. Die jüngste Insel des Archipels liegt am nächsten an diesem Hot Spot; es ist Big Island, auf der noch regelmäßig die Vulkane Mauna Loa und Kilauea ausbrechen.

Deutlich sind auf dem Satellitenbild die größten Inseln des Archipels zu erkennen. Es sind (von links nach rechts, ihrem Alter nach sortiert): Puuwai, Kauai, Oahu, Molokai, darunter Lanai, Maui, darunter Kahoolawe, sowie Hawaii (Big Island).

Die mit etwa sechs Millionen Jahren älteste der größeren Inseln des Hawaii-Archipels weist eine vielfältige und üppige Pflanzenwelt auf. Aus diesem Grund wird sie auch »Garden Island« genannt. Im Lauf der Jahrmillionen haben Wind und Wasser auf der annähernd kreisrunden Insel sichtbare Spuren, u. a. Schluchten und steile Klippen hinterlassen. Höchste Erhebung auf der knapp 1.500 Quadratkilometer großen Insel ist der 1.598 Meter hohe Kawaikini. Im Gegensatz zum niederschlags- und vegetationsreichen Norden ist die Westseite wesentlicher trockener. Das bestimmende Landschaftselement dort ist der Waimea Canyon, den Mark Twain als »Grand Canyon des Pazifik« bezeichnete. Landschaftlich besonders beeindruckend ist auch das Kalalau Valley (großes Bild)

Starke landschaftliche Gegensätze prägen das Inselinnere, wo der über 900 Meter tiefe Waimea Canyon atemberaubende Ausblicke bietet. Die stark zerklüftete Na Pali Coast im Norden von Kauai wurde von Wind, Wasser und Meeresbrandung in mehreren Millionen Jahren bizarr ausgeformt.

Ein Dreieck im Pazifik, entstanden durch einen vulkanischen Hot Spot am Meeresgrund. Das ist Big Island, die jüngste und größte Insel des Hawaii-Archipels, die oft auch selbst Hawaii genannt wird. Big Island ist mit einer Fläche von rund 10.430 Quadratkilometer die größte Insel der Vereinigten Staaten.

Die Insel besteht aus fünf großen Vulkanen. Der erloschene Vulkan Kohala bildet den nordwestlichen Zipfel der Insel (oben). Er erzeugt trotz seiner geringen Höhe von nur 900 Metern eine Wetterscheide, wie

Blick in den Krater des Kilauea, Hawaii Volcanoes NP.

Ein Nebenkrater des Kilauea gefüllt mit Lava.

Zischen und qualmen: Lava des Kilauea fließt ins Meer.

auch deutlich auf dem Satellitenbild zu erkennen ist: Die Osthänge sind mit dichtem Nebelwald bewachsen – hier fällt im Jahr bis zu 3.800 Millimeter Niederschlag, während die Westhänge nahezu vegetationslos – hier regnet es 130 Millimeter im Jahr – sind.

Im Westen der Insel (als Ausbuchtung des Dreiecks zu erkennen) liegt der Vulkan Hualalai, der letztmals im 19. Jahrhundert ausgebrochen ist. Der Hualalai gilt als schlafender Vulkan; im Jahr 1929 gab es hier jedoch einige stärkere Erdbeben, vermutlich weil damals Magma bis knapp unter die Oberfläche aufgestiegen war.

Ruhend, wenn nicht gar erloschen ist der Mauna Kea (»Weißer Berg«), der höchste Vulkan der Insel. Er nimmt einen breiten nördlichen und nordöstlichen Streifen der Insel ein, ein Gebiet, das sich entlang der (auf dem Satellitenbild) hellbraunen/dunkelbraunen Linie im Westen und Zentrum der Insel bis zum Südende der V-förmig eingeschnittenen Bucht im Osten der Insel (rechts) hinzieht. Am Ende der Bucht ist übrigens als heller Fleck Hilo zu erkennen, die Hauptstadt der Insel .

Der Mauna Kea ist mit einer Höhe von ca. 4.205 Metern der höchste Berg der Insel. Er wuchs wie alle Berge der Inselgruppe als Vulkan aus den Meeresboden und misst von dort aus berechnet 10.205 Meter, was ihn zu höchsten Erhebung der Erde macht. Auf seinem Gipfelplateau befindet sich das Mauna-Kea-Observatorium, das in Wirklichkeit aus mehreren Observatorien besteht, die von Wissenschaftlern aus elf Nationen betrieben werden. Die große Höhe, die dünne und trockene Luft, die klaren Nächte (der Gipfel liegt meist über den Wolken) machen den Mauna Kea zum idealen Standort für ein Observatorium.

Den Süden der Insel nimm der flächenmäßig größte Vulkan ein: der Mauna Loa. Der hawaiisch »Langer Berg« genannte Vulkan ragt 4.170 Meter in die Höhe. Sein letzter Ausbruch erfolgte 1984; damals floss die Lava sehr dünn aus, was für Schildvulkane wie den Mauna Loa sehr typisch ist.

Der Kilauea im Südosten der Insel (auf dem Satellitenbild rechts) ist der aktivste Vulkan des Hawaii-Archipels und einer der aktivsten Vulkane der Erde. Bei ihm quillt häufig Lava in Strömen hinaus, seltener ereignen sich große Eruptionen. Der Kilauea ist seit 1983 durchgehend aktiv, und aus Nebenkratern und durch Lavatunnel strömt ständig dünnflüssige Lava, die zum Teil bis ins Meer fließt.

Eigentlich gilt nur das nördliche Drittel der Insel, die Region der erloschenen oder schlafenden Vulkane Kohalo und Mauna Kea als sicher. Der Rest der Insel ist durch die Vulkane gefährdet, dennoch gibt es dort Orte und Siedlungen. Insgesamt leben auf der Insel etwa 175.000 Menschen. Die größte Siedlung Hilo liegt in der sicheren Zone, Kailua-Kona an der vulkangefährdeten Westküste wächst trotz seiner Lage stetig weiter (als weißer Fleck unterhalb einer Bucht links am mittleren Küstenabschnitt zu erkennen).

Vom Satelliten aus wirkt die größte Insel des Hawaii-Archipels friedlich, grün und still im Ozean. Kaum lässt sich ahnen, welche Kräfte unter ihr schlummern. Big Island liegt fast genau über dem Hot Spot, der für die vulkanische Aktivität und somit die Entstehung der Inselgruppe verantwortlich ist.

Kilauea bedeutet auf hawaiisch so viel wie »spucken« und ist ein passender Name für den Vulkan, der seit 1983 ununterbrochen Lava auswirft. Mal dünnflüssig, mal zäher legt sie sich in Wülste und Schichten aufeinander und erkaltet langsam. An manchen Stellen fließt sie ins Meer und nichts kann den hawaiischen Entstehungsmythos der Vulkane besser illustrieren: Die Vulkangöttin Pele stammte aus Tahiti, wurde aber von dort von ihrem Vater verbannt, weil sie in ständigem Streit mit ihrer älteren Schwester Namaka, der Meeresgöttin, lag. In einem Kanu verließ sie Tahiti und kam nach Hawai, wo sie auf den Inseln Vulkane schuf. Ihre Schwester verfolgte sie und bekämpfte sie mit Wasserfluten, siegte scheinbar und kehrte Richtung Tahiti zurück. Doch als sie sich umdrehte, sah sie, dass erneut Rauch aufstieg.

Der Hawaii Volcanoes Nationalpark nimmt weite Teile von Big Island ein, vor allem in den Regionen rund um die Vulkane Mauna Loa und Kilauea. Hier lassen sich spektakuläre Formen des Vulkanismus bewundern – so auch Lavaseen, in denen die Lava teils erkaltet, teils aber noch flüssig ist, wie hier am Kupaianaha Vent.

AFRIKA

Der in der zentralen Sahara gelegene Aorounga-Krater zeigt eine Struktur aus konzentrischen Kreisen. Der innere Bereich des Kraters bildet ein zentrales Hochland, der äußere Ring markiert eine mehrere Kilometer breite Senke. Die Streifenstrukturen stellen Täler dar.

Der Antiatlas ist eine Kette des marokkanischen Atlasgebirges, eines Gebirgssystems mit vielfältigen geologischen Strukturen. In Bezug auf Entstehungsgeschichte und Formenschatz unterscheidet sich der Antiatlas grundlegend von den anderen Atlasketten. Sein von Trockenheit geprägter südlicher Teil leitet zur Sahara über, die Bevölkerungsdichte im Antiatlas ist sehr gering.

Eine bedeutende geologische Grenze durchzieht den Nordwesten Afrikas: Hier stoßen die Europäische Platte und die Afrikanische Platte aufeinander. Der ab dem Präkambrium aufgefaltete Antiatlas ist Teil der Afrikanischen Platte und mehrere hundert Millionen Jahre älter als die nördlicheren Ketten des Atlasgebirges, die geologisch zu Europa gehören.
Tief eingeschnittene Täler trennen die steilen Berge, von denen einige über 3.000 Meter aufragen. Das Gebirge fungiert als Klimascheide zwischen den

Markante Formen – das Werk langer Erosion.

Siedlung am Gebirgsfuß.

Küstenregionen am Atlantischen Ozean und der Sahara, was sich auch an der Niederschlagsverteilung und Vegetationsbedeckung widerspiegelt. Die spärliche Bevölkerung konzentriert sich auf die Oasen an den Flüssen, von denen viele allerdings nur periodisch Wasser führen.

Der Bildausschnitt zeigt die geomorphologische Vielfalt. Der grün-grau erscheinende Djebel Lagda (1664 m) in der Mitte erstreckt sich unter einer Verwerfungslinie, die quer durch das Bild verläuft. Orange leuchtende Gebirge sind jünger. Das grüne Band markiert Oasen an den Ufern des Oued Drâa.

In wasserreichen Gebieten – wie hier am Dadès – wird Landnutzung betrieben. Zur Lagerung der Vorräte wurden sogenannte Kasbahs (Speicherburgen) angelegt, die oft schon von Weitem sichtbar sind.

Gewaltige, bräunliche Sanddünen, Wüste, soweit das Auge reicht: Am Rande des Nordatlantiks, zwischen Senegal und Westsahara, erstreckt sich das subtropisch heiße, fast unfruchtbare, nordwestafrikanische Mauretanien, das die Menschen zur Anpassung an die ursprüngliche Natur zwingt – viele auch zum Umzug nach Nouakchott. Die von dezentem Sommerregen verwöhnte Hauptstadt wurde 1958 im Süden, am Atlantischen Ozean, gegründet. Ein Viertel der Gesamtbevölkerung siedelte sich bis 2010 im ehemaligen Dorf mit seinen gleichförmigen Temperaturen zwischen 20 und 35 °C an. Kühles Meerwasser, vom Nordostpassat aus der Tiefe gewirbelt, bewahrt sie vor den landesüblichen Spitzenwerten von etwa 50 °C. In Atlantiknähe gedeihen sogar Gras und Büsche, wofür die höhere Luftfeuchtigkeit und Nebelschleier verantwortlich sind. Eine 525 Kilometer lange Asphaltstraße führt nordwärts zur größten Hafenstadt des Landes, Nouadhibou. Dazwischen liegt der Nationalpark Banc d'Arguin, der mit seiner landschaftlichen Vielfalt aus Sanddünen, Küstensümpfen, Arguin-Sandbank, Inseln und flachen Küstengewässern seit 1989 UNESCO-Welterbe ist. Viele Fische machen ihn zu einem der vogelreichsten Gebiete weltweit, und zu einem der wichtigsten Überwinterungsgebiete von Zugvögeln. Das Auge des Betrachters bewegt sich mit den Barchanen. Diese sichelförmigen, echten Wanderdünen sind typisch für diese Gegend, in der der Wind vor allem aus Nordost nach Südwest weht und die Barchane parallel anlegt. Die Sandkörner springen und rollen die Luvseite hinauf, zeichnen sich in den Rippeln ab. Am Leehang fließt der Sand herab, angetrieben vom festen Scheitel der Düne. Der Abstand zwischen den Barchanen lässt auf die Menge des transportierten Sandes schließen. Ist er mehr, wird der Abstand weniger, die Durchgangszonen mutieren zu Anhäufungen. Überschneidungen bilden größere Dünenformationen. Vom Passat gestaltete, sandige Hügelketten ziehen an der Küste entlang, wandern jedes Jahr um ein oder mehrere Meter und begraben alte Wüstenorte. Zwischen den Ketten entstehen, wie auf dem Bild unten, kilometerlange »gassi«, die traditionell als Karawanenpfade genutzt werden. Die auf der oberen Aufnahme gut zu sehenden Wellenfurchen der nach außen gewölbten Luvseite sind am leicht steigenden Dünenhang bei kühleren Temperaturen erstaunlich fest, da feine Sandkörner weggeweht werden. Innen ist die Sichel steil, der Sand pulvrig und stets bereit, zu zerstäuben. Schnell versinken die Beine und es bilden sich Lawinen.

Vom Winde verweht und immer wieder neu aufgebaut werden die Barchane auf ihrer Wanderung.

Einsam wirken die Kameltreiber auf den »gassi« der Wüste. Nur Salzkarawanen sind noch unterwegs.

Die vom Passat gemalten Parallelstrukturen der Sanddünen prägen große Flächen von Nouakchott in der südwestmauretanischen Region Trarza, die im Norden zum Wüstengürtel der Sahara gehört. Der 754 Kilometer lange Küstenrand Mauretaniens hebt sich mit seinen Salzsümpfen optisch deutlich vom Hinterland ab.

Ein Leuchtturm im Wüstenmeer ist ein geheimnisvoller Inselberg (»guelb«) in der Sahara, das Guelb er Richat, für Astronauten: Das malerische Phänomen mit seinen konzentrischen Ringwällen bietet ihnen Orientierung bei ihrem Blick von oben auf die Erde. Anders als Wanderer können Raumfahrer dieses eigentlich sandfarbene Naturereignis, das auch »Richat Struktur«, »Bull's Eye« oder das »Auge Afrikas« genannt wird, selbst in Augenschein nehmen. Die Wälle in der mauretanischen Provinz Adrar, 30 Kilometer nordöstlich der Kleinstadt Ouadane, sind nur wenige Meter hoch, können mit ihrem gigantischen Durchmesser von 45 Kilometern aus der Vogelperspektive aber keineswegs übersehen werden. Auch der deutsche Radarsatellit TerraSAR-X beobachtete sie.

Ein Verbindungsstück zwischen Weltraum und Erde: So wurde das Auge Afrikas bis in die 1960er Jahre gesehen. »Ein Meteoriteneinschlag« – so lautete die plausibel klingende Erklärung für den ungewöhnlichen Krater aus Sedimentgestein. Doch wurden keine Impaktmassen gefunden. Diese oftmals zu Glas zwiebelschalenartig erodiert und so die Gesteinsschichten der konzentrischen Ringe als Querschnitt durch den Schlot freigelegt haben.

Neuere Spekulationen um das mysteriöse Auge knüpfen daran an. Geologische Aufwölbungsprozesse, denen eine Erosion durch Wind und Wasser folgte, werden gerne angeführt. Die Kreise sollen dabei durch eine unterschiedliche Verwitterung der Gesteinstypen entstanden sein. Zu einer Sattelstruktur seien die oberen Schichten hochgedrückt worden, als eine Magmakammer unter dem »Bull's Eye« in die Höhe stieg und nicht mehr weiterkam. Durch Extensionsspannung entstanden Störungen und Klüfte, sichtbar als Risse und Spalten. Es bildeten sich Brekzien, also eckige Gesteinstrümmer. Magma und Hydrothermalwasser dürften den weichen Kalkstein zersetzt haben, während der harte Quarzit die Struktur gehalten hat. Dennoch war eine solche Trümmerlandschaft ein williges Opfer für Erosion, die sie abgetragen oder zum Zusammenstürzen gebracht hat. Die »Erdbeule« war weg. Die einstmals tiefsten und

Auch vom Flugzeug aus ist das riesenhafte »Auge Afrikas« keinesfalls zu übersehen.

geschmolzenen terrestrischen Gesteine, die durch die Explosionshitze und den hohen Druck kosmischer Einschläge entstehen, fehlten im Guelb er Richat gänzlich. Die Sandkörner wiesen keine Spannungsrisse auf. Eruptivgesteine, beispielsweise Lava, wurden ebenfalls nicht entdeckt. Manche Vulkan-Theorien gehen deshalb von Magma aus, das vor Millionen von Jahren aus der Erdkruste emporstieg, aber nicht ausbrach, sondern im Untergrund wieder abkühlte. Sand und Wind sollen nachfolgend, über Jahrtausende hinweg, den zugehörigen Vulkandom

ältesten Gesteine sind im Zentrum der Ringe zu sehen, die jüngsten ganz außen. Die Quarzite erscheinen mit ihren groben Blöcken als höhere Züge, das Kalkgestein aus den Zeiten der Meeresvorstöße in Afrika als die niedrigen, feinkörnigeren Ebenen.

Kein Wasser benetzt das Auge. Bläulich sind die beständigeren Gesteinstypen der Bergwände eingefärbt, damit sich die konzentrischen Ringe von der Weite der Wüste abheben. Gelblich sind im Falschfarbenfoto die weicheren Tal-Gesteine.

Der rund 450 Kilometer vor der Westküste Afrikas im Atlantischen Ozean gelegene Inselstaat umfasst 15 Inseln und Eilande, von denen neun bewohnt sind. Auch wenn die Inseln dieses Archipels politisch zu Afrika gehören – geografisch waren sie nie Teil dieses Kontinents. Die Kapverdischen Inseln sind vulkanischen Ursprungs, die letzte Eruption erfolgte im Jahr 1995. Die am weitesten östlich gelegenen der Kapverdischen Inseln sind die ältesten. Sie erhoben sich früher aus dem Atlantischen Ozean als die westlicheren und zeigen heute keinen aktiven Vulkanismus – wohl aber Spuren früherer Eruptionen wie Krater und Stein gewordene Lavaströme. Dort ist das Relief etwas flacher, während die Inseln im Westen von Gebirgen und tief eingeschnittenen Tälern geprägt werden.

Der Archipel gliedert sich in die nördlicheren Inseln über dem Wind (Ilhas de Barlovento) und die Inseln unter dem Wind (Ilhas de Sotavento). Die erste Gruppe umfasst die im Bildausschnitt rechts oben dargestellten Inseln bis zur nahezu kreisrunden Insel Boa Vista am rechten Bildrand. Zur zweiten Gruppe

Vulkankegel und Krater des Pico de Fogo.

gehören die südlich davon aufgereihten Inseln. Diese Einteilung beruht auf dem vorherrschenden Wind, dem nur mäßig starken, dafür aber beständig wehenden Nordostpassat. Er bringt den Inseln nur geringe Niederschläge, weil sein Weg vom afrikanischen Festland über den Ozean zu kurz ist, um viel Feuchtigkeit aufzunehmen. Trockenheitsresistente Pflanzen – u. a. mehrere Palmenarten – sind dementsprechend verbreitet. Über den Kapverdischen Inseln sind immer wieder bemerkenswerte Wolkenformationen zu erkennen. Unter entsprechenden Bedingungen entstehen markante Strömungsformen von oftmals symmetrischer Struktur, die den linken und mittleren Teil des Satellitenbildes einnehmen.

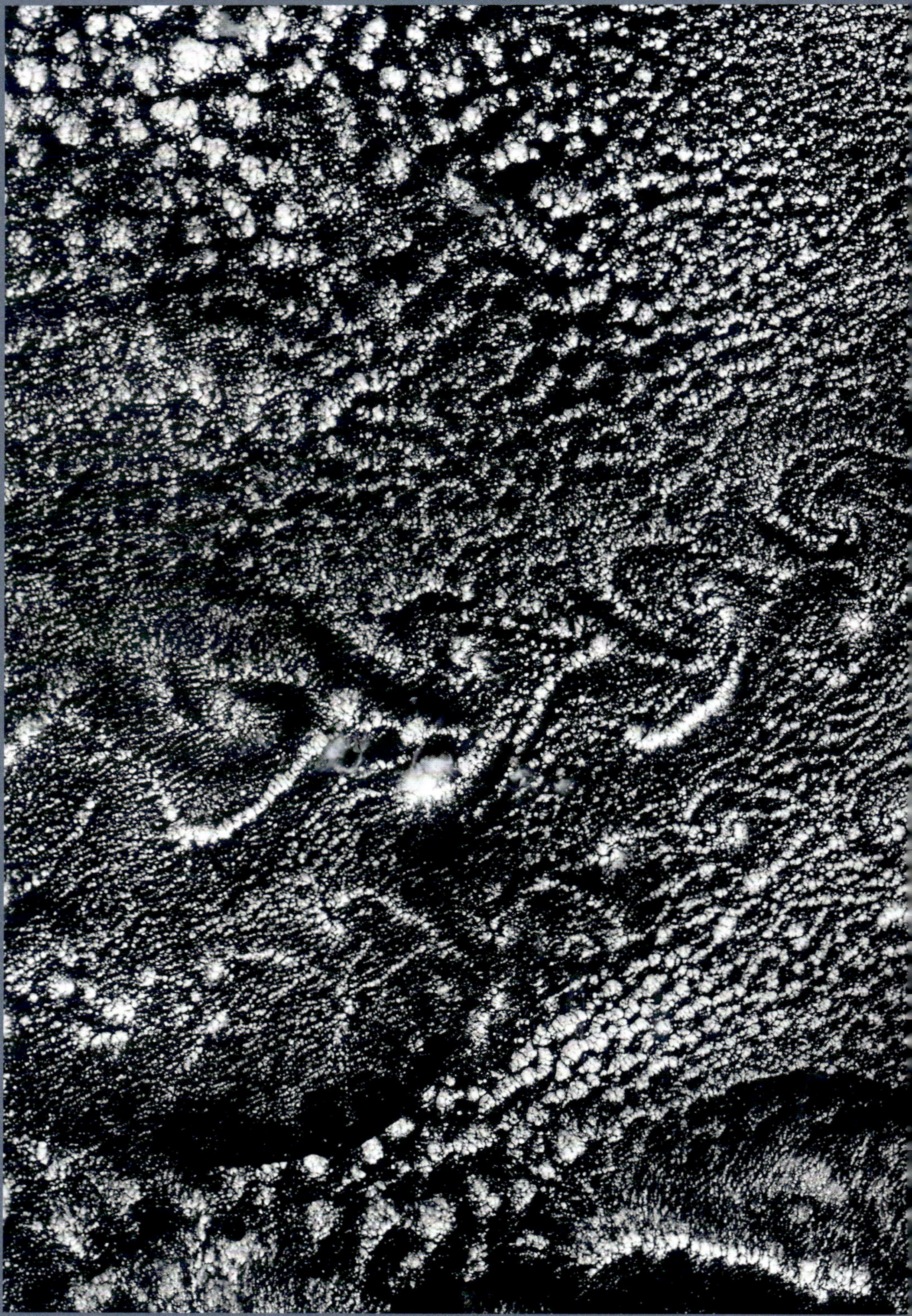

In dieser Aufnahme sind Wolkenmuster erkennbar, die auf Verwirbelungen beruhen. Derartige auch Wirbelstraßen genannte Strukturen entstehen durch Auftriebsströmungen der Luft über erwärmten Berghängen. Nach einem Pionier der modernen Aerodynamik werden sie als Kármánsche Wirbelstraßen bezeichnet.

Bild links: Der Pico de Fogo (2.829 m) ist der höchste Berg der Insel Fogo, deren Name (deutsch: Feuer) auf ihren vulkanischen Charakter hinweist.
Bild rechts: Ribeira do Paul zählt zu den schönsten Gebirgstälern der Insel Santo Antão.

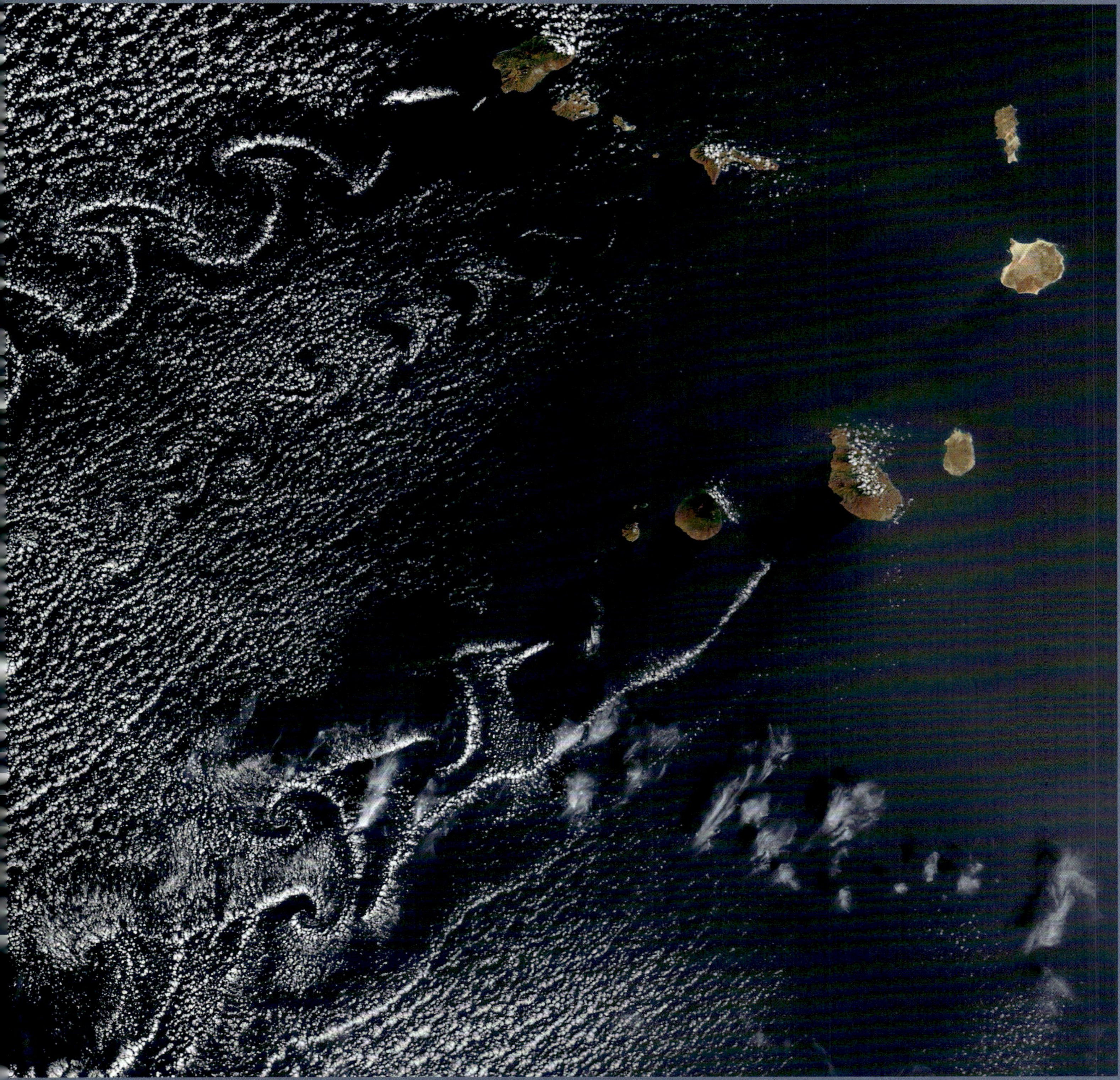

Immer weiter dehnen sich die flachen Sandwüsten von Ost nach West aus. Zu den größten im Westen gehört ein Juwel, der im Abendlicht verzaubernde Große Östliche Erg. Er bedeckt in der zentralen algerischen Sahara eine Fläche von etwa 500 Quadratkilometern und ist der größte Erg Algeriens. Das zugleich größte zusammenhängende Dünengebiet der Erde zeichnet vom Osten Algeriens bis nach Libyen Grafiken und Skulpturen aus Sand. Es wird im Norden durch den in Tunesien gelegenen Chott el Jerid begrenzt. Manche seiner Dünen sind bis zu 300 Meter hoch, eine Höhe, die Ergs zu Berühmtheiten macht. Erg heißt Dünenmeer, denn sein wogender Sand erinnert an einen unendlichen Ozean. Zudem sind Ergs oftmals Wasserspeicher. Immer wieder werden Brunnen am Rand von Ergs gefunden.

Nur 20 Prozent aller Wüsten auf der Erde, wie auch der neun Millionen Quadratkilometer umfassenden Sahara, der größten Trockenwüste der Welt, sind Ergs, obwohl der Begriff häufig mit Wüste gleichgesetzt wird. Doch handelt es sich bei Ergs weder um Stein- und Felswüsten, noch um Kieswüsten, sondern dezidiert um Sandwüsten.

Der größte, manche sagen auch: »der schönste Teil« der Sahara, zwei Millionen Quadratkilometer, gehört zu Algerien. Sie nimmt in den Schotts des östlichen

Scharf zeichnen sich die aufgesetzten Rippel auf der im Abendlicht orange-rot leuchtenden Düne ab.

Tieflandes bis 35 Meter unter Meeresniveau 85 Prozent der Landesfläche ein. Ein Streifen Wüstensteppe im Norden geht über in die ausgedehnten, fast vegetationsfreien Sanddünengebiete des Großen Östlichen Erg und des Großen Westlichen Erg.

Die Sterndünen der Wüste holt das Satellitenbild in den Himmel, hier vom Großen Östlichen Erg, südöstlich der Oase Quargla, dem »Goldenen Schlüssel zur Wüste«. Winde aus verschiedenen Richtungen häufen über 100 Meter hohe Dünen auf.

Riesige Wellen voll Ruhe im sirrenden Ozean aus Sand: Nur im Bereich der Erg der Sahara bekommt man Draa zu sehen, Megadünen mit stabilen Kämmen. Ewige Zeugen sind diese Binnendünen. Bei ihnen handelt es sich nämlich um Vorzeitformen aus dem Pleistozän.

Der 72.000 Quadratkilometer große Parc National du Tassili n'Ajjer liegt im Südosten Algeriens an der Grenze zu Libyen, Mali und Niger. Er schützt das faszinierende gleichnamige Wüstengebirge in der zentralen Sahara, das sich markant über den umliegenden Dünenfeldern erhebt. Tassili bedeutet »Plateau der Schluchten und Klüfte«, das Sandsteinplateau ist 300 bis 400 Millionen Jahre alt und 500 Kilometer lang; seine höchste Erhebung ist der Azao (2.158 m). Die UNESCO hat das von rund 5.000 nomadischen Tuareg der Fraktion Kel Ajjer durchzogene und ansonsten unbewohnte Gebirge zum Welterbe erklärt – wegen seiner einzigartigen Geologie und der unzähligen prähistorischen Funde. Rund 15.000 Felsgravuren aus der Zeit zwischen 10.000 v. Chr. und 1000 n. Chr. hat man bisher entdeckt.

Das Tassili besteht aus zwei von Nordwesten nach Südosten streichenden rot- bis schwarzbraunen, verschieden hohen Sandsteinplateaus, die durch den Oued Tirhemar getrennt werden. Östlich des Trockenflusses liegt das Äußere Tassili (auch Oberes Tassili genannt), das zwischen 1.100 und 1.400 Metern hoch ist und durch Wadis (periodisch austrocknende Flussläufe in einem Trockental) stark zerschnitten ist. Südlich des Oued Tirhemar liegt das Innere Tassili (Untere Tassili) mit Höhen um die 700 bis 800 Meter. Das Äußere Tassili bricht in einer 500 bis 600 Meter hohen Steilstufe nach Süden ab. Das gesamte Gewässernetz ist auf die Senke des Erg Tifernine – die Dünenlandschaft im Nordosten des Bildes – ausgerichtet. Für die Wadis des Inneren Tassili stellte das angrenzende Plateau eine unüberwindbare Barriere dar: Nur an einer Stelle – im Bild in der Spitze des gelben Sanddreiecks – konnten sie das Plateau durchbrechen. Das gelbe Dreieck ist ein kleines Sedimentbecken, in dem sich nach seltenen Starkregen periodische Seen bilden können. Der von den Wadis ins Vorland geschwemmte Sand wurde und wird noch heute in die 200 bis 300 Meter hohen Stern- und Pyramidendünen des Erg Tifernine eingeweht. Nach Südwesten hin bricht das Innere Tassili in einer 700 bis 800 Meter hohen Steilstufe ins Vorland ab. Die vorgelagerten dunklen Inselberge sind die Relikte aus einer Zeit, als das Tassili eine deutlich größere Ausdehnung hatte. Angesichts des hochariden Klimas und mittlerer Jahresniederschläge von maximal 50 Millimetern sowie ausbleibenden Niederschlägen über mehrere Jahre oder Jahrzehnte wird schnell klar, dass die fluviale Zerschneidung der beiden Plateaus nur unter anderen, feuchteren, Klimaverhältnissen möglich gewesen sind. Tatsächlich hat es mehrere Feuchtzeiten im Quartär gegeben, eine letzte zwischen 4000 und 6000 v. Chr. Damals muss die Sahara den ostafrikanischen Savannen und Steppen geähnelt haben. Beweise dafür sind unter anderem Felsgravuren und -zeichnungen von Giraffen, Büffeln, Gazellen sowie Jagdszenen, die im ganzen Tassili zu finden sind. Sie spiegeln die verschiedenen Klimaabschnitte der Sahara sowie die damit einhergehende Veränderung von Flora und Fauna. Zeichnungen von Flusspferden belegen, dass es hier ausreichend Wasser gegeben haben muss.

Karge und bizarre Felslandschaft: Blick vom Oine Za Watan im Tassili n'Ajjer.

Das Obere Tassili ist stark zerklüftet und bricht in einer Stufe zum weniger zerschnittenen Unteren Tassili ab. Rechts oben sind die goldgelben Dünen des Erg Tifernine zu sehen. Der Sandstein ist mit Wüstenlack, einer Patina aus Eisen- und Manganoxiden, überzogen.

Sand und Wind als Künstler in der Sahara: Der relativ weiche Sandstein wird durch ein natürliches Sandstrahlgebläse zu faszinierenden Skulpturen erodiert. Im Licht der auf- bzw. untergehenden Sonne wirken die Felsgebilde am eindrucksvollsten

Am Südrand der Sahara erstreckt sich zwischen Ségou und der berühmten Karawanenstadt Tombouctou (Timbuktu) quer durch die von Dürren geplagte malische Sahelzone ein gewaltiges Flussdelta. Der Niger – mit 4.184 Kilometern der längste Strom Westafrikas und der drittlängste des Kontinents – entspringt im Hochland im südlichen Guinea. Ein Blick auf die Karte zeigt seinen ungewöhnlichen Lauf: Von seiner Quelle, die nur 240 Kilometer vom Atlantischen Ozean entfernt liegt, fließt er in einem Bogen zunächst Richtung Nordosten in die Sahara, von den Niederschlägen im Oberlauf ab: Dort fällt der Regen zwischen Juli und September – ebenfalls mit großen jährlichen Schwankungen.

Bis die ersehnte Flutwelle das Binnendelta erreicht hat, vergehen oft einige Wochen – in der Regel kommt das Hochwasser jedoch erst Mitte Oktober in der Region an. Dann herrscht im Delta schon wieder Trockenzeit und das Wasser verdunstet schneller als gewünscht. Mit der Flut verwandelt sich das Delta in einen riesigen See, überlebenswichtig für die Natur – und natürlich auch für den Menschen. verschiedenen Stämmen geregelt: Die Fulani, Bambara und Dogon bauen auf über 90 Prozent der Fläche Reis und Hirse an. Die Angehörigen der Bozo und Peul hingegen praktizieren bereits seit Urzeiten Fischfang. Die nomadisch lebenden Fulani lassen ihre Rinder- und Ziegenherden das nahrhafte und wasserliebende Bourgou-Gras (Hippogras) – das bei der ansässigen Bevölkerung auch für die Herstellung von alkoholischen und nichtalkoholischen Getränken Verwendung findet – abweiden, das nach dem Rückzug des Wassers wächst.

Führt der Niger Hochwasser, verwandeln sich die Sandbänke in fruchtbare Felder, wie hier bei Gao, wo Dünen bis an das Ufer reichen.

um dann südöstlich in einem großen, weitverzweigten Delta in den Golf von Guinea zu münden.

Für die Entstehung des Binnendeltas gibt es mehrere Gründe: Auf Höhe von Ségou verringert sich die Fließgeschwindigkeit markant – fehlendes Gefälle, eine extrem hohe Verdunstung und Versickerungsrate führen dazu, dass der Fluss mit nur noch einem Drittel seiner ursprünglichen Fließgeschwindigkeit Richtung Tombouctou fließt.

Der Fluss und sein Binnendelta – die Massina – sind das Lebenselexir Malis. In der Sahelzone herrscht über mehrere Monate ein heißes, trockenes Wüstenklima mit Temperaturen von über 40 °C. Die geringen Niederschläge fallen nicht zuverlässig und reichen nur ganz im Süden für den Regenfeldbau. Wie stark sich das Binnendelta mit Wasser füllt, hängt

Die Nigerinseln bei Gao sind mit Reis bepflanzt, im Hintergrund stehen Dünen.

Mali ist auf diese »Kornkammer« angewiesen, da sich nur gut sieben Prozent der Landesfläche für den Ackerbau eignen. Bereits seit Jahrhunderten sind die Rechte am Nigerwasser im Binnendelta unter den

Hohe Sanddünen säumen das Ufer des Niger bei Bartaga flussaufwärts von Gao.

Hinter Ségou fächert sich der Niger in ein riesiges, 55.000 Quadratkilometer großes Feuchtgebiet auf. Das eindrucksvolle Satellitenbild vom Oktober zeigt das im Süden zum See gewordene Binnendelta.

Der Niger durchfließt auf seinem weiten Weg bis zur Mündung in den Golf von Guinea (Atlantischer Ozean) auch Wüstengebiete der Sahara. So reichen die Sanddünen bei Gao in Mali teilweise bis an die Ufer des mächtigen Stroms. Hinter den Dünen erstreckt sich weitflächig das riesige Binnendelta des Niger mit unzähligen, miteinander verflochtenen Flussschlingen und -armen sowie Bächen, Überflutungsgebieten, Sümpfen und Seenflächen.

Grandios und geheimnisvoll präsentiert sich dieses Gebirge im Norden der Republik Tschad, das zweifellos zu den spektakulärsten Berglandschaften in der Sahara gehört. Hoch aufragende, zerklüftete und häufig überaus scharfgratige Felsformationen wechseln mit tiefen Schluchten. Die Berge erheben sich jedoch nicht abrupt aus flacher Wüstenlandschaft, sondern steigen über charakteristische Schichtstufen an. Die anstehenden Sandsteinschichten überlagern ältere metamorphe Gesteine. Die Vielgestaltigkeit an Landschaftsformen beruht auch auf kammern nahe der Oberfläche. Über weite Strecken erinnert die Geomorphologie des Gebirges an die einer Mondlandschaft. Schroffheit und Formenreichtum im Tibesti sind geradezu einzigartig. Das Tibestigebirge ist wegen seiner abgeschiedenen Lage und schweren Zugänglichkeit kaum besiedelt und nicht touristisch erschlossen. Gerade in Regionen wie dieser bieten Satellitenbilder häufig die einzige Möglichkeit, Informationen über einen kaum erschlossenen Teil der Erdoberfläche zu erhalten. So lieferten in den 1970er Jahren Satellitenfotos aufschlussreiche Erkenntnisse über die vulkanische Aktivität einzelner Berge, darunter auch des Emi Koussi. Der 3.415 Meter hohe Berg im äußersten Südosten des Gebirges ist die höchste Erhebung der Sahara und zählt zu den markantesten Erscheinungen im Tibestigebirge. Felszeichnungen und -gravuren, in denen Tiere – u. a. Flusspferde – dargestellt sind, lassen darauf schließen, dass hier vor einigen Jahrtausenden ein völlig anderes Klima herrschte. Immerhin erhält das Tibestigebirge wegen seiner Höhe noch heute mehr Niederschläge als die benachbarten Tiefländer. Nach den unregelmäßig auftretenden Regenfällen weist der Wüstenboden kurzzeitig durchaus dichtes Grasland auf. Insgesamt lassen die klimatischen Bedingungen aber kaum dichtere Besiedlung zu.

Der Trou du Natron am Pic Touside hat einen Durchmesser von knapp acht Kilometern und ist fast 1000 Meter tief.

Der Tabiriou Canyon gleicht einer Mondlandschaft.

lange Zeit währender Erosion. Durch Abtragung der weicheren Sandsteine wurden Reste von Decken vulkanischer Gesteine wie Basalt und Rhyolith freigelegt. Wegen ihrer größeren Widerstandsfähigkeit sind diese als Härtlinge erhalten und bilden vereinzelt Vulkane. Spuren der vulkanischen Aktivität, der Teile dieses eindrucksvollen Naturraums ihre Entstehung verdanken, sind an vielen Stellen gegenwärtig. Neben Vulkan- und Aschekegeln, Kratern und Calderen sind dies u. a. auch Geysire und heiße Quellen. Die Calderen des Gebirges entstanden durch explosive Eruptionen oder durch den Einsturz von Magma-

Lavaströme schufen die beeindruckende tentakelartige Struktur an den Flanken des Pic Touside, der in der Bildmitte aus den dunklen Gesteinsmassen aufragt. Er ist mit 3.265 Metern einer der höchsten Berge im Tibesti und der Sahara. Gelegentlich steigen aus dem Inneren des Vulkans Rauchschwaden auf. Rechts unterhalb des Gipfels ist eine zweite (hellere) Caldera zu erkennen: der Trou du Natron (deutsch: Natronloch).

Der Tschadsee, ein flacher abflussloser Süßwassersee in der mittleren Sudanzone, bietet vielen Tierarten ein Zuhause, Zugvögel überwintern hier oder machen Rast auf ihrer Reise. Doch dieses Paradies droht zu verschwinden, denn seit Jahrzehnten trocknet dieser Süßwassersee mehr und mehr aus. Allerdings hat es hier schon immer große Seespiegelschwankungen gegeben: Vor gut 20.000 Jahren war der See komplett verschwunden, 10.000 Jahre später hatte er sich erneut gebildet, und vor 6.000 Jahren besaß der Tschadsee eine gewaltige Ausdehnung von etwa 300.000 Quadratkilometern. 1953 hatte der Tschadsee mit 30.000 Quadratkilometern etwa die Fläche von Brandenburg.

Bei ausgiebigen Regenfällen verdoppelt der See seine Fläche, besonders sein südlicher Uferbereich und

In der Regenzeit werden verlandete Flächen überfutet.

In den letzten knapp 50 Jahren ging die Fläche des Tschadsees um etwa 90 Prozent zurück.

die Zuflüsse bilden dann weite Überschwemmungsgebiete. Vor 50 Jahren schwankte die Wasserfläche zwischen 10.000 (Trockenzeit) und 25.000 Quadratkilometern (Regenzeit). Zu Beginn des neuen Jahrtausends besaß der See in der Trockenzeit nur mehr knapp 1.400 Quadratkilometer, der Nordteil ist seit Jahren trockengefallen. Man befürchtet, dass der See bis 2030 verschwunden sein wird – aber nur um eines fernen Tages neu zu entstehen.

Die Deltamündung des Chari ist deutlich im südlichen Teil des Tschadsees zu erkennen. In der linken oberen Bildfläche erstrecken sich reihenartig Dünenwälle, die den Sand der Sahara in das Seebecken eintragen.

Kann ein Paradies die Heimat von Dschinnen sein? Seit den Zeiten der Pharaonen standen die Ägypter dem bis zu 2.600 Meter tiefen Roten Meer und seiner zauberhaften, etwa 60.000 Quadratkilometer großen Sinai-Halbinsel, die bereitrs Asien zugerechnet wird, misstrauisch gegenüber. Dann entdeckten sie die herrlichen Riffe, die Korallen- und Fischvielfalt im stets 22 °C und auch in Tiefen ungewöhnlich warmen al-Bahr al-Ahmar, wie das Rote Meer auf Arabisch heißt.

Die Sinai-Halbinsel liegt zwischen Afrika und der Arabischen Halbinsel, wird unter anderem von Mittelmeer und Israel begrenzt, und begeistert mit fünf Naturschutzgebieten sowie traumhaften Wüstenlandschaften mit schmalen Canyons und fruchtbaren Oasengebieten.

Das Rote Meer, entstanden vor etwa 25 Millionen Jahren, als sich Afrika von Asien abspaltete, wächst immer weiter, wird vom Baby-Ozean zu einem sehr großen, der einen Abkömmling haben wird. Sprachen die Forscher bis vor Kurzem noch von Millimetern und Zentimetern, die das Magma im Erdinneren pro Jahr an Dehnungen der Landmassen bewirkt, werden mittlerweile meterlange Veränderungen gemessen. Via Suez-Kanal ist das nach einer rot färbenden Blaualge benannte Rote Meer mit dem Mittelmeer verbunden und erspart der Schifffahrt den Weg um Afrika. Durch das Ausbaggern des zunächst kleinen Suez-Kanals, wurden die Bitterseen mit Wasser aus dem Roten Meer gefüllt. Dabei gelangten Tausende tropischer Fischarten ins immer wärmer werdende Mittelmeer.

Sinai-Landschaft, hier am El Makhrom Mountain.

Das Morgenrot vertreibt das dämmerige Grau und gibt vom Mosesberg den Blick weit über den Sinai frei.

Der Golf von Suez stellt den westlichen Arm des nördlichen Endes des Roten Meeres dar. Das tiefe Blau des Wassers hebt sich stark von hellen und dunklen Brauntönen der Arabischen Wüste (links) und der Sinai-Halbinsel (rechts) ab.

Dunkelrot leuchten die Granit-Berge des südlich gelegenen Hochsinai, die in ihren Ausläufern auch aus Gneis mit schwarzem Porphyr und vulkanischen Ursprungs sind. Ihre 400 Pflanzenarten sind teils einmalig. Farben und Formen des Sandsteins im Südosten sind Kunstwerke der Natur.

Mehr als 100 Jahre war der Erta Ale mit seiner 1.800 mal 800 Meter großen Caldera unter der dünnen Lavahaut aktiv. Er schoss häufig Lavafontänen in die Höhe, glühte rot aus Rissen und zerbrach die dünne Lavakruste in Platten, die über den See trieben.

Das dauernde Brodeln wird zu einem Knurren, als der basaltische Schildvulkan Erta Ale im äußersten Nordosten Äthiopiens aus seinem gemäßigten Eruptions-Schlaf auf der kontinentalen Nahtstelle des Ostafrikanischen Rift Valley, 613 Meter über dem Meeresspiegel, erwacht. Er schüttelt schwarz-silbrige, krustige Lavabrühe ab und spuckt rot glühende Fontänen weit von sich. Dieser Vulkan liegt auf dem Grabenbruch, welcher sich über etwa 6.000 Kilometer erstreckt. Im November 2010 ist sein aktiver Lavasee übergelaufen. Der dabei entstandene Lavapond ist mit dem Calderaboden ebenerdig. Über den vier Meter hohen Ringwall des Ponds quollen Lavaströme. Am nördlichen Ende der Kraterkessels zeigt sich der zweite Pit-Krater, der in den Jahren von 1968 bis 1973 kochte.

Vom Grund eines ausgetrockneten, einstigen Meeresbodens, der Danakilwüste, erhebt sich der Erta Ale. Neben Äthiopien und Eritrea hat auch Dschibuti Anteil an diesem Wüstengebiet. Die Hebung des Ostafrikanischen Schildes und die Entstehung des Ostafrikanischen Grabensystems rufen hier wie dort tektonische Aktivitäten hervor. Im Afar-Dreieck (Danakil-Senke), einer Schwächezone in der Erdkruste, kriecht das Magma entlang unzähliger Risssysteme in Richtung Erdoberfläche. Vulkane am Ostafrikanischen Grabenbruch sind Vorzeichen des Ozeans, der in ein paar Millionen Jahren die Kluft füllen und Afrika teilen wird. Erst 1978 entstand Ardoukouba im gleichnamigen Rift zwischen dem Lac Assal und dem Golfe de Tadjoura durch eine Eruption nach einem Tag mit über 800 Erdbeben.

Blick in die Urgewalten: Parallel zur Riftzone öffneten sich beim Ardoukouba-Vulkan 25 bis 500 Meter lange Spalten, deren Lavaströme den Schlackenkegel bildeten und den Riftboden bedeckten. Der flache Kraterrand liegt nur fünf Meter über Meereshöhe.

Verzaubert wirkt die ausgedörrte, 57 °C heiße Danakilwüste in Dschibuti. Die Wüste liegt größtenteils in einer Senke unter dem Meeresspiegel und erzählt mit versteinerten Schnecken und Korallen von ihrer Vergangenheit im Roten Meer. Bald könnten sich dessen Fluten in der Senke über 25 Meter flache Hügel wieder vorarbeiten. Das Land dahinter senkte sich um ein Mehrfaches ab. Das flache Binnenmeer, das einst durch den aufsteigenden Danakil-Block entstand, verdampfte zur Danakilwüste und hinterließ bizarr schöne Salzablagerungen und -seen. Auch den tiefsten Punkt Afrikas, zugleich das salzhaltigste Gewässer und die größte Salzablagerung der Erde: Den Lac Assal, 155 Meter unter dem Meeresspiegel. Herrlich ist sein dunkel- und türkisblaues Wasser, gekrönt mit salzweißen Bergen und Atollen.

Umgeben von kahlen Bergen und Milliarden glitzender Kristalle, von Rosetten wie Honig, liegt der Lac Assal, der sich über 54 Kilometer erstreckt. Sein extrem hoher Salzgehalt (34,8 %), zehnmal höher als bei Ozeanen, ruft gleißende Lichtreflexe und von Erosion gemalte Trugbilder hervor.

ÄTHIOPIEN: ÄTHIOPISCHES HOCHLAND, BLAUER NIL

In Äthiopien wird der Blaue Nil ehrfurchtsvoll Abbai, »Großer Fluss« genannt. Seinen Namen verdankt er aber seiner erdigen, fruchtbaren Fracht. Die Menschen sind in ihrer Meinung vom Fluss zwiespältig. Einerseits wird der Fluss verehrt, andererseits aber auch gehasst. Der Fluss schwemmt Jahr für Jahr wertvollen Boden weg. Stauseen und Bewässerungsanlagen gibt es in Äthiopien noch nicht, vielmehr hat das Wasser mit seinem wertvollen Schwemmmaterial über Jahrhunderte hinweg die Fruchtbarkeit der Felder links und rechts des Nils genährt. Bis zur sudanesischen Grenze legt der Fluss eine Strecke von über 800 Kilometern zurück und überwindet dabei ein Gesamtgefälle von etwa 1.200 Metern. Nach dem Zusammenfluss mit dem Weißen Nil bei Khartum sind es weitere 3.000 Kilometer, die der Nil bis zur Mündung ins Mittelmeer zurücklegt. Insgesamt ist die Strecke vom Tanasee bis zum Mittelmeer 4.715 Kilometer lang. Das Hochland von Äthiopien, auch als Hochland von Abessinien bezeichnet, macht fast die Hälfte der äthiopischen Staatsfläche aus. Nach der Regenzeit erscheint das Land frühlingshaft frisch: Sattes, grünes Gras zeichnet dann ein nahezu liebliches Landschaftsbild.

Äthiopien, das vom Blauen Nil in zwei Hälften geteilt wird, ist der gebirgigste Teil des afrikanischen Kontinents. Das Hochland entstand vor 30 Millionen Jahren als massenhaft heißes Magmamaterial aus dem Erdinneren in Spalten aufstieg und die Erdkruste zu einer mächtigen Kuppel aufwölbte. Über einige Millionen Jahre hinweg blieb die Kuppel stabil, brach dann aber ein. Es entstanden Einbrüche, darunter das Great Rift Valley, und die von Wasser aufgefüllten Risse vom Golf von Aden und dem Roten Meer. Vulkane spuckten Lava an den Rändern des Grabensystems und lagerten so Unmengen von Material in der

Der Ras Dashen ist der höchste Berg im Hochland und inmitten des Simien-Gebirges gelegen.

Landschaft ab. Als die Vulkane langsam erloschen, war eine weitgehend vegetationslose Hochgebirgslandschaft entstanden, die fortan den Einflüssen von Erosion sowie Wind und Regen ausgesetzt war. Resultat dieses Landschaftsumbildungsprozesses ist die zerklüftete und vielfach schwer zugängliche Landschaft des Hochlandes von Äthiopien mit Gipfeln, Felswänden und Canyons, zerklüfteten Regionen mit Graten und Schluchten wie es das Satellitenbild zeigt. Das harte Vulkangestein zwingt den Blauen Nil in seinen vielfach gewundenen Lauf. Was einst die Kräfte aus dem Erdinneren auftürmten, ist über Millionen Jahre hinweg eingeebnet worden.

Der Blaue Nil gräbt einen tiefen Canyon auf seinem knapp 900 Kilometer langen Lauf durch die weite, häufig kahle Hochgebirgslandschaft Äthiopiens. Wo einst Wacholderbäume und Zedern die Täler und Hochplateaus des Hochlandes bedeckten, sind aufgrund der Entwaldung nur noch karge Flächen übriggeblieben.

Die Quelle des Blauen Nils liegt am Mount Gische. Danach bahnt sich der Fluss seinen Weg bis zum Tanasee, der in 1.830 Meter Höhe liegt. Dort, wo der Fluss aus dem See austritt, stürzt er als Wasserfall von Tisissat donnernd und voller Gischt über 45 Meter in die Tiefe. Die Wasserfälle sind die zweitgrößten in Afrika.

Das Hochland von Abessinien ist eine karge, schroffe Hochgebirgslandschaft. Die Landschaft des Hochplateaus erstreckt sich in Höhenlagen von 2.000 bis 3.000 Metern. Einzelne Gipfel erreichen mehr als 4.000 Meter. Der Ras Dashen, eine Gebirgsgruppe von neun Gipfeln, ist mit 4.620 Metern der höchste Berg Äthiopiens. In dieser Höhenlage sind die Gipfelbereiche im Winter oft schneebedeckt. Während der Schneeschmelze wird der Blaue Nil mit reichlich Schmelzwasser gespeist.

GUINEA-BISSAU: BISSAGOS-INSELN

Unberührte Sandstrände, Palmen- und Mangrovenwälder prägen das rund 10.000 Quadratkilometer große UNCESCO-Weltnaturerbe und Biosphärenreservat Bissagos-Inseln. Zusammen mit Portugiesisch-Guinea entstand 1974 der unabhängige Staat Guinea-Bissau. Der rund 2.600 Quadratkilometer große Archipel besteht aus 88 Inseln, beispielsweise der Ilha de Orango, Bolama, Bubaque, Caravela, Rubane, João Viera, Como und Pecixe, die vor der Festlandküste Guinea-Bissaus im Atlantischen Ozean liegen. Vor allem die Angehörigen des Bijagos-Volkes bewohnen die 21 größeren Inseln. Die übrigen Eilande sind zu klein und deshalb kaum oder gar nicht besiedelt.

Zum UNESCO-Biosphärenreservat wird eine Region, wenn sie für einen Landschaftstyp charakteristisch ist, zudem als Modell für nachhaltige Entwicklung und den Erhalt von Lebensräumen taugt. Die Interessen von Umweltschutz und Wirtschaft, das Zusammenleben von Mensch und Natur, werden in den Kulturlandschaften, die nur selten ursprüngliche Biotope sind, vereinbart.

Im Jahr 1996 wurde die gesamte Bissagos-Inselgruppe zum Biosphärenreservat ernannt. Die südlichen Inseln sind ein Naturreservat.

Der Archipel entstand vor allem aus dem Delta des Rio Geba (im Satellitenbild ist der zentrale, weißfarbige Mündungsarm deutlich zu erkennen). Viele verschiedene Ökosysteme machen die Inselgruppe schützenswert: Mangrovenwälder und -sümpfe, Palmwälder, Trocken- und Halbtrockenwälder, Küstensavannen, Sandbänke und Wasserzonen. Die Archipel-Flüsse versorgen das Meer mit reichhaltigem Frischwasser.

Der Bissagos-Archipel stellt deshalb für viele Arten einen wichtigen Lebens- und Fortpflanzungsraum dar. Fische, Mollusken, Krusten- und Schalentiere gibt es reichlich, die Suppenschildkröte legt hier ihre Eier. Auch das Nilkrokodil und das Flusspferd sind hier heimisch. In den großflächigen Inselwäldern haben zudem unzählige Primaten ihr Zuhause.

Im Biosphären-Reservat leben ungefähr 27.000 Einwohner, die meisten in den Städten Bubaque und Bolama. Wegen der kolonialen Geschichte des Archipels findet man eine große ethnische Vielfalt. Die für den Erhalt von Flora und Fauna wertvollsten Biosphären-Bereiche sind gleichzeitig die heiligsten Stätten der Naturreligionen.

Das an der afrikanischen Westküste gelegene Guinea-Bissau besteht mehrheitlich aus Tiefland. Der durch Fluvialerosion stark zerklüfteten Küste ist das Bissagos-Archipel vorgelagert. Zwischen den Inseln und der Küste erstreckt sich ein seichtes Wattenmeer, das sich durch die hellblaue Färbung des Wassers vom offenen Meer (dunkelblau) abhebt.

DEMOKRATISCHE REPUBLIK KONGO: NYIRAGONGO-VULKAN

Durch den östlichen Teil Afrikas verläuft eine tektonisch höchst aktive Riftzone. An dieser als Ostafrikanischer Grabenbruch (East African Rift Valley) bezeichneten Dehnungszone driften mehrere Kontinentalplatten auseinander. Die von starker vulkanischer Aktivität geprägte Schwächezone hat eine Länge von rund 6.000 Kilometern und setzt sich im Norden bis Vorderasien fort. In diesem Grabenbruch erheben sich einige der höchsten Gebirge Afrikas, darunter auch die acht Virunga-Vulkane.
Der im Osten der Demokratischen Republik Kongo aufragende Nyiragongo ist mit 3.425 Metern nicht der höchste Vulkan dieser Kette, aber sicher der bekannteste. Der Lavasee im Krater des Nyiragongo, der einen Durchmesser von knapp einem Kilometer besitzt, gilt als größter der Welt. Er markiert die an die Erdoberfläche reichende Spitze eines gewaltigen

Auch in den sogenannten Ruhephasen entweichen dem Krater dichte Rauchmassen.

Magmareservoirs, das bis tief in die Erdkruste reicht. Die gewaltige Kraft, die vom Nyiragongo ausgeht, liegt vorwiegend an der Dünnflüssigkeit seiner Lava, die nicht als zähe Masse die Flanken hinabfließt, sondern beinahe wie eine Wassermasse rasend schnell talwärts strömt. Mehrfach schon richteten Eruptionen schwere Schäden an. Den Menschen in den betroffenen Gebieten bleibt daher oft nur wenig Zeit zum Reagieren. Bei dem zerstörerischen Ausbruch am 17. Januar 2002 schuf der glühend heiße Lavastrom in der Großstadt Goma eine breite Schneise der Verwüstung und machte weite Teile der Stadt bis auf Weiteres unbewohnbar.

Der Nyiragongo-Vulkan kommt nie zur Ruhe. Die Rauchschwaden zum Zeitpunkt dieser Aufnahme sind Anzeichen aktuell schwächerer Aktivität. Der Vulkan besitzt – typisch für Schichtvulkane – die Form eines Kegelstumpfes. Teile der Bergflanken und der Umgebung sind mit tropischem Regenwald bewachsen.

Faszinierende Einblicke in den Vulkankrater gewähren Bilder aus der Luft. Sie dokumentieren die Aktivität des Nyiragongo-Vulkans zu unterschiedlichen Zeitpunkten. Trotz der zerstörerischen Kraft von Eruptionen sind die Bilder aus größeren Höhen eindrucksvolle Momentaufnahmen natürlicher Prozesse und Darstellungen der schier unglaublichen Dynamik des Vulkans. Für Vulkanologen sind sie – neben den Geländearbeiten – ein wichtiges Hilfsmittel bei der gefährlichen Erforschung der Vulkane. Im großen Bild unten, das aus vergleichsweise geringer Entfernung aufgenommen wurde, steigt aus einem nahezu kreisrunden Loch innerhalb einer zähflüssigen Schlammmasse starker Rauch auf. Die im Krater brodelnde Lavamasse liegt nur wenige hundert Meter unterhalb des Kraterrands.

Dokumente vulkanischer Kraft: Die Aktivität im größten Lavasee weltweit äußert sich in Lavablasen einer scheinbar trägen Masse, die jederzeit platzen könnte (Bild links außen) oder durch glühende Fontänen leuchtend orangefarbener, etwa 1.200 °C heißer Magma (Bild links).

KENIA/TANSANIA: KILIMANDSCHARO

Die aus Württemberg stammenden Missionare Johann Ludwig Krapf und Johannes Rebmann unternahmen von ihrer Missionsstation in Rabai Mpia – rund 15 Kilometer nördlich von Mombasa – ausgedehnte Erkundungsreisen ins Landesinnere. Die einheimischen Wanika hatten ihnen von einem mächtigen weißen Berg berichtet. Auf einer ihrer Erkundungstouren entdeckten die beiden als erste Europäer am 11. Mai 1848 den Kilimandscharo und deuteten die weißen Gipfel als Schnee und Eis, was fortan in Europa von namhaften Wissenschaftlern stark angezweifelt wurde. Besonders der englische Geograf W. D. Cooley hielt das Vorkommen von Schnee und Eis in den inneren Tropen für absolut unmöglich. Es könne sich vielmehr um hell leuchtendes Kalkgestein, Salz oder sogar um eine schlichte Täuschung handeln, folgerte er. Erst eine Expedition unter Leitung von K. Kl. von der Decken bewies 15 Jahre später die Schneegrenze des Kilimandscharo und bestätigte die Deutung der deutschen Missionare. Mehr als 80 Kilometer misst das gewaltige Gebirgsmassiv in der Länge, bis zu 60 Kilometer in der Breite und seine Grundfläche beträgt beinahe 390 Quadratkilometer.

Der mächtige Vulkanriese ruht. Er ragt aus einer Kette von etwa zwanzig Vulkanen am südlichen Ende des tektonisch aktiven ostafrikanischen Grabens auf. Die vulkanische Aktivität beschränkt sich in den vergangenen Jahrzehnten lediglich auf Fumarolen-Tätigkeit. Wer den Gipfel besteigt, sieht den aufsteigenden Dampf und atmet unweigerlich die schwefelhaltigen Dämpfe ein.
Das Gebirgsmassiv liegt rund 340 Kilometer südlich des Äquators. Die typischen Hochgebirgszonen machen das Leben für Fauna und Flora nicht leicht: Jeden Tag ist hier heißer Sommer und jede Nacht extrem kalter Winter. Am Kilimandscharo kann man hervorragend studieren, wie sich die Vegetation mit

In fast 5.900 Meter Höhe: der Krater am Gipfel.

zunehmender Höhe ändert. Am Fuß des Massivs finden sich eine offene Grassavannenlandschaft sowie teilweise eine Baumsavanne bis in Höhen unterhalb von 1.000 Metern, gefolgt von einer Zone des tropischen Feldbaus bis in etwa 1.800 Meter. Im Anschluss findet man bis 3.000 Meter Höhe tropischen Bergwald sowie teilweise Nebelwälder, bevor sich oberhalb der Baumgrenze eine karge Graslandschaft bis in eine Höhe von rund 4.000 Metern ausbreitet. Es folgt zur Gipfelregion hin die Fels- und Frostschuttzone, die dann in den Bereich der Schnee- und Eisregion übergeht.

Afrikas höchstes Gebirgsmassiv ist vulkanischen Ursprungs. Der Hauptgipfel Kibo (im rechten äußeren Bildteil) ragt mit 5.895 Metern über dem Meeresspiegel aus der Savanne empor. Am unteren Bildrand ist der von Wolken umgebene Shira (3.962 Meter) zu sehen, der durch einen Sattel mit dem Kibo verbunden ist.

Mit seinen schneebedeckten drei Vulkangipfeln erhebt sich der gewaltige Gebirgsstock in seiner ganzen Schönheit aus der Grassavanne. Der Kilimandscharo vereinigt gleich zwei Superlative: Er ist der höchste Berg Afrikas und zudem der höchste frei stehende Berg der Welt.

Der Satellitenbildausschnitt zeigt die nordosttansanische Savanne westlich und nördlich des Kilimandscharo, dessen Westflanke am rechten unteren Bildrand zu sehen ist. Vier markante Berggipfel dominieren das Bild: Schon auf kenianischem Staatsgebiet liegt der an seiner dreieckigen, keilförmigen Form gut erkennbare Ol Doinyo Orok (2.548 m), dessen markanter Südabfall die Grenze zu Tansania bildet. Südlich von ihm liegt der kleine, runde Vulkan Longido (2.629 m). Am linken unteren Bildrand befindet sich der perfekt geformte Vulkan Kitumbeine (2.840 m), nordwestlich von ihm (am linken Bildrand) der ebenfalls kreisrunde Vulkan Gelai (2.942 m). Gelai und Kitumbeine liegen am Nordostrand des tansanischen »Hochlands der Riesenkrater«, das sich auf einer Spreizungszone zwischen Afrikanischer und Somalischer Platte befindet. Am linken oberen Bildrand ist noch ein kleines Stück des Ostufers des Lake Natron zu erkennen. Der Sodasee liegt – wie auch der Gelai und der Kitumbeine – in der Sohle des Ostafrikanischen Grabens. Der Gelai ist ein schlafender Schildvulkan, dessen letzter Ausbruch über 10.000 Jahre zurückliegt. Alle Vulkane erheben sich über einer 1.000 bis 1.500 Meter hohen ockerfarbenen und mit Savanne bestandenen Rumpffläche. Ihre Gipfelbereiche sind mit an seiner dunkelgrünen Farbe erkennbarem Regenwald bestanden. Unterhalb der Regenwaldzone zieht sich – vor allem beim Kitumbeine gut sichtbar – ein Ring hellgrüner Weiden. Dorthin treiben die Massai ihre Rinderherden in der Trockenzeit. Eine Besonderheit findet sich an der 17 Kilometer langen und 10 Kilometer breiten Bergkette Ol Doinyo Orok – dem »Schwarzen Berg«: Oberhalb von 1.700 Metern findet man Nebelwald, einer der wenigen noch existierenden Bestände in Kenia. Mit seinen die Feuchtigkeit speichernden Schluchten ist er ein wichtiges Wasserreservoir für die weiter unten liegenden Massai-Dörfer. Unterhalb der Waldgrenze schließen sich die sogenannte Maasai-Steppe – eine Trocken- und Dornbuschsavanne mit vereinzelten Akazien – an. Im Kraterhochland herrscht kühles, tropisches Hochlandklima (20 °C) mit starken Temperaturschwankungen zwischen Tag und Nacht. Es gibt zwei Regenzeiten: eine kleine Regenzeit (die Mvuli) von November bis Dezember und eine Hauptregenzeit (die Masika) von Februar bis Mai. Die Niederschläge fallen vor allem an den Osthängen der Berge, in der Maasai-Steppe sind es 500 bis 750 Millimeter im Jahr, in den Hochlagen 1.000 bis 1.500 Millimeter. Angesichts der geringen Niederschlagsmengen ist in der Savanne fast ausschließlich Viehwirtschaft möglich.

Ein Sturm kommt über dem Mara Game Reserve auf.

Hohes, trockenes Gras, Zwergsträucher und einzelne Dornakazien kennzeichnen die baumarme Serengeti.

Mit ihren mit Regenwald bestandenen Gipfelaufbauten erheben sich die Vulkane markant aus der Maasai-Steppe. Vor allem an den beiden am linken Bildrand gelegenen Gelai und Kitumbeine sind Erosionsrinnen erkennbar: Durch die schüttere Vegetation unterhalb der Baumgrenze ist die Gefahr von Bodenerosion hoch.

Durch den östlichen Arm des Ostafrikanischen Grabenbruchs zieht sich eine Seenkette vom Turkana-See bis zum Lake Malawi. In Kenia sind die Mehrzahl dieser Seen kleine, flache Natronseen: Sie entstanden, weil in die Seen eingespülte Salze und Mineralien wegen zu geringer Niederschläge und fehlender Zu- und Abflüsse nicht verdünnt werden. Die hohe Verdunstung bewirkt, dass das Wasser immer stärker versalzt und sich am Ufer Salzkrusten bilden. Zu den bekanntesten Seen Kenias zählt der 34 Kilometer lange Lake Bogoria, der in einem seismisch aktiven Gebiet liegt: An seinem Westufer schleudern Geysire Fontänen in die Luft, um sie herum liegen rund 200 heiße Quellen. Salztolerante Algen ziehen Millionen von Flamingos an. Die Kulisse auf der Ostseite bildet das 600 Meter hohe steile Siracho Escarpment. Weiter südlich folgt der von einer weißen Salzkruste gesäumte flache Lake Nakuru, ebenfalls ein abflussloser Natronsee, der nur knapp drei Meter tief ist. Auf seiner Westseite liegt die steile Abbruchkante des Rift Valley, im Osten ein sanftes Hügelland. Nördlich des Sees erhebt sich der 2.490 Meter hohe, inaktive Schildvulkan Menengai.

Blick von der Abbruchkante des Rift Valley.

Teeanbau am Eloyo Escarpment am Rand des Rift Valley.

Der Lake Bogoria ist leicht an seiner länglichen Form zu erkennen, parallel zu ihm verläuft im Osten das Siracho Escarpment. Der große rötlich-braune Krater des Vulkans Menengai liegt nördlich der Stadt Nakuru und des gleichnamigen Sees. An der linken Bildkante fällt das 2.000 bis 4.000 Meter hohe Hochland des Aberdare National Park ins Auge, seine Ost- und Westhänge sind von tiefen Schluchten zerschnitten.

Salz- und Schlammflächen dominieren das Südende des Lake Magadi, des südlichsten Sees der kenianischen Seenkette im Ostafrikanischen Graben. Der See liegt 100 Kilometer südwestlich von Nairobi und nördlich des tansanischen Lake Natron. Der See ist eigentlich eine Salzpfanne, die sich nur in der Regenzeit mit Wasser füllt (rund 1 m hoch). Auch hier verdunstet ein Großteil des Wassers, sodass das Wasser hochgradig alkalisch ist. Das hier in 40 Meter dicken Schichten anfallende Mineral Trona wird für die Herstellung von Pottasche und Kochsalz abgebaut. Salzliebende Algen verfärben während der Algenblüte das Wasser unnatürlich rosa.

Wie alle Natronseen Kenias, zieht auch Lake Mengadi unzählige rosafarbene Flamingos und Pelikane sowie weitere Wasservögel an.

Großes Bild: Das Samburu National Reserve schützt eine semiaride Landschaft in der nordkenianischen Rift Valley Province. Durch das Schutzgebiet fließt der Ewaso Nyiro River, der sein Wasser aus dem Gebiet des Mount Kenya und den Aberdare Ranges zieht. Weite Teile des Parks nehmen Savannen ein.

Der ostafrikanische Staat Tansania wartet mit vielfältigen Naturphänomenen auf. Neben dem höchsten Gipfel des Kontinents und einigen bemerkenswerten, in Nationalparks geschützten Landschaften sind dies auch mehrere Seen mit speziellen Formen und Entwicklungen. Eine extreme Genese kennzeichnet den Lake Natron. Der abflusslose See im äußersten Norden des Landes befindet sich im Gebiet des Ostafrikanischen Grabens und zählt zu den wundersamsten Seen Afrikas. Wegen seiner Größe und seiner Prägnanz wurde er nach dem Seetyp des Natronsees (Sodasees) benannt, der – unter bestimmten Bedingungen – auch auf anderen Kontinenten auftritt. Auch wenn der Lake Natron auf den ersten Blick lebensfeindlich wirkt, bietet er einer reichen Vogelwelt geeigneten Lebensraum.

Seine Existenz und Dynamik verdankt der Lake Natron besonderen chemischen Eigenschaften. Bedingt durch die starke Verdunstung des Seewassers in der von großer Hitze geprägten Trockenzeit reichern sich die im Wasser gelösten Salze an. Der ph-Wert der Salze (überwiegend Natriumsalze) ist mit 9 bis 10,5 sehr hoch. In diesem alkalischen Milieu können nur bestimmte Arten von Organismen leben. Neben einigen Bakterienarten vermehren sich auch Rotalgen sehr stark. Diese biologisch höchst aktiven Mikroorganismen sind gemeinsam mit Salinenkrebsen für die rötliche Färbung des Lake Natron

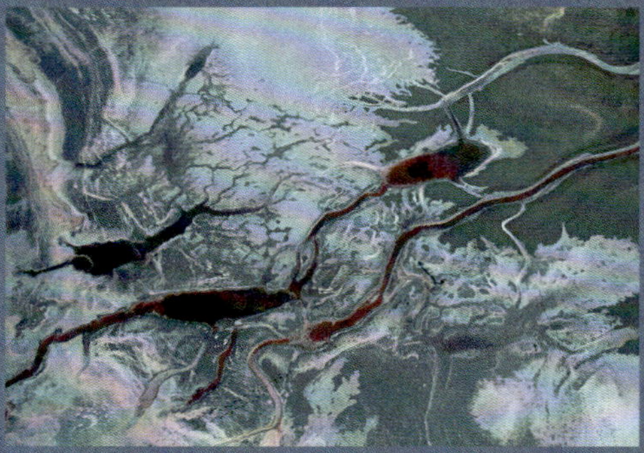

Salzreicher Zufluss zum Lake Natron (rechts).

verantwortlich, die auch aus dem Weltraum noch deutlich zu erkennen ist.

Der Spiegel des Lake Natron unterliegt im Jahresverlauf beträchtlichen Schwankungen. In der Trockenzeit ist er nur wenige Dezimeter tief, in der Regenzeit hingegen können Seetiefen von mehreren Zehner Metern erreicht werden. Der Lake Natron und seine Umgebung spielen eine bedeutende Rolle als Lebensraum für Zwergflamingos, deren Kolonie weit über zwei Millionen Individuen umfasst. Ein wundervolles Naturschauspiel bietet sich, wenn die riesigen Schwärme dieser Vögel durch die Lüfte ziehen und den Himmel zu verdunkeln scheinen.

Seine leuchtend organgerote Farbe erhält der See durch Kleinstlebewesen, darunter auch unzählige, nur wenige Millimeter große Salinenkrebse. Sie bilden die wesentliche Nahrungsquelle der Flamingos, denen der See und seine Umgebung als Brutstätte und Nistplatz dienen. Im mittleren Bereich des Lake Natron sind helle Salzkrusten erkennbar.

Ein beeindruckendes Farbenspiel bietet die im Sonnenlicht leuchtend orangerote Oberfläche des Sees unter blauem Himmel. Das im Hintergrund aufragende Bergland wird von (aktiven) Vulkanen geprägt.

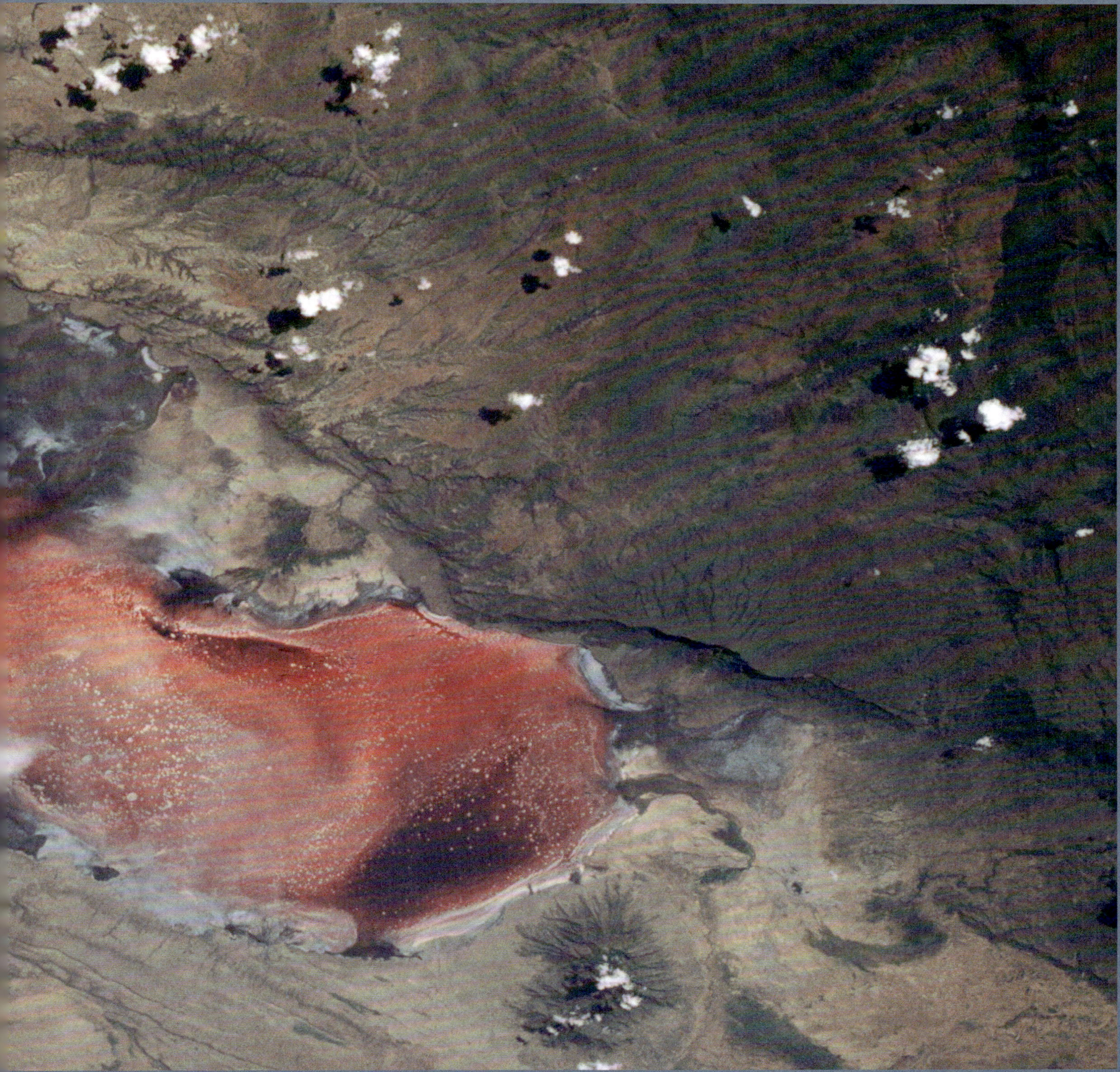

Durch die starke Verdunstung des Wassers in der Trockenzeit kommt es zur Auskristallisation von Natriumsalzen in verschiedensten Formen und Mustern. Markante Ränder, die wie Risse aussehen, trennen einzelne Salzschollen voneinander. Aus der Luft wirkt die Struktur der Seeoberfläche annähernd wabenartig. Die mächtige Salzkruste löst sich nur während der Regenzeit auf. In den Flüssen, die dann von den umliegenden Bergen wie dem Vulkan Ol Doinyo Lengai herabfließen, sind Salze gelöst, die wiederum in der Trockenzeit auskristallisieren. Dieser Prozess ist wesentlicher Bestandteil eines stetigen Kreislaufs, der langfristig zu immer dickeren Salzschichten führt. Schon beim Blick aus großer Entfernung lässt sich ahnen, dass die Sichttiefe im See nur sehr gering ist.

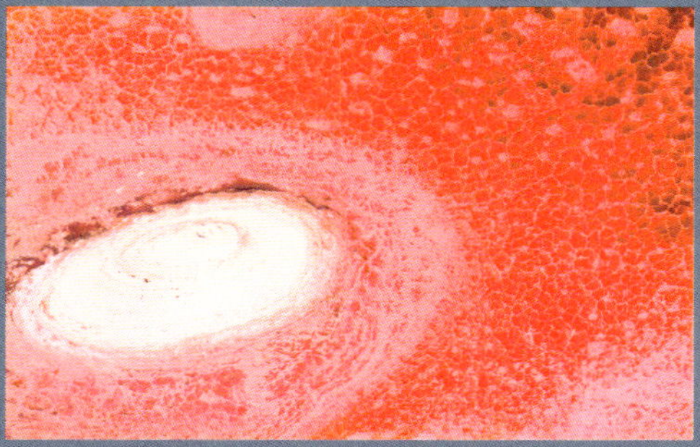

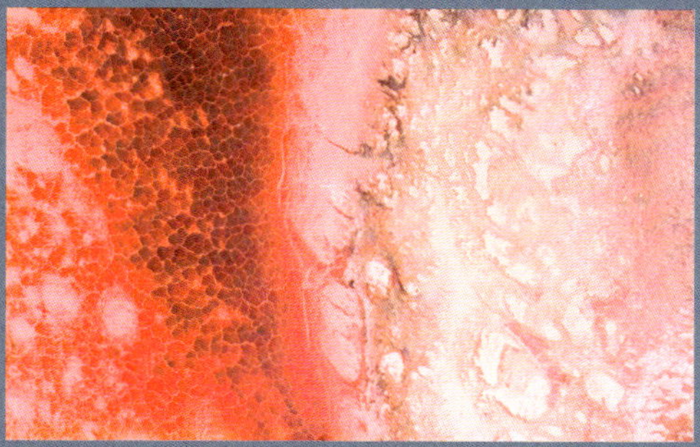

Wie Körperzellen beim Blick in ein Mikroskop wirken die Strukturen auf der Oberfläche des Lake Natron bei Aufnahmen aus großer Höhe. Die einzelnen Farbschichten zeigen das Vorhandensein sowie unterschiedlich dichte Anreicherungen von farbgebenden Organismen.

Ein 6.000 Kilometer langes Grabensystem – der Große Afrikanische Grabenbruch (Great Rift Valley) – zieht sich von Syrien über das Jordantal und das Rote Meer bis zum Golf von Aden. An seinem Südende beginnt im Äthiopischen Hochland der Ostafrikanische Grabenbruch (East African Rift System), der sich in zwei Ästen wie eine Narbe durch ganz Ostafrika bis Mosambik zieht. Entlang dieser Linie bricht der afrikanische Kontinent auseinander, dieses Auseinanderdriften der Erdplatten geschieht mit einer Geschwindigkeit von rund ein bis zwei Zentimetern pro Jahr. Entlang der Kanten des Rift Valley befinden sich rund 80 zum Teil noch aktive Vulkane, darunter entlang des östlichen Zweiges (von Norden nach Süden) das Mount-Elgon-Massiv, das Mount-Kenya-Massiv und das Kilimandscharo-Massiv. In der Sohle des Grabens liegen zahlreiche Seen wie etwa der Turkanasee und der Natronsee. Direkt südlich des Natronsees erhebt sich am westlichen inneren Kraterrand der hochaktive Vulkan Ol Doinyo Lengai, ein Stratovulkan. Unter den Vulkanen nimmt er eine Sonderstellung ein: Weltweit ist er der einzige Vulkan, der

Ol Doinyo Lengai erhebt sich aus der Savanne.

die extrem dünnflüssige Natriumkarbonatlava (Karbonatitlava) fördert. Die Lava weist eine deutlich niedrigere Temperatur als andere Lava auf (500 bis 590 °C). Natriumkarbonatlava ist die flüssigste Lava der Welt, die wie ein Wildwasserstrom fließen kann – ihre Viskosität ist fast identisch mit der von Wasser. Frische dunkle Lava erinnert an flüssiges, schwarzes Öl. Sobald sie allerdings mit Feuchtigkeit in Berührung kommt, findet eine chemische Reaktion statt, durch die die Lava eine beige, fast weiße Farbe annimmt und innerhalb weniger Tage zu einem feinen Pulver zerfällt. Während der Trockenzeit kann der Farbwechsel mehrere Tage dauern, in der Regenzeit wird die Lava sofort weiß.

Eruptionen haben am Nordkrater einen 100 Meter hohen Trichter entstehen lassen, in dessen Mitte sich ein kreisrunder Krater befindet. Entlang der Nordostflanke sind weiße, ältere Lavaströme erkennbar. Graue Asche bedeckt den Vulkan und die Umgebung. Die linke Bildhälfte nimmt die Abbruchkante des Rift Valley ein.

Die rund 5.000 Quadratkilometer große Etoshapfanne ist Teil des rund 23.000 Quadratkilometer großen Etosha National Park. Er liegt 120 Kilometer südlich von Angola. Die auf 1.000 Metern Meereshöhe gelegene Salzpfanne hat eine Ost-West-Ausdehnung von 129 und eine maximale Nord-Süd-Ausdehnung von 70 Kilometern. Geologisch gesehen ist die Etoshapfanne der Boden eines Binnensees, der einst zur Kalahari-Senke gehörte. Vor etwa 70 Millionen Jahren trugen Flüsse von Norden und Süden Sedimente ein, die die Kalahari-Deckschicht bildeten. Als der See vor rund zwei bis zehn Millionen Jahren von seinen Zuflüssen abgeschnitten wurde, trocknete er aus, Minerale und Salze fielen aus. Der heutige Untergrund besteht aus Kalken und Tonen, die von Salzablagerungen überdeckt werden.

Das wüstenhafte Namibia zählt zu den trockensten Staaten des südlichen Afrika: Die Verdunstung liegt bei 2.700 Millimetern pro Jahr, die jährliche Niederschlagsmenge im Norden in der Regenzeit (November bis April) jedoch bei nur 500 Millimetern. Gleichzeitig steigen die Temperaturen auf bis zu 40 °C. Ab Dezember beginnt sich die Salzpfanne mit Wasser zu füllen – in guten Jahren steht das Wasser dann bis zu zehn Zentimeter hoch. In dieser Zeit ist der Salzgehalt etwa doppelt so hoch wie im Meer, das Wasser damit für Mensch und Tier ungenießbar. Mangels

Sturm zieht über der Savanne auf.

Knorrige Moringabäume stehen im Westen des Parks.

natürlichem Abfluss kann das Wasser in der Trockenzeit nur verdunsten. Zurück bleibt dann eine vegetationslose und lehmig-tonige Salzoberfläche mit Trockenrissmustern. Nur in den Randbereichen wachsen salzliebende Gräser.

Gegen Ende der Regenzeit ist die Etoshapfanne zum Teil mit Wasser gefüllt. Selten füllt sie sich komplett – zuletzt war sie 1974 und 1976 zu 80 Prozent von Wasser bedeckt. Fällt reichlich Niederschlag, strömt zusätzlich von Norden und Osten Wasser in die Pfanne (die Zuläufe sind als weiße Linien erkennbar).

Ein Sturm braut sich zusammen. Etosha bedeutet in der Sprache der Ovambo »großer weißer Platz« – manche nennen es auch »Land des trockenen Wassers«. Scheinbar endlos dehnt sich die Salzfläche bis zum Horizont – oft gaukeln Luftspiegelungen Wasser vor.

Die Etoshapfanne ist ein Eldorado für Naturfreunde und Tierfotografen: Im Westen geht sie in Grasland und Trockenbuschsavanne über, im östlichen Teil herrscht Baumsavanne vor, im Süden Gras- bzw. Strauchsavanne. Seit Jahrhunderten durchziehen afrikanische Großwildtiere das Land. Während der Regenzeit zerstreuen sich die Herden über ein großes Areal, weil überall ausreichend Wasser und Nahrung zur Verfügung steht. In der Trockenzeit sammeln sie sich an den Wasserstellen am Südrand der Pfanne, weil sie durch einen 1.700 Kilometer langen Zaun am Zug Richtung Norden zum Kunene gehindert werden. 114 Säugetier-, 340 Vogel-, 110 Reptilien- und 16 Amphibienarten hat man an den Wasserstellen gezählt, lediglich Büffel, Krokodile und Flusspferde fehlen im Nationalpark.

Die Zäune haben zwar die Migrationsrouten der Elefanten abgeschnitten, doch auch heute folgen die Herden noch alten Mustern. Der Nationalpark zählt zu den wildsichersten Reservaten Afrikas: Kaum jemand kann sich der Faszination entziehen, wenn sich Giraffen anmutig durch die Savanne bewegen (kleines Bild).

1.570 Kilometer erstreckt sich die Wüste Namib entlang des Atlantiks von der angolanischen Küste bis zum Orange River – bis zu 135 Kilometer weit reicht sie ins Landesinnere. Die Wüste, die als die älteste unseres Planeten gilt, lässt sich grob in zwei Regionen gliedern: Nördlich des Kuiseb Rivers liegt die Kies- und Felsen-Namib, südlich schließt sich die 300 Kilometer weit nach Süden reichende Dünen-Namib an. Das bis auf wenige Ausnahmen undurchdringliche Sandmeer aus Längs- und faszinierenden Sterndünen nennen die Einheimischen deshalb auch »Große Leere«. Eine der wenigen Möglichkeiten, einen Eindruck von diesem Sandmeer zu erhalten, ist das Sossusvlei (»Sossus« = »blinder Fluss«). Die Salz-Lehmpfanne liegt zusammen mit weiteren Vleis am Ende des Flusslaufs des Tsauchab.

Weite Teile der Namib sind von Ur-Dünen bedeckt, die vor 20 bis 40 Millionen Jahren aktiv waren, versteinerten und als Tsondab-Sandsteinformation bezeichnet werden. Die heutigen Sanddünen entstanden vor drei bis fünf Millionen Jahren. Der Sand stammt aus der Kalahari, wurde vom Oranje zum Atlantik transportiert und von der Brandung wieder an Land gespült und in die Zentral-Namib geweht. Dort findet man drei Arten von Dünen: Am Ostrand eindrucksvolle, bis zu 200 Meter hohe Sterndünen, westlich davon einen 50 Kilometer breiten Streifen mit von Norden nach Süden verlaufenden Längsdünen, die 60 bis 100 Meter hoch und bis zu 50 Kilometer lang sein können. Dazwischen liegt ein 1,5 Kilometer breiter Korridor. Die Längsdünen wandern maximal zwei Meter pro Jahr. Sicheldünen ziehen sich als ein bis zu 20 Kilometer breiter Gürtel entlang der Küste; die aktivsten Dünen der Namib transportieren den Sand im Jahr bis zu 75 Meter weit. Das Satellitenbild zeigt die Sterndünenlandschaft im Osten mit dem Tal des Tsauchab, der nur unregelmäßig Wasser aus den Randbergen in die Wüste transportiert (ca. alle 10 Jahre). Dann fließt sein Wasser bis ins Sossusvlei, eine Lehmsenke, in der das Wasser wegen der undurchlässigen Tonschicht bis zu 18 Monate als türkisblauer See stehen bleibt. Ist das Wasser verdunstet, bleibt ein weißer, von Trockenrissen durchzogener Salzlehmboden zurück. Bei Sesriem (etwas außerhalb des rechten Bildrandes gelegen), hat der Fluss in Feuchtzeiten eine einen Kilometer lange und bis zu 30 Meter tiefe Schlucht gegraben. Die Zahl der Vleis westlich von Sosssusvlei ist ein Indiz dafür, dass der Tsauchab früher einmal bis zum Atlantik geflossen ist. Wanderdünen haben ihm vor vielen tausend Jahren den Weg versperrt – als er nicht mehr mit ausreichender Wasserkraft die Dünen aus dem Weg räumen konnte.

Dead Vlei: Die Baumskelette der Kameldornbäume sind rund 500 Jahre alt, hier endete ursprünglich der Tsauchab.

Aus der Luft sind die eindrucksvollen Sterndünen bei Sossusvlei am besten zu erkennen.

Die nach dem Trockenfallen des Tsauchab zurückbleibenden weißen Sand- und Schlammablagerungen heben sich markant von den gelb-roten Sterndünen ab. Am rechten oberen Bildrand sind die Ausläufer des Tsauchab Canyons zu sehen. Die keilförmigen Dünen am rechten Bildrand sind versteinerte Dünen.

Blaues Wasser inmitten eines golden bis rot leuchtenden Sandmeeres und ein faszinierendes Licht- und Schattenspiel auf den höchsten Dünen der Namib: Der Sossusvlei zählt nicht umsonst zu den meistbesuchten touristischen Zielen Namibias.

Der Skeleton Coast National Park (107.540 km²) schützt die 1.570 Kilometer lange Küstenwüste, die sich vom Kunene (Angola) bis zum Orange River im Süden erstreckt. Lediglich am Rand der Tirasberge finden sich einzelne Farmen. Die kargen, mineralienreichen Tirasberge sind Teil der Großen Randstufe, die die Namib nach Osten zu begrenzt. Vor den Bergen liegt das Trockental des Koichab. Hohe Sterndünen füllen das Tal und haben den nur episodisch Wasser führenden Koichab von seinem Lauf zum Atlantik abgeschnitten. In den seltenen niederschlagsreichen Jahren fließt sein Wasser in die Koichab Pan, aus der Inselberge herausragen. Der markanteste ist der dunkle, runde »Dicke Willem«. Unter der Pfanne befindet sich ein großes Reservoir an fossilem Grundwasser, das Lüderitz mit Trinkwasser versorgt.

Die Namib zählt zu den trockensten Wüsten der Welt und birgt trotzdem überraschend viel Leben. Ihre Existenz verdankt sie dem sehr kalten Benguelastrom, der ununterbrochen antarktische Wassermassen parallel zur Küste nordwärts transportiert. Durch die Überlagerung warmer subtropischer Luftmassen mit kalter Meeresluft entsteht eine stabile Inversionslage, die das Aufsteigen feuchter Luft – und damit die Bildung von Regenwolken – verhindert. Auf der Unterseite der Inversionsschicht bildet sich regelmäßig Nebel, der in der Nacht über die Dünen landeinwärts zieht und sich als feuchter Schleier auf die Dünen legt. Pflanzen und Tiere haben Strategien entwickelt, die Nebeltröpfchen zum Überleben zu nutzen. Doch schon gegen 10 Uhr früh löst sich der Nebel auf. Die Zahl der Nebeltage liegt bei rund 200, der Jahresniederschlag summiert sich auf lediglich acht Millimeter.

Quer zur Windrichtung liegen die Küstendünen.

Entlang der Küste liegen quer zur Windrichtung streichende weißsandige Dünen, die landeinwärts in bis zu 35 Kilometer lange, sich von Norden nach Süden ziehende Längsdünen übergehen. Vor den Tirasbergen haben sich im Tal des Koichab rote Sterndünen gebildet. An der Küste liegt südlich des markanten Hakens eine Süßwasserlagune (unterer Bildrand).

Faszination Namib: Feuchter Küstennebel streicht über eine Längsdüne und versorgt Tiere und Pflanzen mit der nötigen Feuchtigkeit (linkes Bild). Vor den kargen, vegetationslosen Tirasbergen haben sich Sterndünen im Tal des Koichab gesammelt (rechtes Bild).

NAMIBIA: KALAHARI

Die Kalahari ist ein über eine Million Quadratkilometer großes abflussloses Becken, das sich vom Orange River im Süden bis nach Angola und von Namibia bis Simbabwe im Osten erstreckt. Charakteristisch für die interkontinentale Hochebene östlich der Großen Randstufe sind die vom Wind geformten parallel verlaufenden Dünenkämme. Diese sind nur 15 bis 30 Meter hoch, aber häufig bis zu 100 Kilometer lang. Im Norden verlaufen die Längsdünen aufgrund von Nord- und Nordwestwinden von Nordnordwesten nach Südsüdosten. Südlich des 25. Breitengrades überwiegen Westwinde: Die Dünenzüge zeigen hier einen deutlichen Verlauf von Westen nach Osten. Insgesamt ist der Dünengürtel der Kalahari 100 bis 200 Kilometer breit. Die Dünen wandern allerdings nicht, sondern wurden bereits in früheren Feuchtzeiten durch schütteren Pflanzenbewuchs stabilisiert. Seine rötliche Farbe verdankt der Kalaharisand einer dünnen Schicht Eisenoxyd, die jedes einzelne Sandkorn umhüllt. Der Sand ist ein Erosionsprodukt: Weiches Gestein wurde im Laufe der Jahrmillionen zu feinpulvrigem Sand erodiert, der in das Kalaharibecken verfrachtet wurde und sich dort ablagerte.

Das Klima der Kalahari ist semiarid, der spärliche Regen (150–200 mm) fällt im Dezember und Januar. Nach hohen Niederschlägen können die Flüsse kurzfristig Wasser führen, das aber schnell im Sandboden versickert. Der Mangel an Regenwasser ist auch der Grund für die fehlende Besiedlung, die einzigen Siedlungen im Satellitenbild sind Philandersbron (die Piste quer durch die obere große Salzpfanne führt dorthin) und Rietfontein (Mitte oberer Bildrand). Die Oberfläche der 14.000 Hektar großen abflusslosen Salzpfanne Hakskeenpan ist so hart, dass Autos auf ihr fahren können. In Jahren mit ungewöhnlich hohen

Springböcke durchstreifen ein Dünengebiet.

Niederschlägen füllen sich die Salzpfannen mit Wasser – für kurze Zeit bilden sich Seen. Südlich der Hakskeenpan schließt sich die Koppieskraal Pan an. Westlich von dieser liegen (von Norden nach Süden) Rautenbachpan, Saulstraatpan, Uitsakpan und Naroegaspan, die jeweils durch rot- und goldfarbene bewachsene Längsdünen voneinander getrennt werden. An der schnurgeraden Straße nach Süden westlich der Hakskeenpan liegt die Klipkolk Lodge mit dem Klipkolk Dam. Die Aufnahme stammt aus dem März: Nach den sommerlichen Niederschlägen wächst entlang von Tiefenlinien und in Trockentälern Vegetation; in einzelnen Becken steht Restwasser.

Westlich von Rietfontein verläuft von Nord nach Süd die Grenze zwischen Namibia und Südafrika. Auf namibischer Seite sind die östlichsten Ausläufer der Großen Randstufe zu erkennen, östlich und südlich von Rietfontein beginnt das Kalaharibecken. Östlich der Salzpfannen durchschneidet von Süden nach Norden führend, die R360 zahlreiche Längsdünen.

Der bis zu sieben Meter hohe, im Juli gelb blühende Köcherbaum (Kokerbaum) – eine Aloeart – zählt zu den Wahrzeichen der Kalahari: Seine dicken, hohlen Äste wurden von den umherziehenden San als Köcher verwendet. Dank seiner Fähigkeit, Wasser zu speichern, kann er lange Trockenzeiten durchstehen.

Das Satellitenbild zeigt die zwei Hauptsehenswürdigkeiten Kapstadts: den Tafelberg (in der Mitte des scharf nach Norden zu abfallenden Plateaus am linken oberen Bildrand) und das Kap der Guten Hoffnung. Der rund 50 Kilometer lange Höhenzug vom Tafelberg bis zum Kap steht als Table Mountain National Park unter Schutz und wurde als Teil des Kapländischen Florenreiches zum UNESCO-Welterbe erklärt. Auf der anderen Seite der hufeisenförmigen False Bay erheben sich die Hottentots Holland Mountains. Beide Höhenzüge bergen eine unglaubliche Fülle an Pflanzen, die von Botanikern wegen ihrer Einzigartigkeit zu einem eigenen Pflanzenreich, dem Kapländischen Florenreich, zusammengefasst wurden. Das kleinste der sechs Florenreiche ist im Vergleich zu seiner Größe auch das artenreichste: 6.000 der 8.500 Pflanzenarten sind endemisch, das heißt man findet sie nur zwischen Tafelberg und Kap. Die der mediterranen Vegetation ähnelnde Flora wird Fynbos (»feiner Busch«) genannt.

Südwestlich des Tafelbergs sieht man im Satellitenbild einen hakenförmigen Landvorsprung: An der bogenförmigen kleinen Bucht, der Hout Bay, liegt der gleichnamige Fischerort. Der auf der Westseite der Halbinsel Richtung Süden führende Chapman's Peak-Drive zählt zu den schönsten Küstenstraßen der Welt und verläuft bis zu 160 Meter hoch über dem Meer entlang der Felsen. Die Kaphalbinsel besteht vornehmlich aus Bergen und unzähligen Buchten und Stränden. Im Schutzgebiet liegt die höchste Klippe Südafrikas, der Cape Point (238 m). Gut zu erkennen ist die starke Brandung rund um das Kap. Vom Cape Point führt ein Wanderweg zum westlich davon gelegenen Cape of Good Hope, das Bartolomeu Diaz 1488 als Erster umsegelte und »Kap der Stürme« nannte. Entlang der Ostseite der Kaphalbinsel führt eine weitere spektakuläre Küstenstraße zurück nach Muizenberg, einem Vorort von Kapstadt. Die südlichen Vororte Kapstadts rund um die False Bay liegen in den flachen Cape Flats, einem bis vor 60 Jahren quasi unbewohnten Dünengebiet. Die Wanderdünen stellten die ersten Siedler vor massive Probleme, da sie mit Ochsenkarren nur schwer zu durchqueren waren. So beschloss die Kolonialverwaltung, aus den britischen Kolonien in Australien Silberbaumgewächse und Akazien nach Südafrika zu importieren und damit die Dünen zu befestigen. Bis 1875 konnte so das Wandern der Dünen zum Stillstand gebracht werden.

Drei große Vogelschutzgebiete liegen westlich von Muizenberg: das Zandvlei Bird Sanctuary am Ende der lang gezogenen Bucht, östlich davon das Rondevlei Bird Sanctuary und daran anschließend der große See Zeekoevlei. Die Wasserflächen südlich davon zeigen die Strandfontein Sewage Works: Hier wurde ein natürlicher See zu einer Reihe von Absatzbecken und Abwasserteichen umgebaut. Was manchen überraschen dürfte: Die Kläranlage zählt zu den fünf besten Wasservogelgebieten Südafrikas.

Der Tafelberg mit typischer Wolkendecke, die von den Einheimischen »Tischtuch des Tafelbergs« genannt wird.

Die halbmondförmige False Bay wird von der gebirgigen Halbinsel des Kaps der Guten Hoffnung im Westen und von den Hottentots Mountains im Osten begrenzt. Dazwischen erstreckt sich das weitgehend flache südliche Stadtgebiet Kapstadts. In der Bucht liegt Seal Island, auf der südafrikanische Seebären leben.

Blick von Cape Point auf das Kap der Guten Hoffnung (Kaap die Goeie Hoop). Vom Aussichtspunkt wird die Gefährlichkeit des 20 Kilometer ins Meer ragenden Kaps und seiner steilen Klippen für die historische Seefahrt deutlich: Das Wasser rund um das Kap ist häufig aufgewühlt, dazu bläst ein unberechenbarer Wind, der in den vergangenen Jahrhunderten so manches Schiff, dass großräumig das Kap umfahren wollte, gegen die Felsen drückte. Noch heute liegen viele Schiffswracks rund um das Kap. Für die starke Brandung sind aber auch die unter Wasser liegenden, zerklüfteten Felsen verantwortlich, die zwischen 50 Zentimetern und drei Metern unter der Wasseroberfläche liegen. Die hohen und steil zum Meer hin abfallenden Felsen sind mit Fynbos-Vegetation bedeckt.

Ein ungewohnter Blick von Norden auf den Tafelberg. Links vom Bergrücken liegt das Zentrum Kapstadts, rechts – zu Füßen der »Twelve Apostles« – der Vorort Camps Bay. Die »Twelve Apostles« sind eine am Tafelberg beginnende Kette aus insgesamt 18 Gipfeln. Höchste Erhebung ist der Maclear's Beacon (1.087 m).

MADAGASKAR: BETSIBOKA RIVER

Weite Teile Madagaskars, der viertgrößten Insel der Welt, werden von einem Hochland eingenommen. Der 525 Kilometer lange Betsiboka, dessen Mündungsbereich die Satellitenbilder zeigen, ist nur auf den letzten 140 Kilometern schiffbar. Sein Quellgebiet liegt im zentralen Hochland, von dort fließt er in nordwestlicher Richtung zum Meer. Mit einem Einzugsgebiet von 11.800 Quadratmetern zählt er zu den großen Flüssen des Landes. Vor seiner Einmündung in den Ozean formt er in der über 80 Kilometer langen Bombetoka-Bucht ein riesiges Mündungsdelta. Die Bucht und das Mündungsgebiet zählen zu den sich am schnellsten ändernden Küstenabschnitten weltweit, denn hier wirken sowohl die Kräfte der Gezeiten als auch die Kraft des Flusswassers. Was aus dem Weltall wie ein faszinierendes Farbschauspiel aussieht, ist in Wirklichkeit die Folge menschlichen Eingriffs in die Natur. Der Grund für die gewaltige Sedimentfracht des Betsiboka ist die Erosion im Nordwesten Madagaskars: Hier wurden in den letzten Jahrzehnten große Waldflächen für die Landwirtschaft gerodet, die fruchtbaren roten Lateritböden, denen der Fluss seine rote Farbe verdankt, weggespült. An der Westküste fallen 1.000 bis 1.500, an der Ostseite der Insel bis zu 4.000 Millimeter Regen. Einmal vegetationslos, haben die sturzflutartigen Regenfälle ein leichtes Spiel mit den freigelegten Böden. Mit Bodenverlusten von 250 bis 400 Tonnen pro Hektar und Jahr weist Madagaskar die höchsten Erosionsraten weltweit auf. Die Wechselwirkung von Meer- und Süßwasser verdeutlicht das kleine Satellitenbild: Das mit der Flut weit ins Landesinnere eindringende Meerwasser verlangsamt die Strömung des sedimentführenden Flusses, mit abnehmender Geschwindigkeit lagert dieser Sand und Lehm am Boden der Bucht ab, wo sich Inseln und Sandbänke bilden. In den letzten 30 Jahren hat sich so die rund 20 Kilometer breite Bombetoka-Bucht stark verändert – mit verheerenden Auswirkungen auf die örtliche Landwirtschaft, Fischerei und die Zufahrtswege nach Mahajanga, einem der größten Häfen der Insel (am rechten oberen Rand der Bucht). Dank des tropischen Klimas werden neue Sandbänke relativ rasch von grünen Mangroven besiedelt. Die Mangrovenwälder der Bucht zählen zu den größten Beständen Madagaskars, sie sorgen dafür, dass das Wasser klar und sauber ist. Zahlreiche Tierarten finden hier einen wichtigen Lebensraum. In den Mangroven wird zudem ein großer Teil der Sedimentfracht gebunden, die den Korallen vor der Küste schaden würde, umgekehrt bildet das Korallenriff einen Schutzwall gegen die Brandung, unter denen Mangroven leiden. In Wassernähe finden sich Garnelenfarmen (die rechteckigen Becken rechts oben auf dem kleinen Satellitenbild sind Shrimp-Farmen).

Das (blau-grüne) Meerwasser dringt weit ins Landesinnere vor und trifft dort auf das (rote) Süßwasser des Betsiboka. Dort, wo das Wasser stark mit Sedimenten angereichert ist, erscheint das Wasser pinkfarben.

Westlich des Betsiboka mündet der Mahavavy in die Straße von Mosambik. Die gelb-orange Farbe seines Wassers weist darauf hin, dass er viel Sedimentfracht mit sich trägt. Die gelben Flächen rechts und links des Mahavavy sind Schlammseen, in denen nach einer Flut das Wasser nicht mehr abgeflossen ist.

Mayotte gehört geografisch gesehen zum Archipel der Komoren. Die Vulkaninsel ist mit circa neun Millionen Jahren die älteste Vulkaninsel der Inselgruppe. Politisch betrachtet zählt die Insel nach einer Volksabstimmung seit März 2011 als 101. Departement zu Frankreich und damit zur Europäischen Union. Die 374 Quadratkilometer große Insel ist ein prächtiges tropisches Inselparadies. Über 50 verschiedene Orchideenarten, darunter auch Vanille und die Ylang-Ylang-Pflanze, die plantagenmäßig für die Herstellung von Parfum angebaut wird, aber auch Baobabs, Tulpenbäume und Takamakas sind nur einige der beeindruckenden Vertreter der artenreichen Inselflora. Der höchste Berg ist mit 660 Metern der Mont Benara, wo sich tropischer Regenwald in seiner ganzen Vielfalt ausbreitet. Die schmalen Küstenstreifen sind teilweise felsig, haben aber auch schöne Sandstrände. Überwiegend ist die Küste Mayottes aber von Mangroven gesäumt, die mit ihren Stelzwurzeln die Gezeitenströmung bremsen und in ihrem Schutz helfen, Schlamm und Schlick anzulagern. Auf der Insel herrscht ein feucht-tropisches Klima mit reichlich

Traumstrände im Tropenparadies Mayotte.

Niederschlägen von Dezember bis März und einer Trockenzeit zwischen Mai und Oktober, die durch Südostpassatwinde geprägt ist. Mehr als dreimal so groß wie die Inselfläche ist die über 1.200 Quadratkilometer große Lagune – eine der größten abgeschlossenen Lagunen der Welt –, die von einem über 140 Kilometer langen Korallenriff umgeben ist. Das bis zu 30 Meter tiefe Wasser ist so klar, dass Taucher und auch Schnorchler mit bloßem Auge den Grund erkennen und die bunten Tropenfische beobachten können. Meeresschildkröten tauchen in der Lagune und legen an Land ihre Eier ab. Auch Delfine und Buckelwale bevölkern dieses Paradies.

Der Blick aus dem All gewährt einen fantastischen Blick auf die Inselgruppe Mayotte, die zwischen Afrika und Madagaskar im Indischen Ozean liegt. Die Insel ist vulkanischen Ursprungs und wird von einem Korallenriff umgeben. Grand Terre, die größere Insel, erinnert in ihrer Form an ein umgedrehtes Seepferdchen. Die kleinere Insel, Petite Terre, liegt links der Hauptinsel.

Réunion ist ein französisches Übersee-Département und damit der südlichste Ort der Europäischen Union. Die 2.512 Quadratmeter große Tropeninsel ist rund 70 Kilometer lang und 50 Kilometer breit. Als Teil der Makarenen liegt sie etwa 800 Kilometer östlich von Madagaskar im Indischen Ozean. Ein Drittel der Insel ist bewaldet, ein Viertel Heideland, 16 Prozent entfallen auf landwirtschaftliche Fläche, die zur Hälfte mit Zuckerrohr bepflanzt ist. Auf der Insel herrscht feuchtheißes, tropisches Klima, die Niederschläge fallen von November bis April. Réunion ist gleich doppelter Weltmeister: An keinem Ort der Erde fällt innerhalb eines oder weniger Tage mehr Regen als hier. Im März 1952 waren es innerhalb von 24 Stunden 1.870 Millimeter, 2007 wurden in drei Tagen 3.929 Millimeter Regen gemessen!

Reunion entstand vor zwei bis drei Millionen Jahren beim Ausbruch des Piton des Neiges, der mit 3.070 Metern noch heute die höchste Erhebung der Insel ist. Rund um den im Zentrum der Insel liegenden Vulkan sind im Satellitenbild drei große Talkessel erkennbar – einst mit Lavaschutt gefüllte Einsturzkessel, die durch Erosion freigelegt wurden. Teilweise sind die Abbruchkanten imposante 800 bis 1.200 Meter tief. Wie Kleeblätter gruppieren sich rund um den Vulkangipfel die Talkessel Cirque de Cilaos, Cirque du Salazie und Cirque du Mafate. Es gibt sogar noch einen vierten Kessel, das Plateau de Bébour, das im Satellitenbild als grüne, glatte Fläche erkennbar ist: In diesem Teil der Insel fallen extrem hohe Niederschläge – bis zu 5.000 Millimeter jährlich –, die zu extremer Erosion geführt und den Kessel verschüttet haben, sodass er heute als schräge Ebene Richtung Meer (Osten) abfällt. Das einstige Hochplateau des Schildvulkans wird durch teilweise extrem tief eingeschnittene Schluchten (»ravines«) aufgelöst: Die Bergflüsse haben sich durch die hohen Niederschläge tief in den porösen Basalt eingeschnitten und an der Küste einige breite Deltas geschaffen. Ein zweiter Vulkan – der Piton de la Fournaise – ist sehr aktiv. Der Schildvulkan (2.635 m) ist zuletzt 2007 und 2010 ausgebrochen und hat nicht nur die Ringstraße verschüttet, sondern auch die Insel im Südosten vergrößert. La Réunion liegt im Einflussbereich der feuchten Passatwinde, die auf der Ostseite als Stauregen niedergehen und für ganzjährigen Niederschlag sorgt. Das zeigt auch das Satellitenbild: Während auf der Ostseite der Bergregenwald auf etwa 800 Meter Höhe beginnt, liegt die Baumgrenze auf der Westseite (Lee) deutlich höher auf 1.300 Metern. Von den 210 Kilometern Küste entfallen rund 39 auf Sandstrände, der Rest ist Steilküste. Der Westküste vorgelagert liegt ein Saumriff.

Blick in einen Kraterkessel.

Ausbruch des Piton des Fournaise.

1968: Ausbruch des Piton de Fournaise.

Lavastrom am Piton de Fournaise.

Der ursprüngliche Regenwald ist in den tieferen Lagen Kulturland gewichen, auch die ehemaligen Mangrovenwälder sind fast völlig verschwunden. Auf den gerodeten Flächen wird heute vor allem Zuckerrohr angebaut. Von den rund 800.000 Einwohnern leben 80 Prozent an der Küste, vor allem im Nordwesten und Nordosten.

Etwa 70 Prozent der Insel – Berge, Hochebenen, Urwald, Flüsse und Sandstrände – wurden zum Nationalpark erklärt. Der See Grand Etang (Bild links) liegt in der niederschlagsreichsten Gegend der Insel: Hier trifft der Südostpassat auf die Insel.

Die Malediven, die Asiens kleinstes Land bilden, liegen im Indischen Ozean mit einer Nord-Süd-Ausdehnung von rund 750 Kilometer und einer West-Ost-Entfernung von circa 130 Kilometer. Die knapp 2.000 Eilande der Malediven, wobei auch die kleinsten Felsenzacken mitgezählt sind, reihen sich auf wie helle und grüne Perlen an einer Schnur. Sie sind in 19 Atollen angeordnet. Ähnlich wie Rauchkringel scheinen die Koralleninseln im tiefen Blau des Meerwassers des Indischen Ozeans zu schwimmen. Die Korallenbänke sitzen aber auf einem mächtigen untermeerischen Gebirgszug aus Lavagestein auf, dem Maledivenrücken, der sich infolge plattentektonischer Dynamik zwischen den heutigen Landmassen Afrikas, Indiens, Australiens und der Antarktis bildete und in der Folge nach Norden driftete.

Die meisten Inseln sind unbewohnt. Um das fragile Inselparadies nicht zu sehr zu belasten, hat sich die Regierung entschlossen, nur einige der Inseln für den Tourismus zu erschließen und freizugeben. Die einheimische Bevölkerung, die Divehi, lebt weitgehend fern vom Tourismus auf rund 200 Inseln, wobei rund 60.000 Menschen alleine auf der Hauptinsel Male zu Hause sind.
Die Äquatornähe der Malediven bietet eine der wichtigsten Voraussetzungen für das Korallenwachstum: gleichmäßig warmes Wasser. Dazu ist das Wasser sauerstoffreich und stark lichtdurchflutet, was das Korallenwachstum ebenso beflügelt, denn Korallen wachsen zum Licht. Ist die Meeresoberfläche erreicht, setzt sich das Wachstum seitlich fort. Mit der Zeit und zunehmender Größe ist die Sauerstoffversorgung im Zentrum schlechter, sodass letztendlich die Korallen absterben, das Innere der Korallenansammlung sackt ein. Resultat dieses Prozesses ist ein Atoll, ein Ring aus Korallen, der eine Lagune umfasst. Die Lagunen sind eher flach und weisen eine Tiefe von 30 bis 50 Metern auf. Sie sind zusammen mit den Korallenbiotopen einzigartige Tauchgründe.

Auf den Inseln kommen nur wenige Tierarten vor. In den farbenprächtigen Korallenbiotopen unter Wasser tummelt sich dagegen eine große, bunte Vielfalt an exotischen Fischen und anderen Meerestieren.

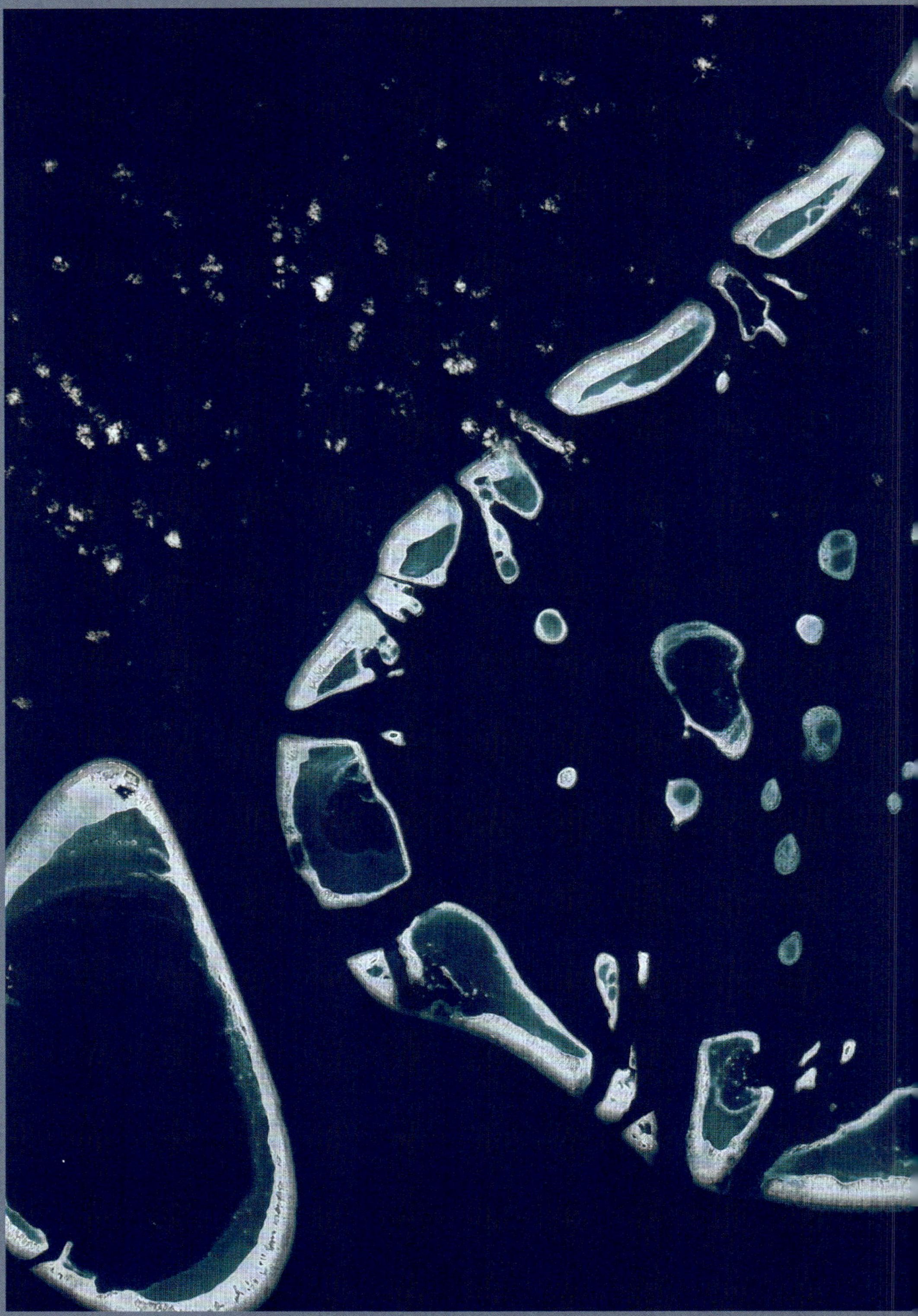

Die Malediven-Inseln überragen den Meeresspiegel oft nur um ein bis knapp zwei Meter und laufen so Gefahr, als Folge des weltweiten Klimawandels und Anstieg des Meeresspiegels zu verschwinden. Der Blick aus dem All zeigt einen Großteil des Male Atolls, wo auch Male, die Hauptstadt des Archipels liegt.

Paradiesische Tropen-Landschaften im Indischen Ozean: Selbst die kleinsten Malediven-Inseln haben breite, blendend weiße Sandstrände, bewachsen mit dem satten Grün der Mangrovenvegetation, Brotfruchtbäumen, Bananenstauden und sich biegenden Kokospalmen, die oft ins Türkis bis Smaragdgrün des Ozeans eintauchen.

NORDAMERIKA

Entlang des South West Pass ist gut zu erkennen, dass der Mississippi ein Dammfluss ist, der sich seinen eigenen Uferdamm aufgeschüttet hat. Der South West Pass ist der Hauptmündungsarm des Mississippi.

KANADA: ELLESMERE ISLAND

Die Küste der Ellesmere Island ist stark gegliedert. Weit ziehen sich die Fjorde und Meerengen ins Inselinnere hinein. Der größte ist der von Nordwesten kommende Nansen Sound, der sich dann in zahlreichen schmaleren Fjorden in Landesinnere vortastet.

Er ist zu klein, um ihn auf dem Satellitenbild zu erkennen, und doch ist er erwähnenswert: Der Militärstützpunkt Alert im Norden der Ellesmere Island, die zum kanadischen Territorium Nunavut gehört, ist der nördlichste dauerhaft besiedelte Punkt der Erde. Seine genauen Koordinaten: 82°28' nördlicher Breite, 62°25' westlicher Länge – auf dem Satellitenbild ist das ganz oben rechts, dort wo die Landkante sich nur schwach gegenüber dem Eis abhebt. Damit liegt der Stützpunkt nur 817 Kilometer vom Nordpol entfernt. Das Satellitenbild zeigt die stark vergletscherte und gebirgige Insel, die in der Barbeau-Spitze bis auf 2.616 Meter ansteigt, im Zentrum, am rechten Rand dazu noch die Westküste Grönlands, die von der Ellesmere Island im Norden nur durch den etwa 30 Kilometer breiten Kennedy-Kanal getrennt ist.

Eine Wüste aus Schnee und Eis, aus Kälte und Einsamkeit. Die Baffin Island, die in der Sprache der dort lebenden Inuit »Qikiqtaaluk« genannt wird. Die Baffin Island ist weiß, weiß wie Eis, wie der Schnee und die Gletscher. Meist ganzjährig, denn der Norden der Insel ist gebirgig und stark vergletschert und der Südosten wird von der Penny-Eiskappe überwölbt. Lediglich im Westen und Nordwesten, wo die Brodeur Peninsula wie ein Sporn vorragt, finden sich Tundrengebiete. Nur 15 Kilometer misst die Fury-und-Hecla-Straße, die Festland und Insel trennt, an ihrer schmalsten Stelle. Östlich von ihr liegt südlich der runden Prince Charles Island die Einfahrt in die Hudson Bay. Das Satellitenbild zeigt deutlich, wie zerklüftet die Baffin Island ist: Ihre Küstenlinie ist durch Buchten, Fjorde und Halbinseln gegliedert.

Kanadas größte Insel: Die Baffin Island liegt im polaren Eismeer und ist nur durch die hier wolkenverhangene Baffin Bay von Grönland getrennt. Oben rechts ist die größte Insel der Erde, die geologisch ebenfalls zum arktischen Nordamerika zählt, zu erkennen.

Die Kälte und die Sonne schaffen eine Zauberlandschaft. Langsam steigt im Morgengrauen der Nebel aus den Tälern am Pangnirtung-Fjord auf, die Wolken zerreißen und nur wenige werden sich an den hoch aufragenden schneebedeckten Gipfeln festsetzen. Es scheint ein strahlendblauer Tag im Südosten der Baffin Island zu werden. Der Pangnirtung Fjord, an dessen östlichem Ufer auch die gleichnamige Siedlung liegt, ist ein Nebenfjord des großen Cumberland Sound, der im Osten der Baffin Island diese in zwei Halbinseln, die nördliche Cumberland Peninsula und die südliche Hall Peninsula teilt. Pangnirtung (»Platz des Karibubullen«) ist der Ausgangspunkt, um den Auyuittuq-Nationalpark zu besuchen, der nur über den Fjord zu erreichen ist – das Foto zeigt den Zugang im Mündungsgebiet des Weasel River.

Der Norden der Ellesmere Insel ist bis auf das Gebiet um den Militärstützpunkt Alert NationalPark. Der Quttinirpaaq-Nationalpark umfasst etwa 38.000 Quadratkilometer eines stark zerklüfteten und vergletscherten Gebietes mit vereinzelter Tundravegetation.

Der Broad Peak am Sam Fjord der Baffin Island.

Der Mount Asgard (2.015 m) auf der Baffin Island.

Wasserfall und Klippen in den Bergen der Baffin Island.

Weißer Eisberg vor kahlen abweisenden Bergen.

Der Norden Kanadas, das Land des ewigen Eises, wird politisch in zwei Regionen geteilt. Die Nordwest-Territorien und Nunavut, das eher das nördliche Zentrum und den Nordosten Kanadas einnimmt. Das Satellitenbild zeigt einen Teil Nunavuts. Die Grenze zu den Nordwest-Territorien verläuft im unteren Bild durch das linke (westliche) Drittel; es ist die vom Eis umgebene Victoria Island, die zwischen den beiden kanadischen Provinzen geteilt wird. Nunavut wurde erst im April 1999 gegründet. Damals wurden mehr Inuit bessere Möglichkeiten zur autonomen Verwaltung ihres Landes – das Wort Nunavut bedeutet so viel wie »Unser Land« oder »Unser Heimatland« – zu geben.

Nunavut ist das Heimatland von etwa 31.000 Menschen, was bedeutet, das weniger als jeder Tausendste Kanadier hier lebt. Mit einer Bevölkerungsdichte von lediglich 0,01 Menschen je Quadratkilometer ist das Gebiet eine der am dünnsten besiedelten Regionen der Erde.

sen leben in der Tundra Eisbären, arktische Wölfe und Polarfüchse. Die Küsten sind allerdings reich an Fisch und Meeressäugern.

Betrachtet man die beiden Satellitenbilder genauer, erkennt man wie sie – nicht maßstabsgetreu – zueinander gehören. Das linke auf dieser Seite zeigt den kanadischen Nordwesten von der Victoria Island, in die von Westen (links) der Amundsen Gulf, ein Arm des Nordpolarmeeres hineinragt bis zur Border Peninsula im Osten (rechts), die wie das Horn eines Nas-

Dick mit Eis bedeckt ist der Viscount Melville Sound nördlich der Victoria Island. Die Eismassen ziehen sich an ihrer Ostküste weit nach Süden.

Packeis liegt in der Frobisher Bay bei Iqaluit.

Es taut: Mount Pelly im Süden von Victoria Island.

horns an der Westküste der Baffin Island vorsteht. Das rechte ganzseitige Satellitenbild zeigt dieses »Horn« oben links, dann nach Osten die Baffin Island und oberhalb von ihr die Baffin Bay. In der Mitte des Fotos ist die ihr südlich vorgelagerte fast kreisrunde Prince Charles Island zu erkennen, darunter dann die vorragende Foxe Peninsula, unter der südlich die Hudsonstraße verläuft, die von der Labradorsee in die gigantische Hudson Bay führt.

Schon auf den Satellitenbildern wird sichtbar, wie viel Eis selbst im kurzen Sommer noch um die Inseln in den Meeresengen festliegt. Das obere Satellitenbild wurde im Juli aufgenommen, einem der beiden Monate, in denen die Nachttemperaturen in der recht weit südlich gelegenen Hauptstadt Iqaluit nicht unter den Gefrierpunkt sinken.

als zwei Millionen Quadratkilometer der Nordwest-Territorien abgetrennt – seither sind diese mit 1,3 Millionen Quadratkilometern nach Nunavut und Quebec mit 1,5 Millionen Quadratkilometern nur noch drittgrößte Provinz Kanadas –, um den dort lebenden

Das ist nicht verwunderlich, ist es doch lebensfeindlich: Nunavut ist Permafrostgebiet, und selbst im Sommer taut der Boden nicht überall auf. Kälte und die geringen Niederschläge führen zu einer spärlichen Vegetation. Neben Karibus und Moschusoch-

Unvorstellbar groß sind die Ausmaße der Hudson Bay genannten Meeresbucht im Nordosten von Kanada: Ganz Deutschland, Österreich und die Schweiz, dazu Frankreich und die Benelux-Staaten fänden Platz auf ihrer etwa 1,23 Mio. Quadratkilometer großen Wasserfläche.
Die gewaltige Bucht ist über die Hudsonstraße mit dem Atlantischen Ozean verbunden, über den Foxe Channel besteht zudem auch ein direkter Zugang zum Nordpolarmeer. Neben Tundra und borealem Nadelwald gibt es hier mehrere Meter tiefreichende Permafrostböden sowie eine nahezu menschenleere Wildnis ringsum. Das Treibeis weicht lediglich in den Sommermonaten zurück. Und selbst im »sommerlichen« August steigen die Wassertemperaturen in der Tiefe nicht über –2 °C.

Eine unwirtlichere Region hätte sich der Seefahrer und Entdecker Henry Hudson kaum aussuchen können, als er im Jahr 1610 mit der Erforschung der Bucht begann – und prompt vom Packeis eingeschlossen und zum Überwintern gezwungen wurde. Die später nach ihrem Entdecker benannte Bucht ist eigentlich eher ein Binnenmeer; dessen Ufer gehören (von oben, gegen den Uhrzeigersinn) zum Territorium Nunavut sowie zu den kanadischen Provinzen Manitoba, Ontario und Québec. Zu den wichtigsten Inseln zählen Akimiski Island (unten, in der James Bay) und am oberen – nördlichen – Rand drei große Eilande: Southampton Island sowie die deutlich kleineren Inseln Coats und Mansel.
Die durchschnittliche Wassertiefe beträgt rund 100 Meter, an den tiefsten Punkten sinkt der Meeresboden bis auf 270 Meter ab. Augenfällig ist die Verbindung zur Labradorsee und zum Atlantischen Ozean über die Hudsonstraße. Durch den Foxe Channel (zwischen der Southampton Island und der Baffin Island, die auch die Hudsonstraße begrenzt), das Foxe Basin (am oberen Rand des großen Bildes) und diverse weitere Meerengen gelangt man aber von hier aus auch direkt bis zum Nordpolarmeer. Diese Verbindung war letztlich auch der Grund für Hudsons Expeditionen: Er war auf der Suche nach der legendären Nordwestpassage, dem nördlichen Seeweg zwischen Atlantischen und Pazifischen Ozean. Bei der Eroberung des amerikanischen Kontinents spielten diese neu entdeckten Territorien freilich anfangs keine Rolle: Zu abweisend wirkte eine Landschaft mit winterlichen Durchschnittstemperaturen von –29 °C, Extremwerten von –51 °C und bei durchschnittlich nur 8 °C recht kühlen Sommern. Das Land war und ist extrem dünn besiedelt; ansässig sind hier überwiegend Inuit und Ureinwohner der Cree. Trotz der schwierigen Bedingungen – die Hudsonstraße war nur im Spätsommer und Frühherbst befahrbar – stand die gesamte Region seit dem 17. Jahrhundert im Zentrum eines wirtschaftlichen Aufschwungs: Die 1670 in England gegründete Hudson's Bay Company erhielt das Monopol für den profitablen Pelzhandel mit den Ureinwohnern im Einzugsgebiet der Hudson Bay, damals Rupert's Land genannt. Erst 1870 verkaufte das Handelsunternehmen seine Ländereien an die Regierung: immerhin einen beträchtlichen Teil des heutigen kanadischen Staatsgebiets.

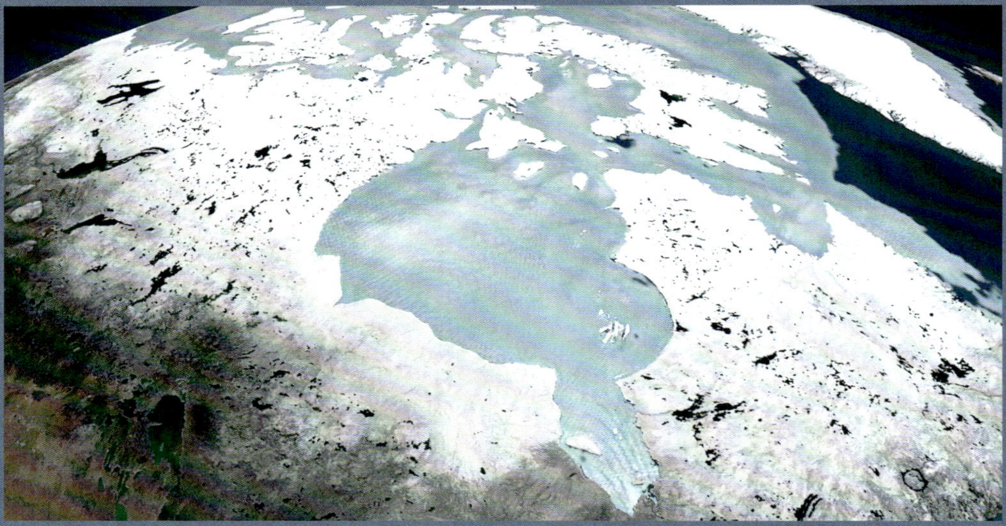

Noch Anfang April überzieht eine dicke Eisdecke die riesige Hudson Bay.

Eisfrei präsentiert sich die Hudson Bay nur im Sommer. Klar erkennbar sind dann die kleinere James Bay (ganz unten rechts), darüber die Gruppe der Belcher Islands. Die breite Meerenge, die sich rechts oben zwischen Baffin Island (oben) und der Halbinsel Labrador (unten) hindurchwindet, ist die Hudsonstraße.

Dank der Nähe zur Polarregion zeichnet das Nordlicht (Aurora borealis) faszinierende Farbspiele an den Himmel über der Bucht (links). Im Vordergrund steht ein Inukshuk, eine steinerne Wegmarke der Inuit in der Nähe der kleinen Hafenstadt Churchill.

Die kalten Gewässer der Hudson Bay mit ihrem Plankton und Krill sind enorm reich an Nahrung: Neben den Walen leben hier viele Fischarten, aber auch Robben, Walrosse, Delfine und Seevögel. Beeindruckend ist alljährlich im Herbst die Zusammenkunft hunderter Eisbären an der Hudson Bay, nicht weit von Churchill in Manitoba: Die großen Raubtiere versammeln sich dort und warten auf das Zufrieren der Bucht. Nur über das Eis gelangen sie nämlich zu den Robben, ihrer wichtigsten Nahrung. Schmilzt das Eis im Frühjahr, ziehen die Bären sich wieder aufs Land zurück, wo sie monatelang von ihren Fettreserven zehren. Der uralte Rhythmus der Natur gerät allerdings aus dem Takt: Im Zuge der Klimaerwärmung schwindet auch das Eis der Hudson Bay – mit unabsehbaren Folgen für die großen Robbenjäger.

Die drei bis sechs Meter langen Belugawale schätzen die arktischen Gewässer im Norden Kanadas (links). Zu den imposantesten Landtieren an der Hudson Bay gehören die Eisbären (unten), die vom Westufer aus ihre alljährlichen Wanderungen über das Eis antreten.

In der weitgehend baumlosen Tundra der kanadischen Northwest Territories mündet nördlich des Polarkreises der Mackenzie River in die Beaufortsee, die ein Teil des Nordpolarmeeres ist. Der 1.800 Kilometer lange Fluss ist der größte Kanadas und entspringt im Großen Sklavensee; seine größten Zuflüsse sind der Peace River und der Athabasca River. Von Oktober bis Mai ist der Mackenzie zugefroren.

Das Mackenzie-Delta – eine von Flüssen und Bächen durchzogene sumpfige Seenlandschaft – hat eine West-Ost-Ausdehnung von rund 80 Kilometern und nimmt eine Fläche von rund 13.500 Quadratkilometern ein. Gebildet wurde das Delta über tausende von Jahren durch die Ablagerung von Sand und Schlick, alljährlich nach der Schneeschmelze verändert es sein Aussehen.

Auf dem kleinen Satellitenbild – einer Aufnahme von Ende August – wird deutlich, wie stark der Sedimenteintrag des Mackenzie in die noch teilweise mit Eis bedeckte Beaufortsee (ein Teil des Nordpolarmeeres) ist. Dort, wo die Sedimentfracht auf das offene Wasser trifft, kommt es durch die Strömung zu einer Vermischung von Eis und Sedimenten, die ein wellenförmiges Muster bilden. Das grün leuchtende Delta mit seinen unzähligen Wasserarmen und Seen hebt sich deutlich von der umliegenden bräunlichen Tundra ab. Am Westrand des Deltas verlaufen entlang der Grenze zur Nachbarprovinz Yukon die Richardson Mountains, die hier Höhen von über 800 Metern erreichen. Das nord-südlich verlaufende Gebirge trennt das Flusssystem des Yukon von dem des Mackenzie. Am Übergang vom Mackenzie-Delta zur lang gezogenen Tuktoyaktuk-Halbinsel liegt die kleine Siedlung Tuktoyaktuk mit lediglich 900 Einwohnern, im Delta selbst liegen die Orte Aklavik (750 Einwohner) und Inuvik (rund 4000 Einwohner). Während Tuktoyaktuk und Aklavik nur im Winter über eine Eisstraße und das restliche Jahr ausschließlich per Flugzeug oder Boot erreichbar sind, hat Inuvik über den Dempster Highway Anschluss an das Straßennetz der Provinz Yukon.

Das große Satellitenbild zeigt in einer Sommeraufnahme den nördlichsten Teil des Mackenzie-Deltas mit seinen Hauptkanälen und im Westen die daran anschließende Tuktoyaktuk-Halbinsel, die von unzähligen großen und kleinen Seen überzogen ist. Deren Farben changieren je nach Zusammensetzung des Wassers von schwarz bis grün-blau. Südlich der Halbinsel schließen sich die Eskimo Lakes an – ein 880 Quadratkilometer großes Seengebiet, das über die Liverpool Bay eine direkte Verbindung zur Beaufortsee hat. Als Gezeitenseen unterliegen sie dem Tidenhub des Nordpolarmeeres, bei Flut hebt sich der Wasserspiegel bis zu zwei Metern. Auffallend sind die bogenförmigen, nahezu parallel verlaufenden Halbinseln, die die einzelnen Wasserflächen voneinander trennen: Sie verlaufen weitgehend in nordsüdlicher Richtung und sind eiszeitlichen Ursprungs.

Im Mündungsbereich schwemmt der Fluss große – im Bild hellbraune – Sedimentmengen in die Mackenzie Bay.

Der Fluss teilt sich in drei Hauptarme auf: Der Peel Channel mündet im Westen in die Shallow Bay, der East Channel im Osten in die Kugmallit Bay. Der größte Teil des Wassers strömt jedoch über den Middle Channel ins Nordpolarmeer. Das Delta wird im Westen von den Richardson Mountains und im Osten von den Caribou Hills (rechter unterer Bildrand) begrenzt.

Im flachen, fächerförmigen Delta mäandrieren die Hauptarme durch eine Seenlandschaft Richtung Meer. Bäume gedeihen hier nur wenige, die Tundrenböden sind morastig oder dauerhaft gefroren. Wenn im Sommer das Erdreich oberflächlich auftaut, kann das Stauwasser weder versickern noch abfließen: Unzählige Seen bilden sich in den natürlichen Vertiefungen.

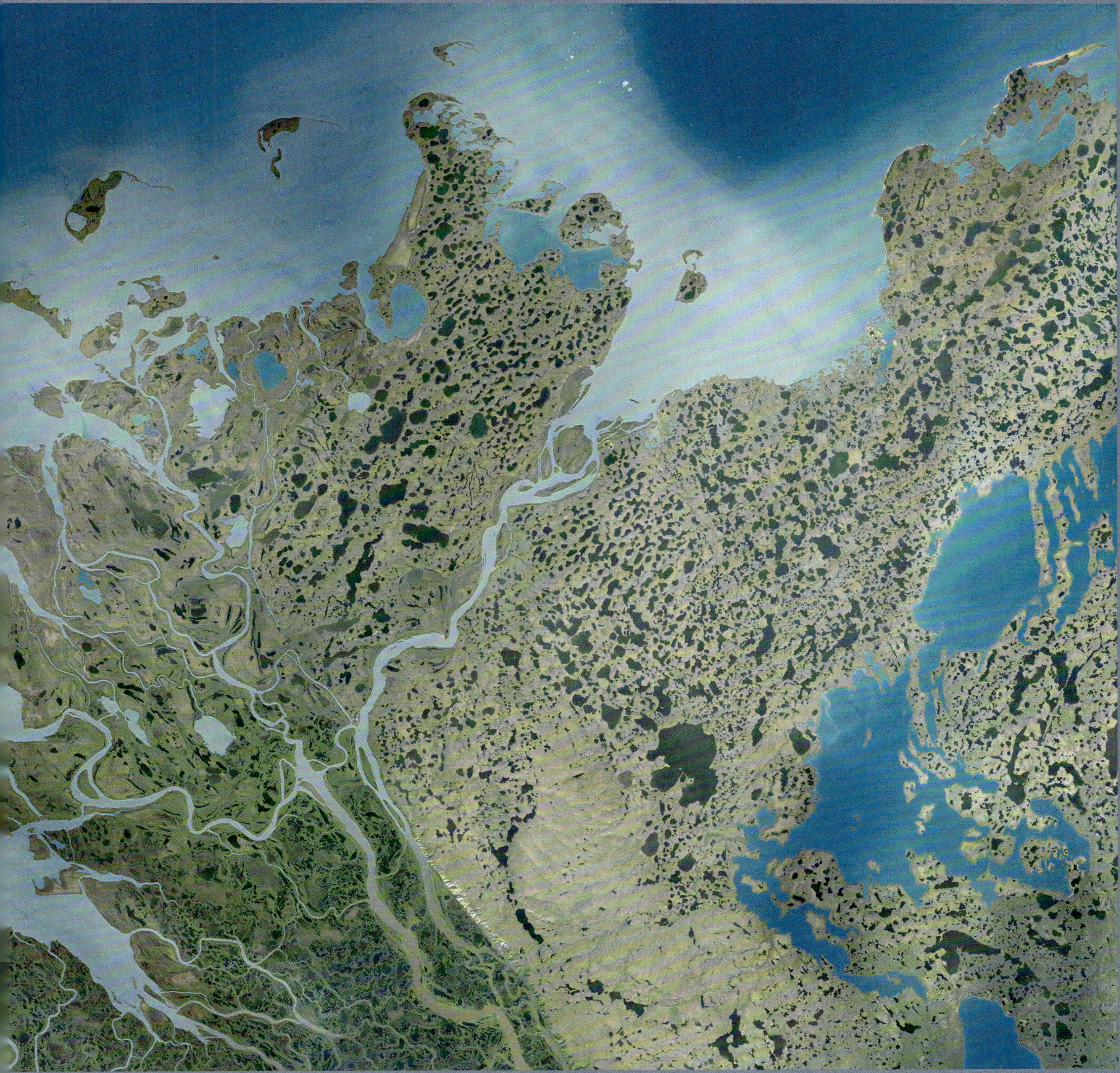

Als der französische Entdecker Jean Nicolet im Jahr 1634 die Großen Seen auf der Suche nach der Nordwestpassage durchsegelt und am Westufer des Lake Michigan angelegt hatte, glaubte er nach China gelangt zu sein. Er hatte das Wasser wohl nie probiert, denn dann hätte er wohl gemerkt, dass er nur durch Binnenseen gefahren war. Die gigantische Wasserfläche konnte kein See, sie musste wohl ein Ozean sein. Und in der Tat tragen die Großen Seen ihren Namen zu Recht: Vom Westufer des Oberen Sees (im Nordwesten, im Satellitenbild oben links) bis zum Ostufer des Ontariosees (rechts) erstrecken sich die Seen über ein Drittel des gesamten nordamerikanischen Kontinents. Der Lake Superior misst knapp 82.500 Quadratkilometer und ist somit größer als Österreich, der zweitgrößte, der Huronsee (in der Bildmitte mit der nach Nordosten vorgelagerten Georgian Bay) ist mit etwa 59.600 Quadratkilometern ebenso wie der drittgrößte, der Michigansee mit seinen rund 58.000 Quadratkilometern größer als Belgien, die Niederlande und Luxemburg zusammen. Die beiden kleinsten Gewässer sind der Eriesee mit 25.700 Quadratkilometern und der Ontariosee mit 18.500 Quadratkilometern.

Die Großen Seen sind das Werk der Eiszeit. Vor etwa 13.000 Jahren bedeckten riesige Gletscher die Erde mit massiven, oft mehreren Kilometern dicken Eispanzern. Deren Gewicht drückte die Erde nieder, große Mulden, die sich beim Rückzug des Eises mit Schmelzwasser füllten. So entstanden die unzähligen kleinen und größeren Gewässer der Seenplatten Wisconsins und Minnesotas. So schuf die Natur auch die riesigen Seen und Buchten, die den amerikanischen Kontinent im Norden so charakteristisch ausfransen lassen. Das Schmelzwasser der großen Eisblöcke floss zunächst nach Westen ins Mississippibecken ab – der Oberlauf des Mississippi ist im Südwesten gut auf dem Satellitenbild zu erkennen – später dann nach Osten in den Sankt-Lorenz-Strom, der im Nordosten inklusive seiner Trichtermündung ebenfalls gut zu identifizieren ist. Dabei fließt das Wasser von einem See in den nächsten, meist still und leise, an einer Stelle aber über einen spektakulären Felsabbruch: Das sind die Niagarafälle, wo der Niagara River den Eriesee (an dessen Nordostspitze) und den Ontariosee verbindet.

Die Großen Seen verbinden zwei Nationen, acht amerikanische Bundesstaaten grenzen an ihre Ufer. Die Grenze zwischen Kanada und den USA verläuft durch die Mitte von Ontario-, Erie-, Huron- und Oberem See. Nur der Michigansee liegt vollständig auf US-Territorium. Es ist vor allem am Südufer der südlichen vier Seen eine relativ dicht besielte Region: Am südwestlichen Ufer des Lake Michigan ist der Großraum von Chicago zu erkennen, am nordwestlichen des Eriesees die Metropole Detroit, am Südufer des Lake Erie folgen von Westen nach Osten Toledo, Cleveland, Erie und Buffalo. In Kanada liegt am nordwestlichen Ufer des Ontariosees Toronto. Weiter im Nordosten ist entlang des St.-Lorenz-Stromes der Großraum von Ottawa und Montreal zu sehen.

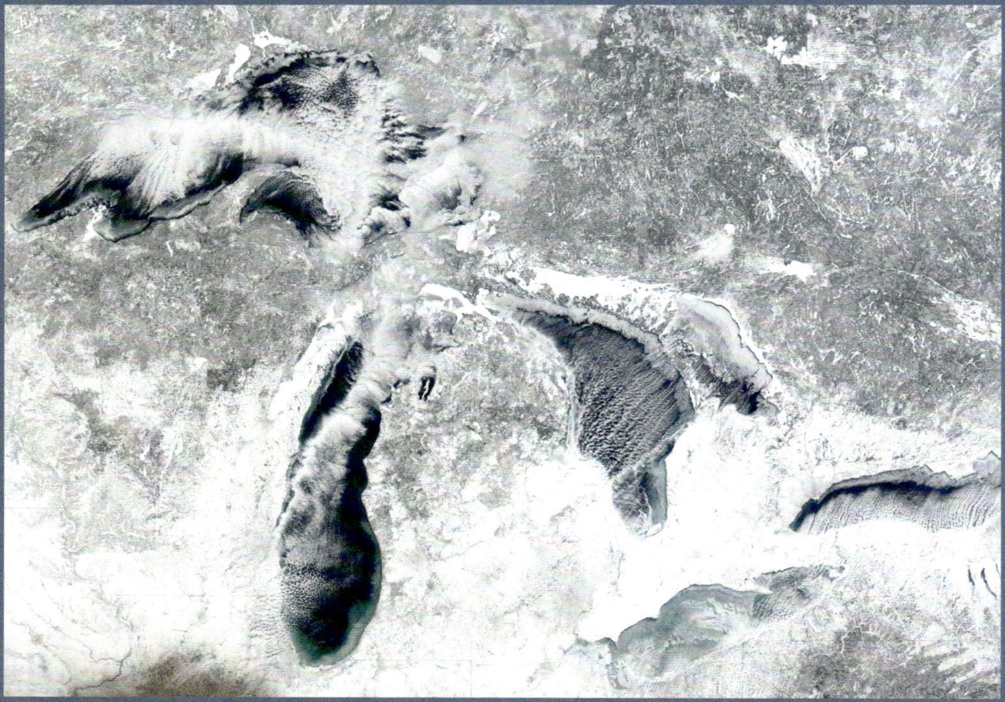

Winter: Eine Schneedecke bedeckt das Land und von den Ufern her beginnen die Seen langsam zuzufrieren.

Einen riesigen Ausschnitt bietet das Satellitenbild. Es zeigt nicht nur die Großen Seen, sondern auch Teile der nordamerikanischen Atlantikküste. Dort ragt Long Island in den Atlantischen Ozean, und somit ist auch New York gut zu erkennen. Weiter nördlich am rechten Bildrand liegt Boston.

Weit reicht der Blick. Bei keinem der fünf Seen kann man das gegenüberliegende Ufer erkennen und einsame Strände finden sich zuhauf. Nur das Wasser ist oft kalt und so laden nur enge Buchten, in denen es sich schneller erwärmt, zum Baden ein.

KANADA: RÉSERVOIR MANICOUAGAN

Es ist eine wahres Wunder der Natur: Ein fast kreisrunder See mit einer nahezu kreisrunden Insel darin. Ein Wunder, das durch eine Katastrophe und durch menschliche Arbeit zustande kam: Vor etwa 214 Millionen Jahren schlug hier ein Meteorit ein. Er schuf einen Krater von rund 100 Kilometern Durchmesser, der durch Erosion und Ablagerung von Gesteinen wieder kleiner wurde – er misst heute etwa 72 Kilometer im Durchmesser. Im Laufe der Jahrmillionen hob sich die gestauchte Erde wieder und im Krater »wuchs« ein Berg, der 952 Meter hohe Mont Babel. Nun kommt der Mensch ins Spiel. In den 1960er Jahren bauten kanadische Ingenieure weit südlich des Sees (nicht mehr auf dem Satellitenbild zu sehen) eine Mauer, um den Fluss Manicouagan zur

Friedliche Wasserwelt: der Réservoir Manicouagan.

Zwei Naturreservate gibt es auf der Insel im See.

Wasserkraftgewinnung zu stauen. Der Stausee wuchs und schließlich legte sich der Fluss wie ein Ring um das erhöhte Land – die 2.020 Quadratkilometer große bewaldete René-Levasser-Insel entstand. Die Insel hält mehrere Rekorde: Sie ist die größte durch menschliches Handeln entstandene Insel und die weltweit zweitgrößte in einem Binnensee (nach der Manitoulin-Insel im Huronsee). Zudem ist sie flächenmäßig größer als der See, der sie umgibt und der bei normaler Stauhöhe nur eine Fläche von 1.942 Quadratkilometer besitzt.

Die kanadische Provinz Quebec ist eine wasserreiche Landschaft. Die meisten Seen und Tümpel entstanden während der letzten Eiszeit. Der Réservoir Manicouagan hat mehrere Hauptzuflüsse von Norden, nach Süden entwässert er durch den gleichnamigen Fluss in den Sankt-Lorenz-Strom.

Es ist eine spektakuläre Wasserlandschaft, durchsetzt von unzähligen Flussarmen und Seen: Das Delta des Yukon River, der im Norton Sound in das Beringmeer mündet. Mehr als 3.100 Kilometer hat der Fluss bis dahin von seiner Quelle in den Coast Mountains zurückgelegt, womit er der fünftlängste Strom Nordamerikas ist. Im Satellitenbild ist sein Verlauf gut zu erkennen: Er kommt von Süden (unten) und teilt sich kurz vor der Mündung in mehrere Wasserläufe auf. Der breite Hauptarm biegt nach Westen (links) ab, teilt sich erneut und mündet dann in das Beringmeer, kleinere Wasserläufe münden weiter nördlich und schieben das Delta langsam ins Meer hinaus.

Eine Landschaft aus Wasser und Eis: die Beringstraße am Yukon-Delta im Winter.

Das Yukon-Delta: Tümpel, Sümpfe und Seen.

Das Delta des Yukon bildet mit dem des Flusses Kuskowim, der ein wenig weiter südlich (nicht mehr auf dem Satellitenbild) mündet, eine gemeinsame Schutzzone, die mehr als 77.000 Quadratkilometer umfasst. Das Yukon Delta National Wildlife Refuge ist ein flaches Tundra-Gebiet, durchzogen von mäandrierenden Wasserläufen, Sümpfen und Seen, das in Küstennähe eine maximale Höhe von 30 Metern über dem Meeresspiegel erreicht, im Landesinnern aber bis zu 1.200 Metern ansteigt. Es ist ein Paradies für zahlreiche Wasservögel; hier finden sich auch die größten Nistgebiete von Watvögeln in Nordamerika. Auch zahllose Fischarten haben hier ihre Laichgründe – so wurden alle fünf pazifischen Lachsarten nachgewiesen. An großen Säugetieren finden sich in den küstennahen Gewässern zahlreiche Walarten; auf dem Land leben Karibus, Elche und Bären – darunter sogar Eisbären.

Doch bei aller Wildnis ist die Region nicht menschenfeindlich und auch schon lange besiedelt. Bis vor etwa 10.000 bis 12.000 Jahren war das Yukon-Delta noch Teil jener Landbrücke, die Asien und Nordamerika miteinander verbunden hatte. Auch heute gibt es hier noch einzelne Siedlungen von Inuit (Eskimos), hauptsächlich solchen, die sich zu den Yupik zählen. Insgesamt – so schätzt man – leben ungefähr 10.000 Menschen im Gebiet des Yukon-Delta, in dem Ausschnitt, den das Satellitenbild zeigt, liegen Orte wie Kotlik (oben rechts neben der tiefer eingeschnittenen Bucht) oder Alakanuk. Diese Siedlung, liegt am oberen Ufer des Hauptarmes des Yukon (linke Bildmitte), etwas nördlich der Flussinsel. Alakanuk besitzt zwar einen kleinen Flughafen, ist aber wie auch alle anderen Orte nur im Winter durch Eisstraßen mit anderen Siedlungen verbunden.

Gut lässt sich am Farbverlauf des Satellitenbildes erkennen, wie die Landschaft des Yukon-Deltas strukturiert ist; links das sehr flache Schwemmland des Flusses, mit Tümpeln durchsetzte, rechts, dort wo die Erde das hellere Braun annimmt, die trockeneren, höher gelegenen Gebiete.

Wie ein Dorn ragen die Alëuten in den Pazifik und trennen das Beringmeer (oben, im Norden) vom Golf von Alaska ab. Nördlich der Inselkette beginnt das eigentliche pazifische Polarmeer. Die etwa 150 Inseln erstrecken sich über eine Länge von 1.750 Kilometern Richtung Westen bis zu den russischen Komandorskie ostrova (Kommandeursinseln). Auf dem Satellitenbild ist allerdings lediglich der Anfang der Inselkette zu erkennen. Man sieht die Halbinsel Alaska, dann westlich anschließend die Gruppe der Fox Islands, die dort beginnen, wo der Wolkenwirbel über dem Beringmeer nach Süden ausfranst. Die Fox Islands, auf denen Vitus Bering im Jahr 1741 als erster Europäer landete, erhielten ihren Namen von russischen Pelzjägern, die hier vor allem im 19. Jahrhundert reiche Beute machten.

Die Alëuten sind eine gebirgige Inselkette, die Höhen von bis zu 2.861 Metern erreichen und sich von Anchorage wie ein Halbmond weit in die Beringsee hineinziehen. Sie sind vulkanischen Ursprungs und Teil des pazifischen Feuerrings, der den Ozean fast vollständig umschließt und sich entlang der Westküste Nord- und Südamerikas entlangzieht. Allerdings sind die meisten der rund 80 Vulkane hier erloschen. Zu den aktivsten gehört der Aniakchak. Er ist ein Schichtvulkan, aufgebaut aus Lava und lockeren Sedimenten, misst 1.341 Meter und besitzt die für diesen Vulkantyp charakteristische spitzkegelige Form. Die Caldera, in der ein See liegt, indem der Aniakchak River entspringt, entstand bei einem Ausbruch, der vor vor etwa 3.600 Jahren stattfand. Die letzte große Eruption des Aniakchak wurde im Jahr 1931 registriert.

Der kurze Sommer lässt Gräser und Moose blühen.

Nur auf sieben der rund 150 Alëuten-Inseln leben Menschen, die meisten auf der Unalaska Island, die zu den Fox Islands gehört. Die Ureinwohner nennen sich selbst Alëuten, was so viel wie Menschen bedeutet. Sie besiedelten die Inselgruppe von Alaska kommend in mehreren Einwanderungsperioden. Am rechten Bildrand (kleines Satellitenbild), im Osten, ist im Golf von Alaska und von der Halbinsel Alaska durch die Shelikof Strait getrennt, die beinahe 9.000 Quadratkilometer große Kodiak Island zu erkennen. Sie ist die zweitgrößte Insel der USA. Der größte Teil der Insel ist Nationalpark, in dem der Kodiakbär lebt. Dieser Braunbär ist eines der größten Landraubtiere, er kann eine Länge von drei Metern und ein Gewicht von bis zu 1.000 Kilogramm (im Durchschnitt aber eher 400 kg) erreichen.

Noch ist der Winter nicht vorbei. Die südlichen Teile der Inseln sind noch mit Schnee und Eis bedeckt, im Norden (oberer Bildrand) ist die Küste Alaskas auch noch schneeweiß. Durch das Beringmeer schieben sich Schnee- und Eismassen. Die Inseln liegen in etwa auf dem gleichen Breitengrad wie Hamburg, zählen aber zur subarktischen Klimazone.

Der annähernd kreisförmige Krater des Aniakchak-Vulkans im Zentrum des großen Satellitenbildes ist leicht zu erkennen. Seine beeindruckende Caldera besitzt einen Durchmesser von beinahe zehn Kilometern und eine Tiefe von etwa 600 Metern und ist damit eine der größten der Welt.

Der Aniakchak-Vulkan ist das Zentrum eines großen Naturschutzgebietes, das weitestgehend unzugänglich und ohne jegliche Infrastruktur ist. Besucher müssen mit einem gecharterten Wasserflugzeug auf dem See in der Caldera landen.

Gletscher sind sehr gute Indikatoren für ein wärmer oder kälter werdendes Klima. Auch saisonale Temperaturschwankungen machen sich bei Gletschern in verhältnismäßig kurzer Zeit, oft innerhalb nur weniger Jahre, bemerkbar. So spielen nicht nur die im Winter gefallenen Schneemengen eine wichtige Rolle für den Massenhaushalt eines Gletschers, auch oder besonders das Wettergeschehen im Sommer hat einen großen Einfluss darauf, ob ein Gletscher an Volumen zunimmt oder abnimmt. Häufige Niederschläge in den Sommermonaten, die in den Höhenlagen natürlich als Schnee fallen, führen in der Regel zu einer Zunahme der Eismasse, da eine frisch gefallene (weiße) Neuschneedecke die Sonnenstrahlen um ein Vielfaches stärker reflektiert als der – nicht mehr ganz hellweiße – Altschnee.

Der Beringgletscher ist mit etwa 190 Kilometern der längste und mit etwa 5.200 Quadratkilometern auch der größte Gletscher in Nordamerika. Dagegen erscheint der Aletschgletscher geradezu winzig, mit 23 Kilometern und 86 Quadratkilometern der größte Gletscher der Alpen. Der gigantische Eiskörper, der an seiner dicksten Stelle über 800 Meter mächtig ist, liegt an der zentralen Südküste Alaskas und erstreckt sich von den St. Elias Mountains. Er endet zusammen mit dem Bagley Icefield im Vitus Lake südlich des Wrangell-St. Elias National Park, nur etwa zehn Kilometer vom Golf von Alaska entfernt. Die steigende Erderwärmung und eine Änderung der Niederschlagsverhältnisse haben im vergangenen Jahrhundert zu einem starken Rückgang des Gletschers geführt. Obwohl er in den letzten 30 Jahren mehrfach vor- und zurückgewichen ist, hat er seit dem Jahr 1900 insgesamt einen Rückgang von zwölf Kilometern zu verzeichnen. Diesen Rückgang, trotz mehrfacher Vor- und Rückzugsphasen weisen auch die meisten anderen Gletscher entlang der Küste Alaskas auf. Wissenschaftler des Michigan Tech Research Institute (MTRI) haben festgestellt, das der Beringgletscher im Jahr ein Volumen von annähernd 30 Kubikkilometer entwässert, mehr als doppelt so viel wie der Colorado River. Das könnte durchaus Auswirkungen auf die Meeresströmungen im Golf von Alaska und damit auch auf das Klima haben. Der Beringgletscher wird zu den sogenannten Vorlandgletschern oder Piedmont-Gletschern gezählt, die es in Alaska häufig gibt. Diese Gletscherart fließt als breiter Eisloben – auf dem kleinen Satellitenbild ist sehr gut die breite Gletscherzunge zu erkennen – am Fuß eines Berges entlang, weshalb auch die Bezeichnung Gebirgsfußgletscher gebräuchlich ist.

Die Gletscherzunge des Beringgletschers wird im Westen weitflächig von Seitenmoränen flankiert.

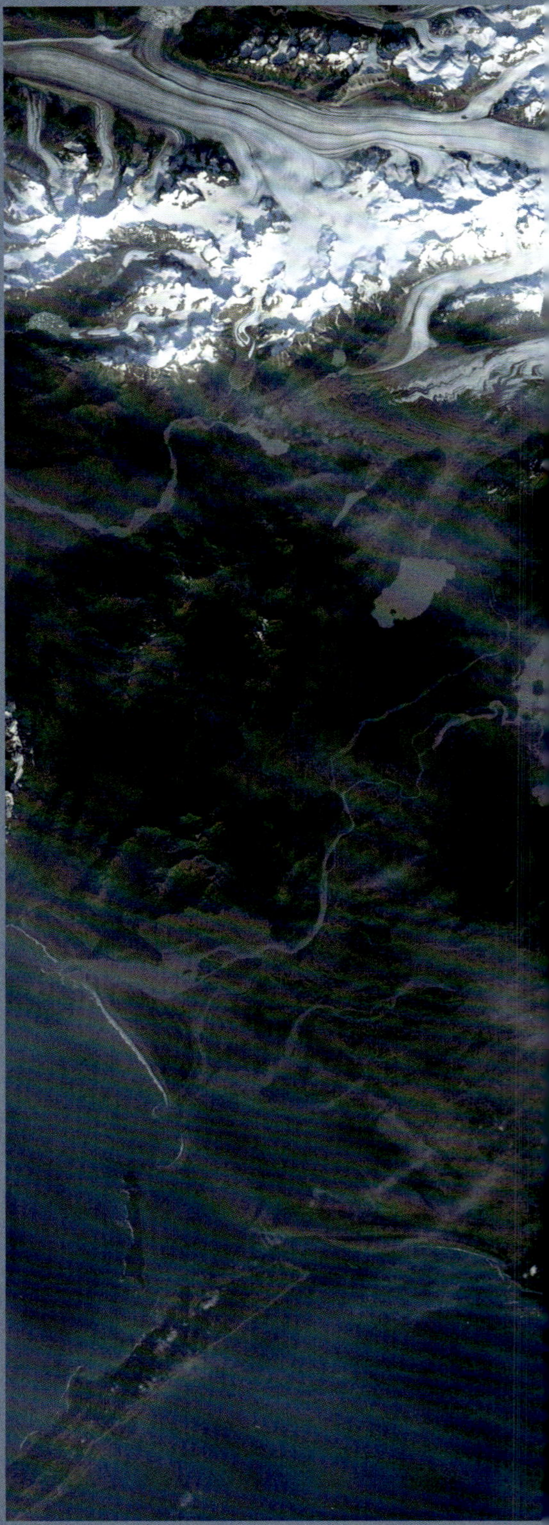

Wie ein riesiges graues Eisband fließt der Beringgletscher – in starkem Kontrast zu den leuchtend weißen Schneeflächen in den höheren Gebirgslagen – talwärts in Richtung Küste, wo er im Vitus Lake mündet. Im linken unteren Bildeck kann man nur schemenhaft die längsförmige Kayak Island erkennen.

Der Beringgletscher liegt zum Teil im Wrangell-St. Elias National Park. Auf dem Luftbild blickt man bergaufwärts in das Nährgebiet des riesigen Eiskörpers. Rechts und links des Eisstroms erkennt man dunkle Sedimentflächen: die Seitenmoränen.

Es war eine gigantische Naturkatastrophe und noch heute sind die Folgen auf dem Satellitenbild zu sehen: Ab dem 16. März 1980 kam es im Gebiet des Mount St. Helens, eines Vulkans im US-Bundesstaat Washington, der sich seit dem Jahr 1857 nicht mehr gerührt hatte, zu ersten Erdbeben. Sie wurden rasch stärker: Wissenschaftler vermuteten, dass es unterhalb des Vulkans zu Magmabewegungen gekommen war, und sie behielten auf dramatische Weise Recht. Beben folgte auf Beben und am 27. März kam es zu den ersten Eruptionen – Aschewolken stiegen auf, und ein neuer Krater bildete sich. Doch das war nur der Anfang: Die Nordflanke des Berges hob sich langsam, und am 18. Mai stürzte sie nach einem plötzlichen Erdbeben in einem gewaltigen Erdrutsch zu Tal.

Insgesamt verschütteten 2,9 Kubikkilometer Schutt und Geröll Teile des Spirit Lake und begruben den North Fork Toutle River auf einer Länge von 21 Kilometern. Der Mount St. Helens, der bis vor dem Beben eine Höhe von 2.950 Metern besaß, misst seither nur noch 2.549 Meter.

Aus großer Höhe ist gut zu erkennen, wo die Nordflanke abbrach: Der Mount St. Helens ist in der Bildmitte zu sehen, links des Gipfels liegen die Geröllfelder vom Abbruch der Nordflanke. Auf den Geröll-, Asche- und Lavaablagerungen bildete sich relativ schnell wieder Primärvegetation heraus. Selbst der

Blick in den kreisrunden Krater des Mount St. Helens.

Der Krater: links die nördliche Abbruchkante.

Spirit Lake, der durch die Schwefelgase versäuert wurde, erholte sich schnell. Seit dem Jahr 1982 sind der Vulkan und auch sein Umland als Naturschutzgebiet ausgewiesen.

Das Gebiet um den Mount St. Helens im Skamania County: Unterhalb des Vulkans die Seen Mervin, Yale und Swift (von links), oberhalb der Spirit Lake und weiter nördlich der Coldwater Lake. Der Fluss links unten ist der Columbia River, und rechts ragt die Spitze des 3.751 Meter hohen Mount Adams auf.

Schneebedeckt zeigen sich die Hänge des Mount St. Helens. Der Abbruch an der Nordflanke, darunter das Geröllfeld, gleicht einer riesigen Narbe, die von dem verheerenden Ausbruch zeugt, der in einer gewaltigen Explosion den Gipfel des Vulkans wegsprengte.

Ein unzugängliches Gebiet – so erlebten die ersten Entdecker die nördlichen Rocky Mountains und so stellen sie sich auch heute noch dar. Anfang des 19. Jahrhunderts versuchen Meriwether Lewis und William Clark mit einer Truppe ausgesuchter Mitstreiter erstmals im Regierungsauftrag den Kontinent zu durchqueren – sie schippern den Missouri flussaufwärts und scheitern fast an den Rocky Mountains. Im Juni 1805 kommen sie nach Great Falls, an die Stromschnellen im Missouri-River, die eine Weiterfahrt auf Booten unmöglich machen. Sie laden aus, brauchen einen Monat, um die Wasserfälle zu umgehen, klettern bergauf und sehen am Horizont schneebedeckte Berge. Sie treffen glücklicherweise Shoshonen, die ihnen Pferde verkaufen, und ein indianischer Führer geleitet sie in die Rocky Mountains.

Steile Berge hinauf, entlang atemberaubender Schluchten, durch enge Täler. Schnee fällt, der Wald verschwindet unter ihnen, das Wild ebenfalls. Die Männer hungern, sie essen ihre Pferde und erreichen mit allerletzter Kraft Ende September 1805 ein Indianerdorf. Dort gibt es Fisch: Lachs. Und der gibt ihnen Kraft, Mut und Sicherheit. Nun wissen die Männer, dass sie dem Pazifik nahe sind, denn von dort müssen die Fische den Flusslauf hinaufgewandert sein. Sie bauen sich erneut Kanus und fahren im Oktober 1805 weiter. Endlich geht es schnell vorwärts, zunächst auf dem Snake River, dann auf dem Columbia River. Einen Monat später ist der Pazifische Ozean erreicht. Meriwether Lewis und William Clark wurden mit dieser Leistung in den USA Nationalhelden, und auf dem Satellitenbild kann man ihre Route durch die nördlichen Rocky Mountains ganz gut nachvollziehen, auch wenn das Foto zunächst nur wenig übersichtlich erscheint.

Great Falls liegt etwas oberhalb des linken Zipfels der weißen Wolke in der rechten Bildhälfte und oberhalb des dunklen Fleckens, welcher der Lewis and Clark National Forest ist, an der dunklen Linie. Diese kennzeichnet den Oberlauf des Missouri ebenso wie die parallel verlaufende Straße. Schroff steigen dann aus der Ebene die Berge nach Westen auf. Die Gipfel sind für amerikanische Verhältnisse nicht besonders hoch, eher so wie die Alpen in Österreich also bis zu etwa 3.900 Metern, aber sie steigen schnell und ruppig an und gewähren nur wenige Durchlässe. Auch heute leitet nur eine einzige große Straße Richtung Westen durch sie hindurch. Die Interstate 90 führt durch die Berge, sie ist als helle dünne Linie mitten im Bild zu erkennen.

Besser zu erkennen sind Snake River und Columbia River. Man sieht am unteren Rand links von der Mitte, wie der Snake River nach Norden fließt, und an den farblichen Schattierungen ist der Hells Canyon, die 2.430 Meter tiefe Schlucht, die er sich gegraben hat, zu identifizieren. Weiter nördlich biegt er nach Westen ab, genau im Knick liegt Lewiston, benannt nach Meriwether Lewis. Ab etwa hier folgten die Entdecker dem Fluss, der weiter westlich (links) in den von Norden kommenden Columbia River mündet.

Der Blodgett Canyon in der Bitterroot Mountains, einer Gebirgskette in den Rocky Mountains.

Fünf US-Bundesstaaten auf einem Satellitenbild. Von Westen nach Osten sind es Washington, Oregon, Idaho, Montana und Wyoming. Ein einsames Gebiet ohne viele Städte: Spokane etwas nordwestlich der linken weißen Wolke ist die größte.

Schlangen muss man in ihm nicht fürchten, denn seinen Name hat der 1.674 Kilometer lange Snake River vermutlich von einer S-förmigen Handbewegung, welche die Shoshonen-Indianer häufig machten, um auf einen schwimmenden Lachs zu verweisen.

Der 1674 Kilometer lange Snake River entspringt im Yellowstone National Park und durchfließt Bundesstaaten wie Wyoming, Idaho – im Bild das herbstliche Swan Valley – und Oregon. Dabei durchquert er u. a. den Grand Teton National Park und auch Schluchten wie den Hells Canyon, der bis zu 2.410 Meter tief ist. Im Bundesstaat Oregon mündet der Snake River, nachdem er zuvor den Clearwater River aufgenommen hat, in den Columbia River.

Er ist der größte und älteste Nationalpark der USA: Bereits 1872 wurde das Gebiet um den Yellowstone River unter Naturschutz gestellt. Schon früh hatten Wissenschaftler und Naturschützer erkannt, dass sich hier die Kräfte der Erde auf ganz faszinierende Art und Weise zeigen.

Wie ein riesiges Auge wirkt der Grand Prismatic Pool, ein Becken von 75 mal 91 Metern, in dem die Grand Prismatic Spring entspringt. In dieser Mineralquelle strömen minütlich etwa 2.000 Liter Wasser mit einer Temperatur von rund 70 °C aus dem Erdinneren. Das Wasser des Pools leuchtet in allen Farben des Prismas; die Farben entstehen durch Algen, Bakterien und Pilze, die sich am Rand des Pools ansiedeln. Je nach Jahreszeit ändern sie sich: Im Sommer leuchtet er eher orange und rot, im Winter eher grünlich.

Der Yellowstone Nationalpark bietet mehr als nur vulkanische Aktivität. Der Yellowstone River stürzt im Nationalpark über drei Fälle – hier im Hintergrund der 94 m hohe Lower Fall – und hat sich im Laufe von Jahrmillionen eine enge Schlucht gegraben.

Weitgehend auf kalifornischem Grund und entlang der Grenze zu Nevada erstreckt sich ein schmaler Gebirgszug von beträchtlicher Höhe, den die Spanier »Schneegebirge« tauften: die Sierra Nevada. Entstanden ist die markante Bergkette (im Satellitenbild links), ein Teilstück der nordamerikanischen Kordilleren, durch Hebungen an einer Störungszone; dabei wurden die Felsen so hoch aufgetürmt, dass sie schließlich nach Westen kippten – der Grund für die nicht symmetrische Oberfläche dieses Gebirges. Gut zu erkennen sind tiefe Canyons, die die Flüsse im Laufe der Zeit in die Oberfläche geschnitten haben. Hinzu kommen U-förmige Trogtäler, typische Anzeichen einer Erosion durch Gletscher. Überhaupt sind die Werke der Gletscher hier besonders ansehnlich; die Sierra Nevada zählt nicht zuletzt deshalb zu den reizvollsten Landschaften der USA. Das weitgehend aus Granit geformte Gebirge reicht bis in Höhen von über 4.000 Metern hinauf; der Mount Whitney ist mit 4.418 Metern der höchste Berg der USA außerhalb Alaskas. Wertvoll an der Sierra Nevada ist nicht nur die Natur, sondern auch der Untergrund: Die Quarzsande der Sierra enthalten Goldpartikel; diese Vorkommen lösten den Goldrausch von 1848 aus.

Zwischen Sierra Nevada im Osten und den Rocky Mountains im Westen erstreckt sich ein weites, vegetationsarmes Land: das Große Becken (Great Basin). Das Satellitenbild zeigt einen beträchtlichen Teil dieses Beckens: links die Sierra Nevada mit einigen den Osthängen vorgelagerten Seen, darunter als größter See (links oben) der Pyramid Lake. Rechts oben bildet der Große Salzsee (mit der Stadt Salt Lake City) eine Art Gegenstück; ganz unten in der Bildmitte ist als Y-förmige Struktur der Lake Mead bei Las Vegas zu erkennen, ein Stausee des Colorado River.

Beim Blick auf das Satellitenbild ist eine eigenartige Struktur auszumachen – Geowissenschaftler haben sie einmal mit einer Gruppe von Raupen verglichen, die allesamt nordwärts krabbeln. Diese »Raupen« sind in Wirklichkeit Bergrücken, genauer: Bruchschollen, die durch weite Täler voneinander getrennt sind; angesichts dieser Oberflächengestalt aus unzähligen Höhenzügen und Becken spricht man auch von einer Basin-and-Range-Topografie im Südwesten der Vereinigten Staaten.

Schon die Luftansicht verrät, dass in diesem Beckenland Steppen und Halbwüsten vorherrschen, unterbrochen von vereinzelten Nadelwäldern. Ursache der Trockenheit ist die Lage zwischen zwei Gebirgszügen, insbesondere die Barriere der Sierra Nevada, die die feuchte, wolkenreiche Luft vom Pazifik zurückhält und das Becken nahezu perfekt abschirmt. Kein Wunder, dass hier der heißeste und trockenste Ort Nordamerikas zu finden ist: das Death Valley zwischen Sierra Nevada und Lake Mead. Flüsse dagegen sind rar, denn es handelt sich um ein abflussloses Gebiet: Die wenigen Fließgewässer wie etwa der Humboldt River enden in flachen Becken – und verdunsten dort einfach.

Sonnenaufgang in den ariden, felsenreichen Alabama Hills bei Lone Pine.

Ein Blickfang im Norden Utahs ist der Große Salzsee (oben rechts). Wasserstand und Fläche des von einigen Zuflüssen gespeisten Gewässers schwanken stark; die mittlere Fläche beträgt 2.600 Quadratkilometer. Der See ist dabei nur wenige Meter tief. Der Salzgehalt erreicht mit 27 Prozent fast den Wert des Toten Meeres.

Was auf den ersten Blick wie eine endlose Weite aus Schnee erscheint, ist in Wirklichkeit eine riesige Salzfläche. Salzseen und -pfannen sind im Großen Becken keine Seltenheit; am eindrucksvollsten ist die Große Salzwüste in Utah, westlich vom Großen Salzsee.

Der Winter und der Schnee machen den Reiz des Satellitenbildes aus, erschweren aber die Orientierung: Einfach ist oben links der Große Salzsee in Utah, grünlich-violett schimmernd zu erkennen. Der etwa 120 Kilometer lange und bis zu 80 Kilometer breite See umfasst etwa 4.400 Quadratkilometer. Er liegt auf 1.280 Meter Höhe und besitzt im Süden mehrere Zuflüsse. Das führt dazu, dass dort der Salzgehalt des Wassers bei neun Prozent liegt, während er im Norden bei etwa 25 Prozent liegt, was auch die unterschiedliche Färbung erklärt. Westlich (nach links) schließt sich die große Salzwüste an. Am Südufer des Salzsees ist weiß Salt Lake City, die Hauptstadt Utahs und der Mormonen, zu erahnen. Im Südwesten (unten links) ist ein weiterer See zu erkennen – ein Stausee mit einem waagerechten und einem senkrechten Arm. Das ist der Lake Mead und an seinem Westufer liegt die Spielermetropole Las Vegas. Östlich des Sees, als schwache waagerechte Linie zwischen den senkrecht verlaufenden dunklen Berge ist der Gran Canyon auszumachen. Denver, die Hauptstadt Colorados, liegt östlich der Gebirgskette, ziemlich mitten in dem großen weißen Schneefeld und ist daher nicht zu sehen.

Berglandschaft aus dem Bilderbuch: Colorado.

Flusstal westlich von Colorado Springs.

Im mittleren Abschnitt der Rocky Mountains liegen die malerischsten Gipfel und Täler der Rocky Mountains, hier findet sich mit dem Grand Canyon auch die berühmteste Schlucht der Erde und mit Orten wie Las Vegas, Denver oder Santa Fe Stätten, die zur Mythenbildung des (Wilden) Westens gehören.

Es ist die Bilderbuchlandschaft der Rocky Mountains voller strahlender Farben: Das Blau des Himmels, der strahlendweiße Schnee auf den Gipfeln, die herbstlich gefärbten Wälder. Von Denver aus nach Westen ragen die Gipfel der Berge unvermittelt aus der Ebene auf. Im unteren Bild sind im Hintergrund des Tals die Maroon Bells zu erkennen, zwei Berge, deren Gipfel South Maroon Peak (links, 4.315 m) und North Maroon Peak (4.270 m) nur 500 Meter auseinander liegen.

In der kargen, abweisenden Landschaft im Süden von Utah hat die Erosion Kunstwerke von ganz besonderer Art geschaffen: Rundbögen aus Stein, die wie von Riesen modelliert wirken, merkwürdige Pilzfelsen, Felstürme und -nadeln, Zinnen und Kuppeln. Dieser verschwenderisch mit den eigentümlichsten Skulpturen bestückte Landstrich ist Teil der Canyonwelt des Colorado Plateau, dessen eindrucksvolle Natur gleich in einer ganzen Reihe von Nationalparks unter Schutz gestellt wurde. Viele der bizarren Felsbildungen bestehen aus einem weichen roten Sandstein, der den Kräften von Wind und Wasser wenig Widerstand entgegensetzen konnte. Auch Salzablagerungen, die später ausgewaschen wurden, trugen zum Entstehen einer Naturkulisse bei, die das Bild vom Südwesten der USA nachhaltig geprägt hat.

Eine »Wildnis aus Fels« nannte der Forschungsreisende John Wesley Powell das Land zwischen Green River und Colorado – und wie sehr diese Umschreibung zutrifft, wird beim Blick auf das Satellitenbild links deutlich. Nordwestlich vom Lake Powell (nicht abgebildet) und damit oberhalb des Grand Canyon durchschneiden zwei Flüsse den Tafelberg des Colorado. Das Gefälle ist weniger ausgeprägt als im Grand Canyon, Green River (links) und Colorado (rechts) fließen geruhsamer dahin und haben sich auch keine so gewaltige Schlucht gegraben. Dennoch sind die Dimensionen auch hier beeindruckend: Die Hochebene liegt auf rund 1.800 Meter; im ters; ein passender Ursprung, trägt dieser Teil des Nationalparks doch den Namen »Himmelsinsel«. Beim Blick auf den Südwesten der USA (großes Satellitenbild) mit dem Colorado-Plateau im Zentrum ist der namengebende Fluss mit seinen fein verästelten Canyons nicht zu übersehen: Er verläuft vom oberen Bildrand (Mitte) schräg hinunter nach links und bis zum Lake Mead bei Las Vegas; ab da ändert der Colorado River seine Richtung und fließt fast senkrecht nach Süden (unten), wo er in den Golf von Kalifornien (links unten) mündet. Bei der nahezu konturlosen Landschaft oberhalb des Golfs handelt es sich um die Sonora-Wüste. Der Höhenzug rechts vom Plateau gehört zu den südlichen Ausläufern der Rocky Mountains; daran schließen sich die Great Plains an.

Abgebildet ist der Nordteil des Nationalparks Canyonlands, »Island in the Sky« genannt. Die äußere Schleife links oben ist der markante Green River Bowknot.

Bereich des Green River verläuft der White Rim, eine Sandsteinabbruchkante. Eine faszinierende Besonderheit von Canyonlands ist als ringförmige Struktur links unterhalb der Bildmitte auf der Satellitenaufnahme zu erkennen. Es handelt sich um den »Upheaval Dome«, eine kraterartige Vertiefung von zwei Kilometern Durchmesser und rund 450 Metern Tiefe. Anders als im gesamten Plateau sind die Sandsteinschichten hier fast senkrecht aufgestellt. Vermutlich handelt es sich um die Reste eines Meteoritenkra-

Wohl nirgendwo in den USA finden sich so viele spektakuläre Nationalparks auf so engem Raum wie hier auf dem Colorado Plateau. An das Wirken des Menschen erinnert dagegen der Name »Four Corners« für die Region: Genau hier (Bildmitte, oberes Drittel) grenzen die vier US-Bundesstaaten Utah, Colorado, New Mexico und Arizona (im Uhrzeigersinn) aneinander.

Der 16 Meter hohe Delicate Arch zählt zu den bekanntesten und meistfotografierten Felsformationen im Arches National Park bei Moab in Utah. Nirgendwo auf der Welt gibt es so viele auf natürliche Weise durch die Kräfte der Erosion und Verwitterung geschaffene Steinbögen wie hier.

Der Canyonlands National Park in Utah zwischen Green River und Colorado gliedert sich in drei recht unterschiedliche Teile: Am höchsten liegt das Gelände im Norden, »Island in the Sky« genannt. Im südöstlichen Bereich »The Needles« dominieren die rot und weiß geäderten Felsformationen, darunter schön geschwungene Bögen und dünne, spitze Felsnadeln. Westlich davon erstreckt sich das schwer zugängliche Areal namens »The Maze« (»Irrgarten«). Diese extrem trockene Felslandschaft trägt nur eine spärliche Vegetation und erscheint auf den ersten Blick lebensfeindlich; dennoch siedelten hier vor über 700 Jahren indianische Völker der Pueblo-Kultur, die ihr Leben als sesshafte Ackerbauern und Handwerker bestritten. Aus dieser Epoche sind in Canyonlands Ritzzeichnungen (Petroglyphen) erhalten.

Wild zerklüftet erscheinen die Canyonlands: Hier trennt nicht einfach eine Schlucht ein Plateau in zwei Hälften, hier verästeln sich tiefe Abgründe mit senkrechten Felsabbrüchen zu Haupt- und Nebenzweigen mit unübersehbar vielen Windungen – nach einem Plan, den einst Wasser und Gefälle vorgegeben haben.

Der Grand Canyon zählt zweifellos zu den eindrucksvollsten Naturwundern der Erde. Etwa 450 Kilometer lang und bis zu 1.800 Meter tief ist die Schlucht, die der Colorado im Laufe der Jahrmillionen in das Plateau im US-Bundesstaat Arizona geschnitten hat. Die Breite des imposanten Canyons schwankt stark: An einigen Stellen misst die Schlucht nur bescheidene 200 Meter, an anderen Stellen beträgt die Distanz vom Nord- zum Südrand sogar bis zu knapp 30 Kilometer. Der Grand Canyon ist damit die größte Schlucht der Erde.

Auch wenn man es beim Blick in die Tiefe zunächst kaum glauben mag: Urheber dieser Abgründe war und ist der Colorado River, der sich in der vergleichsweise kurzen Zeit von rund sechs Millionen Jahren in die Tiefe des Gesteins gefräst hat. Dank des Gefälles besitzt der Fluss bis heute eine enorme Erosionskraft: Vor seiner Regulierung durch den Glen-Canyon-Staudamm am Lake Powell beförderte er rund 500.000 Tonnen an Sedimenten – pro Tag!

Dank dieser Erosionsleistung erlaubt der Grand Canyon heute einen Einblick in rund zwei Milliarden Jahre Erdgeschichte. Die rötliche Färbung der

Schnee auf dem Plateau zu beiden Seiten des Canyons.

Schlucht zerfällt nämlich bei genauerem Hinsehen in unzählige Schichten, die nirgendwo auf der Erde so vollständig zutage treten. Tief unten liegen einige der ältesten Granitgesteine des Planeten, darüber aufgeschichtet die unterschiedlichsten Sedimentfolgen sowie Gesteine vulkanischen Ursprungs. Die Erdgeschichte war in dieser Region sehr bewegt: Zweimal türmten sich hier Bergketten, mehrmals versank die Landschaft wieder komplett in den Fluten und wurde erneut gehoben – all dies ist an den Canyonwänden abzulesen. Hoch oben liegt übrigens Kalkstein, ein Überrest von Meerestieren; der Granit ganz unten leistet der Erosion größeren Widerstand, sodass die Schlucht heute eher in die Breite wächst.

Wie eine Schlange windet sich der Colorado durch das gleichnamige Hochplateau. Der Verlauf der Schlucht mit ihren Verästelungen und Nebencanyons ist gerade im Satellitenbild deutlich zu erkennen. Rechts oben im Bild: Lake Powell, ein 1963 angelegter Stausee des Colorado, der zweitgrößte Stausee der USA.

Ehrfürchtig und staunend stehen heutige Besucher am Rand des gewaltigen Abgrunds, der als Nationalpark und UNESCO-Weltnaturerbe zu den international bedeutenden touristischen Attraktionen zählt. Den Teilnehmern der ersten spanischen Expedition von 1540 und weiterer Erkundungen im 18. und 19. Jahrhundert ging es da noch ganz anders: Sie wussten mit der kargen Felswüste wenig anzufangen und hielten das Land für vollkommen wertlos. Dabei ist der Canyon keineswegs tot: Es gibt durchaus eine Vegetation und eine ganze Reihe heimischer Tierarten. Ohne das semiaride Klima des Plateaus gäbe es diese Schlucht aber vermutlich nicht: Reichlicher Niederschlag hätte die Felsen längst zu sanfteren Hängen ausgewaschen, die wie gemeißelt wirkenden Wände und Stufen wären längst abgetragen.

Die Wände der gewaltigen Schlucht fallen nicht einfach senkrecht in die Tiefe, der Canyon verbreitert sich vielmehr treppenförmig nach oben hin. Und die Felsen tragen nicht nur die Farbbänder der Schichtung, sie sind auch vielfältig modelliert und mit Simsen, Plattformen und Felsnadeln versehen.

Der Glen Canyon oberhalb des Grand Canyon im Colorado-Plateau bietet einen weiteren Beleg für die Erosionsleistung des Colorado River. Auch hier hat der Fluss ein tiefes Tal in den rötlich-braunen Untergrund gegraben, das sich an manchen Stellen zu Kesseln verbreitert; mitunter bahnt sich der Fluss an der Talsohle in engen Schlingen seinen Weg durch eine grandiose Felskulisse. Einen Teil des Glen Canyon hat der Mensch freilich erheblich verändert: Seit Mitte der 1960er Jahre wird der Colorado River nordöstlich von Las Vegas durch einen Damm zum Lake Powell aufgestaut, dem zweitgrößten Stausee der USA. Der See dient der Wasserversorgung des trockenen und regenarmen amerikanischen Südwestens sowie der Stromerzeugung. Ein Teilstück des Seeufers ist mittlerweile ein beliebtes Freizeitrevier.

Ein Abschnitt des Glen Canyon steht dank einer Staumauer unter Wasser und bildet den künstlich geschaffenen Lake Powell. Flussabwärts, etwa im Grand Canyon, verändert der regulierte Zufluss die ökologischen Bedingungen; von Zeit zu Zeit werden daher kontrollierte Flutwellen ausgelöst.

Rund 48 Kilometer nördlich vom Monument Valley und unweit vom Mexican Hat mäandriert der San Juan River in großen Schleifen durch den von ihm markant geformten Canyon im Goosenecks State Park. Der Park ist Teil des Colorado Plateau und liegt im Südosten des US-Bundesstaates Utah. Seinen Namen verdankt das etwa 40.000 Quadratmeter große Areal der Form des Canyons: Sie gleicht von oben betrachtet aneinandergereihten Gänsehälsen (Goosenecks). Sanft graue, rosa- und weißfarbene, parallel verlaufende Streifen (Foto links) an den Canyonwänden markieren die Stellen, an denen sich der Fluss von Urzeiten bis heute rund 330 Meter tief in den Fels eingegraben hat. Der San Juan ist ein Nebenfluss des Colorado River und entspringt in den San Juan Mountains, etwa 300 Kilometer östlich vom State Park. Auf seinem Weg von der Quelle bis zum Park ist das Wasser des Stromes aufgrund der mitgeführten Tonsedimente trüb und rot-braun gefärbt. Nach dem Canyon strömt der Fluss weiter Richtung Westen und mündet schließlich im Lake Powell. Zu Urzeiten floss der San Juan durch eine flache Ebene: das damals noch auf Höhe des Meeresspiegels liegende Colorado Plateau. Ohne nennenswerte Behinderungen konnte der Fluss seinen Verlauf ständig wechseln und Material wie Geröll und Sediment aus der Ebene abtragen und flussabwärts transportieren. Auf diese Weise schuf er ein vorläufiges Flussbett, das sich nicht mehr in der Form, wohl aber noch in der Höhe änderte. Vor rund 5,5 Millionen Jahren, hob sich das Colorado Plateau durch tektonische Prozesse um etwa drei Kilometer an. Fortan grub sich der San Juan River durch verstärkte Tiefenerosion, über einen Zeitraum von Millionen von Jahren, immer stärker in das sich bildende Hochplateau hinein. Weil sein Tal also »dem Fluss folgt« und aufgrund der Entstehung durch verstärkte Tiefenerosion, wird der San Juan zu den Talmäandern gezählt. Und weil er die Schwingungsweite (Amplitude) seiner Flussschwingen und damit auch die Form seines Verlaufes in der Horizontalen nicht verändert, handelt es sich beim San Juan außerdem um einen sogenannten vererbten Mäander. Das Einzige was sich (auch weiterhin) ändert ist lediglich die Tiefe des Canyons. Von den Aussichtspunkten, die es im Goosenecks State Park gibt, lassen sich auf den z. T. steil in die Tiefe gehenden Felswänden des Canyons mehrere geologische Schichten erkennen. Dabei handelt es sich meistens um Ablagerungen von Urzeitmeeren; das letzte Urzeitmeer trocknete vor etwa 70 Millionen Jahren aus. Die schmalen, oberen Schichten setzen sich vorwiegend aus Kalksandstein und Schiefer zusammen und sind bis zu 240 Millionen Jahre alt. Darunter folgt ein steil abfallendes Kliff, bestehend aus 40 Meter mächtigen, kreuzweise geschichteten Sandsteinablagerungen. Sie bilden mit den nachfolgenden Formationen bis zum Canyongrund die unterste Gesamtschicht, deren älteste Teile um 310 Millionen Jahre alt sind.

Der San Juan River brauchte Jahrmillionen um den heutigen Canyon regelrecht in den Fels zu schneiden.

Auf dem Satellitenfoto sind die »Gänsehälse« im Zentrum des State Parks deutlich zu sehen. In diesem Abschnitt legen die Mäander des San Juan River bei einer Flusslänge von acht Kilometern gerade mal die Strecke von 1,6 Kilometern zurück. Schlangenartig windet sich der Fluss (auf dem Foto schwarz) durch den Canyon.

Der San Juan River ist ein gutes Beispiel für einen Talmäander. Wie eine riesige Zunge zeigt der Bergsporn (Fotomitte) mit seiner Spitze auf den Betrachter. Auf seiner rechten Seite sieht man einen steil abfallenden Prallhang mit abgebrochenem Gesteinsmaterial am Fuß. Auf der gegenüberliegenden Uferseite befindet sich ein Gleithang (Foto, ganz rechts), der im unteren Bereich sanfter ansteigt. An beiden Uferseiten, vor allem an den Gleithängen gibt es Pflanzenbewuchs.

Die ersten europäischen Siedler hatten noch keinen Blick für den Reiz dieser einzigartigen Naturlandschaft, und noch bis Mitte des 20. Jahrhunderts leuchtete vielen Anhängern einer rein ökonomischen Weltbetrachtung gar nicht ein, warum es so etwas überhaupt geben musste: eine vom Klima dermaßen begünstigte subtropische Landschaft, die aber schlicht und einfach unter Wasser stand, ein von Moskitos heimgesuchtes Sumpf- und Feuchtgebiet, bewohnt von riesigen Alligatoren, die man als besorgter Farmer auf den eigenen Anbauflächen überhaupt nicht schätzte.

Erst als die Belange des Umweltschutzes stärker ins Blickfeld rückten, wurde den Bewohnern von Florida bewusst, was für ein unvergleichliches Stück Natur ihnen hier anvertraut war: Aus dem Lake Okeechobee, einem riesigen See auf der Höhe von West Palm Beach (auf dem rechten Bild im unteren Drittel der Halbinsel zu erkennen), fließt kontinuierlich Wasser in Richtung Süden – aber nicht, wie üblich, in einem fest umgrenzten Flussbett, sondern auf teilweise bis zu 100 Kilometer Breite, wobei das Gewässer meist nur eine Tiefe von wenigen Zentimetern erreicht. Und weil das Gefälle pro Kilometer nur etwa vier Zentimeter beträgt, strömt der »Fluss« unendlich langsam und träge dahin. Dabei bahnt sich das Wasser seinen Weg durch hohes, unwegsames Riedgras mit scharfkantigen Blättern. Aufgelockert wird das ungewöhnliche Bild durch offene Wasserflächen und kleine Wasserläufe, durch vereinzelte Hartholz-Bauminseln, auf denen Mahagoni- und Gumbo-Limbo-Bäume gedeihen, sowie durch kleine Inseln mit Lorbeerbäumen, Myrte oder Weiden. An der Südspitze Floridas mündet der einst »River Glades« genannte Fluss schließlich in die Florida Bay – an einem Küstensaum, der von dichten Mangroven geprägt ist. Wegen jahreszeitlich bedingter Wechsel der Niederschlagsmengen schwankt der Wasserspiegel beträchtlich; im Winter und Frühling, wenn es trockener ist, verlagert sich der »Glades« mitunter in den porösen Kalksteinuntergrund.

»Pa-May-Okee«, »Wasser aus Gras« nannten die hier ansässigen Seminole-Indianer diese unzugängliche Welt, die sie sich mit Schwarzbären, Seekühen, Alligatoren und Wasservögeln teilten. Die weißen Neuankömmlinge aus Europa nahmen zunächst weniger Rücksicht: Große Teile der nördlichen Everglades wurden im Laufe der Jahrzehnte kolonisiert und trockengelegt, um sie urbar zu machen. Danach konnte das Land landwirtschaftlich genutzt werden, unter anderem für den Anbau von Gemüse, aber auch für Zitrusfrüchte und Zuckerrohr. Seit dem Jahr 1947 steht der Süden als Nationalpark unter Schutz, und man bemüht sich heute, die Eingriffe in diese Naturlandschaft möglichst schonend zu gestalten oder aber wieder zurückzunehmen. Im Jahr 1979 wurden die Everglades auf die Weltnaturerbe-Liste der UNESCO gesetzt.

Gewässerreich: die amphibische Welt der Everglades.

Wie ein grünes Band erscheint die zwischen Atlantik und Golf von Mexiko gelegene Inselkette der Florida Keys.

Eine nicht minder populäre Besucherattraktion des südlichen Florida grenzt im Südwesten an die Everglades: die berühmten Florida Keys, eine etwa 290 Kilometer lange Inselkette, die sich von Elliott Key am Biscayne National Park bis Key West erstreckt. Die kleinen Inseln und Eilande zwischen dem Golf von Mexiko und dem Atlantischen Ozean sind die Reste eines uralten Korallenriffs. Die Keys markieren die Außengrenze der seichten, im Durchschnitt nur 1,5 Meter tiefen Florida Bay, die von weiteren Inselchen übersät ist; diese Inselstrukturen, aber auch die im Vergleich zum dunklen Atlantischen Ozean geringe Wassertiefe sind im Satellitenbild gut zu erkennen. Die Keys waren früher durch eine Bahnlinie miteinander verbunden; heute gelangt man auf dem Overseas Highway mit dem Auto bis nach Key West.

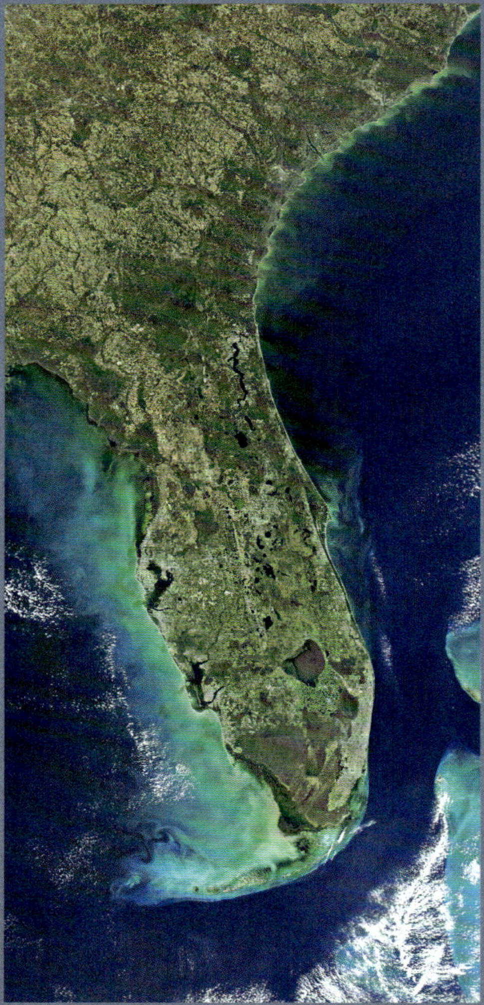

Florida mit Kuba (jenseits der Floridastraße)

Südwestlich des Ballungsraums von Miami (großes Bild: rechts oben) erstreckt sich das Kerngebiet der Everglades, das als Nationalpark unter Schutz gestellt wurde. Wie ein Bogen durchs Meer verläuft weiter unten die Inselkette der Florida Keys; sie schirmt die extrem flache Florida Bay gegen den Atlantik hin ab.

Wie die Äste und Zweige eines bizarren Baumes greifen vielfach gewundene Wasserläufe weit in die flache, ebene Region der Everglades hinein; zu erkennen ist diese eigentümliche, amphibische Landschaft allerdings nur aus der Luft, denn natürliche Erhebungen, die als Aussichtspunkte dienen könnten, fehlen in den gesamten Everglades nahezu vollständig. Allerdings mangelt es in diesem flachen Marschland eigentlich an echten Flüssen, denn das Land selbst dient ja gewissermaßen als ein weit gedehntes Flussbett oder Gewässernetz. Nur dort also, wo das weitläufige Grasland zurücktritt oder wo Bereiche des Landes geringfügig über den Wasserspiegel angehoben sind, konnte das Wasser gewissermaßen Strukturen schaffen, die an mäandrierende Flussläufe erinnern.

Schmale Wasserwege durchziehen die Oyster Bay im Westen der Everglades. Die Ufervegetation bilden Rote Mangroven mit ihren typischen Stelzwurzeln. Mangroven gedeihen dort, wo sich in den Tropen unter dem Einfluss der Gezeiten Süßwasser und Salzwasser mischen.

Auch Baumgruppen und sogar kleine Wälder gehören zum Landschaftsbild der Everglades.

Bisweilen versperrt dichter Röhricht- und Schilfbewuchs den Blick in die Ferne.

Urtümliche Landschaft am Nordrand der Everglades: der Fisheating Creek.

Die von Sträuchern und Bäumen bestandenen Ufer des Echo Pond.

Mark Twain, der am Mississippi aufwuchs und auch als Steuermann auf einem Dampfer arbeitete, nannte den Mississippi den »krummsten und hinterhältigsten Fluss der Welt«, und das Satellitenbild, das den Fluss im gleichnamigen Bundesstaat zeigt, bestätigt diese Aussage. In riesigen Schleifen windet sich der Fluss durch das Land und vom Satellitenbild aus lässt sich der genaue Flusslauf überhaupt nicht eindeutig bestimmen. Der Hauptgrund dafür ist, dass der Mississippi, der westlich der Großen Seen in Minnesota entspringt, vor allem durch flaches Gelände fließt. Der Mississippi durchfließt träge und mäandrierend weite Ebenen. Dabei sedimentiert er und verlagert oft sein Flussbett. Er durchbricht Landzungen und schneidet Flussschleifen ab, es entstehen Altwasserarme, Seen und aufgeschüttete Hügel.

Das Satellitenbild zeigt den Verlauf des Mississippi südlich der in Tennessee gelegenen Stadt Memphis, ab der Grenze Tennessees zum Bundesstaat Mississippi. Deutlich sind die großen Schleifen des Flusses zu erkennen, deutlich auch die helleren Stellen am Flussufer, wo sich die mitgeführten Sedimentmengen abgelagert haben. Oben im Bild ist am Flussufer der Horseshoe Lake (Hufeisen-See) zu erkennen), rechts der künstlich angelegte Arkabutla Lake und weiter rechts der Sardis Lake und der Enid Lake, beide ebenfalls Stauseen.

Die beiden riesigen Waldflächen, die sich dunkelgrün aus dem verwirrenden, in allen Beige- und Brauntönen changierenden Raster der Weiden und Äcker herausheben, sind Naturparks: der obere der St. Francis National Forest, der untere das Wild River National Wildlife Refuge.

Immer wieder ändert der Mississippi seinen Lauf. Im Zuge dessen werden gewaltige Mengen an Schwemmmaterial abgelagert.

Der Mississippi prägt die Geschichte und das Aussehen vor allem der südlichen US-Bundesstaten. Der »Ol' Man River« bringt das Wasser für die Landwirtschaft – nur so war der Baumwollanbau möglich – sorgt aber mit seinen immer wieder kehrenden Hochwassern für schlimme Verwüstungen.

Ein See oder ein Fluss: Nicht nur an seinem Unterlauf ist der Mississippi oft mehrere Kilometer breit, dabei ist das Fahrwasser oft flach. Inseln im Strom machen zusätzlich das Navigieren für Schiffe schwierig.

Dass auf alten Landkarten Kalifornien als eine Insel eingezeichnet ist, verwundert nicht, wenn man das Satellitenbild betrachtet. Die ersten europäischen Entdecker kamen nämlich von Süden. Sie segelten entlang der Küste und deshalb in den breiten Golf von Kalifornien hinein, erreichten aber zunächst nicht sein Ende – schließlich ist die Halbinsel Niederkalifornien mehr als 1.150 Kilometer lang und genau wie das Festland wegen der Wüsten eher lebensfeindlich. So kehrten die Entdecker um und berichteten, dass sie an einer Insel entlanggesegelt seien. Und zwar einer sehr heißen Insel und deshalb tauften sie das Land Calida Forna (»heißer Ofen«), aus dem sich dann Kalifornien ableitete. Der Name war passend, denn Temperaturen von 40 °C im Schatten sind hier keine Seltenheit, dafür ist der Schatten umso seltener. Hier wachsen nur Agaven und Kakteen, diese allerdings in großer Artenvielfalt. Ansonsten ist die Farbe des Satellitenbildes treffend: Beige-braun ist die Wüste, hier gibt es Sand und Geröll, verbrannte Erde, stellenweise eine Mondlandschaft. Sollte es wider Erwarten mal regnen, dann blüht die Wüste auf und zeigt ihren ganzen Artenreichtum: In der kargen Landschaft kommen mehr als 2.500 Pflanzenarten vor. Deshalb finden sich auf der Halbinsel auch einige Schutzgebiete, um die empfindliche Flora und Fauna zu bewahren: südlich von Mexicali der Parque Nacional Constitución de 1857, im oberen Drittel der Halbinsel der Parque Nacional Sierra de San Pedro Mártir, im Zentrum der Wüstennationalpark Central de Baja California sowie das Biosphärenreservat El Vizcaíno und am östlichen Südzipfel der Parque Nacional Cabo Pulmo. Die Küsten der Halbinsel sind sehr unterschiedlich. Das Wasser des Pazifik ist eher kalt, das des Golfes eher warm. Die Halbinsel ist maximal 240 Kilometer breit. Es ist eine einsame Region, unwegsam und abweisend.

Die Südspitze Baja Californias: Das Cabo San Lucas mit seiner auffälligen Felsformation, dem 62 Meter hohen Felsen El Arco.

Eine Gruppe Weißstreifendelfine vollführt Sprünge aus dem Wasser.

Das Satellitenbild zeigt Teile Südkaliforniens (USA) sowie die Halbinsel Baja California und das angrenzende Festland (Mexiko), vom 974 Quadratkilometer großen, stark salzhaltigen Saltonsee in Norden (oben links) bis zum Cabo San Lucas (im Westen) an der Südspitze der Halbinsel.
Besondere Landmarken auf dem Satellitenbild sind nur schwer auszumachen: Im Golf von Kalifornien finden sich einige größere Inseln wie (von Norden, oben) die Isla Angel de la Guarda (Nationalpark) und die Isla de Tiburón vor dem Festland, weiter südlich die Isla de la Carmen und vor der auffällig eingeschnittenen Bucht Bahía Coyote die Isla San José und die Isla Espiritu Santo. Vor der westlichen Küste liegt an der dornartig vorragenden Península de Vizcaíno die Isla Cedros.

Das mexikanische Festland ist nicht durchgehend Wüste. Im Südwesten finden sich ausgedehnte Schwemmlandgebiete, vor allem dort, wo auf dem Satellitenbild die der Küste vorgelagerten Lagunen zu sehen sind. Das Hinterland wird hier intensiv landwirtschaftlich genutzt.

Zwei Gipfel: Der Popocatépetl, dessen aus dem Aztekischen stammender Name so viel wie »stark rauchender Berg« bedeutet, misst derzeit 5.462 Meter. Der Iztaccíhuatl erhebt sich auf 5.286 Meter. Der Name Iztaccíhuatl kommt ebenfalls aus dem aztekischen und bedeutet »weiße Frau«. Höher als diese beiden ist in Mexiko nur einer: Der Citlaltépetl (aztekisch: »Berg des Sterns«), der meist Pico de Orizaba genannt wird und 5.636 Meter nahe der Stadt Orizaba aufragt. Der spanische Eroberer Diego de Ordás erklomm in November 1519 als erster Europäer den Popocatépetl und zeigte danach den Vulkan in seinem Wappen. Der Iztaccíhuatl wurde erst 1889 durch James de Salis bezwungen, doch fanden Wissenschaftler heraus, dass beide Berge bereits von den Azteken bestiegen wurden.

Eine aztekische Legende, die in mehreren Varianten erzählt wird, berichtet wie die Vulkane entstanden: Die Prinzessin Iztaccíhuatl verliebte sich in einen der Krieger ihres Vaters. Dieser sah das nicht gern und schickte den Krieger auf einen Feldzug in den Süden des Landes, in der Hoffnung, dass dieser sterben würde. Zugleich versprach er ihm die Tochter zur Frau, sollte er siegreich zurückkehren. Als der Krieger nun lange nicht zurückkam, erzählte der König seiner Tochter, ihr Geliebter sei gefallen. Die Prinzessin starb darüber aus Kummer (in anderen Varianten nahm sie sich das Leben). Als der Krieger nun zurückkehrte und seine Geliebte tot vorfand, starb auch er aus Kummer. Die Götter bedeckten beide Körper mit Schnee und verwandelten sie in Berge – die Prinzessin in die »weiße Frau« Iztaccíhuatl, den Krieger in den mit rauchender Fackel neben ihr wachenden Popocatéptl.

Beide Berge sind Schichtvulkane. Sie liegen etwa 70 Kilometer südöstlich von Mexiko-Stadt und je nach Wetterlage und Luftverschmutzung sind sie auch aus der Hauptstadt zu sehen. Die Außenbezirke der Hauptstadt sind als grau-rötliches Raster auf dem Satellitenbild im Nordwesten (oben links) auch gut zu erkennen. Östlich der beiden Vulkane liegt die Stadt Puebla (nicht mehr auf dem Bildausschnitt).

Ein majestätischer, idealtypischer Konus: Der Popocatéptl vom Iztaccíhuatl aus gesehen.

Die Straße von Mexiko-Stadt dorthin führt durch das Tal, das am oberen Bildrand nördlich des Iztaccíhuatl zu sehen ist. Keine Straße führt hingegen über den Paso de Cortés, den 3.400 Meter hohen Bergrücken zwischen den Vulkanen.

Während der Iztaccíhuatl ein erloschener Vulkan ist, ist der Popocatéptl sehr aktiv: Allein in den letzten 20 Jahren wurden mehrere Ausbrüche registriert. Es begann mit einer Eruption im Dezember 1994, die eine mehr als 50 Jahre andauernde Ruhepause beendete. Sechs Jahre später stieg nach einer Eruption eine Aschewolke bis zu fünf Kilometer in den Himmel, der im Jahr 2007 eine weitere folgte. Zwar erwarteten Seismologen danach einen stärkeren Ausbruch, doch beruhigte sich der Vulkan wieder. Er raucht und spuckt Asche, doch qualmt er abgesehen von einer Eruption im Juni 2011, bei der erneut Aschewolken kilometerhoch aufstiegen, eher ruhig vor sich hin.

Die Zwillingsvulkane sind der zweit- und der dritthöchste Berg Mexikos – der Popocatépetl, der auch El Popo oder Don Goyo genannt wird und seine kleinere Schwester Iztaccíhuatl. Der Popocatépetl ist der südliche der beiden Gipfel und auf dem Satellitenbild mit weniger Schnee auf dem Gipfel zu sehen.

Mexikos schönster und bekanntester Vulkan ist auch einer der aktivsten: Deutlich ist zu erkennen, wie aus dem Krater des Popocatépetl der Rauch aufsteigt (Bild rechts). Mitunter versinken die Spitzen der Zwillingsvulkane aber nur in Wolken.

BAHAMAS/KUBA

Am Eingang zum Golf von Mexiko breiten sich die Bahamas mit einer Nord-Süd-Erstreckung von rund 650 Kilometern aus. Von West nach Ost sind es bis zu etwa 750 Kilometern. Fast 700 Koralleninseln, die meisten unbewohnt, und weitere rund 2.400 Korallenriffe, Cays genannt, umfasst der Archipel. Die Inseln erheben sich nur wenige Meter aus den flachen, warmen Gewässern. Sie sind die Gipfel eines mächtigen Plateaugebirges, das etwa 4.000 bis 5.500 Meter aus den Tiefen des Atlantiks aufragt und aus Korallenkalken besteht. Andros ist mit einer Fläche von fast 6.000 Quadratkilometern die größte Insel. Sie ist durch mehrere Buchten, Seen und Meeresarme gegliedert. Gegenüber von Andros liegt New Providence mit der Hauptstadt Nassau. Vielfach sind die Strände von Palmen oder anderen subtropischen Gewächsen gesäumt. Auf einigen Inseln wachsen noch Pinien, in feuchteren Regionen gibt es auch Kiefern. Mangroven kennzeichnen die Küsten und in flachen Buchten gibt es Salzwiesen. Flüsse wird man vergeblich suchen, da das poröse und wasserdurchlässige Kalkgestein Wasser sofort versickern lässt. Bunt und artenreich ist dafür das saubere, kristallklare und vom Golfstrom erwärmte Meer.

Nicolás Guillén, einer der bekannten Dichter Kubas, bezeichnete die Form seines Heimatlandes einmal als »langen grünen Alligator«. Lang ist die größte Karibikinsel der Großen Antillen in der Tat. Etwa 1.250 Kilometer sind es vom einen zum anderen Ende. Hinzu kommen je nach Zählweise rund 1.500 der Küste vorgelagerte Inseln, die Cayos. Vor der Küste leuchten Korallenbänke im smaragdgrünen Meer. Rund 8.000 Kilometer Länge misst die Küstenlinie, wobei die weißen Sandstrände nur einen geringen Anteil daran haben. Die meisten Küstenabschnitte sind felsig oder werden von undurchdringlichen Mangrovensümpfen eingenommen. Spitze Kalksteinnadeln und -felsen, die »Dientes del Perro« (»Hundezähne«), herrschen an vielen Küstenabschnitten vor. Noch vor wenigen Jahrzehnten war Kuba stark bewaldet. Ursprünglich herrschten regengrüne Wälder und Savannen als Landschaftstyp vor. Der unbändige Bedarf an Bau- und Heizmaterial einerseits und an Ackerland andererseits hat zu einer weitgehenden Entwaldung geführt. Das Landesinnere zeigt sich im Satellitenbild als eine Collage mit zerklüfteten Bergen, tief eingeschnittenen Tälern, sanft gewellten Hügeln und weiten Ebenen, die vorwiegend dem Zuckerrohranbau dienen, insgesamt als ein tropischgrüner Garten Eden. Im ganzen Land wächst die Königspalme, die neben rund 90 weiteren Palmenarten vorkommt. Sie ist so charakteristisch, dass sie ins Wappen des Landes aufgenommen wurde. Als Christoph Kolumbus am 28. Oktober 1492 die Insel Kuba entdeckte, war er von der damaligen Landschaft sehr angetan. Er notierte in seinem Tagebuch: »Diese Insel ist wohl das Schönste, was menschliche Augen je erblickt haben.«

Kuba ist die westlichste Karibikinsel, die unmittelbar südlich vom Wendekreis des Krebses gelegen ist. Die Straße von Florida trennt Kuba von den USA (die Südspitze Floridas ist am linken oberen Bildrand), die rund 145 Kilometer nördlich liegen. An der Nordostküste erstreckt sich der raue Atlantik, die Südküste geht ins warme Karibische Meer über. In der rechten oberen Bildhälfte liegt der Archipel der Bahamas. Ein wahres Paradies, wie es der Blick von oben beweist: klares Wasser in den Farben Dunkelblau bis Türkis, weiße Sandstrände und palmengesäumte Ufer.

Im Westen Kubas liegt in der Provinz Pinar del Rio mit der gleichnamigen Provinzhauptstadt eine der reizvollsten Landschaften der Insel. Im Valle de Viñales wächst auf fruchtbarem Boden zwischen den Bergen aus Kalkstein der beste Tabak der Welt.

Die kleinen Antillen bestehen aus einer Vielzahl kleiner tropischer Inseln und Eilande, von denen das Satellitenbild (großes Foto) nur einen Ausschnitt zeigt. Die Karibik steht bei vielen als Synonym für paradiesische Inseln mit Sandstränden und Palmen, umgeben von smaragdgrünem Meer und Korallenriffen. Dass gilt auch für die Inselgruppe, deren Korallenriffe zu den bedeutendsten der Welt gehören. Die Inseln sind vulkanischen Ursprungs und bilden eine mehrere tausend Kilometer lange Kette, die einen weiten Bogen von den Großen Antillen östlich von Puerto Rico bis vor die Nordküste Südamerikas spannt. Den Anfang bilden im Nordwesten die US-amerikanischen und britischen Jungferninseln, das Ende des Bogens bildet Aruba. Die Kleine Antillen unterteilt man in die Inseln über dem Winde und die Inseln unter dem Winde. Erstere deshalb, weil sie dem Nordostpassat zugewandt sind. Die Inseln unter dem Winde befinden sich in einer dem Passat abgewandten Lage.

Entstanden ist die Inselkette durch Subduktionsprozesse im frühen Tertiär (Paläozän). Vor rund 60 Millionen Jahren begann sich die südwärts driftende Nordamerikanische Platte unter die ihrerseits nordwärts driftende Karibische Platte zu schieben. Als Folge sank das abtauchende Material in den Erdmantel, schmolz und stieg als Magma wieder bis zur Erdoberfläche auf. In der sich bildenden Subduktionszone entstand im Laufe der Zeit eine bogenförmige Kette von Vulkaninseln: die Kleinen Antillen. Nur die Niederländischen Antillen Aruba, Bonaire und Curaçao sind anderen Ursprungs: Sie sind die Fortsetzung der venezolanischen Küstenkordillere. Auf den Kleinen Antillen kommt es immer wieder zu Erdbeben und Vulkanausbrüchen.

Überall dort, wo es fruchtbare vulkanische Boden gibt, gedeiht üppige tropische Vegetation. Je nach Relief fallen die Niederschlagsmengen unterschiedlich aus. Dies hat natürlich auch auf den Pflanzenwuchs Einfluss. Das lässt sich sehr gut am Vergleich von St. Kitts (großes Foto, links, Mitte) und Antigua und Barbuda (großes Foto, rechte Hälfte) erläutern. Der Nordostpassat führt große Mengen an Feuchtigkeit mit, die er über dem Atlantik aufgenommen. Der meiste Niederschlag auf St. Kitts fällt in den bis zu 1.100 Meter hohen Bergen (3.750 mm im Jahr), während die tiefer gelegenen Inselregionen weniger Regen erhalten. Im Vergleich dazu regnet es auf Antigua und Barbuda deutlich weniger (um 900 mm Jahresdurchschnitt), weil sich an den flachen Hügeln (bis 400 m) kaum Regenwolken stauen. Daher wachsen hier anstelle von üppiger Regenwaldvegetation lediglich Büsche und Sträucher.

Vor allem im Herbst nimmt die Gefahr durch Wirbelstürme (Hurrikane) zu; sie richten teilweise große Zerstörungen an.

Das Eiland Culebrita gehört zu Puerto Rico.

Weiß-blauer Himmel über der Westküste von St. Kitts.

Pinney's Beach auf Nevis, im Hintergrund St. Kitts.

Blick auf die Bucht von Falmouth Harbor auf Antigua.

In der linken Bildhälfte liegen, von links oben St.-Barthélemy, darunter von links nach rechts Sint Eustatius (Niederländische Antillen), das lang gestreckte St. Kitts und die kleine kreisrunde Insel Nevis mit ihrem markanten Schichtvulkan, in der rechten oberen Hälfte sieht man Barbuda, im rechten unteren Viertel Antigua, links daneben Montserrat.

Die Hurricane Hole genannte Bucht im Osten von St. John wird gerne von Seglern als Ankerplatz genutzt. Die Vulkaninsel St. John ist die kleinste der drei großen US-amerikanischen Jungferninseln; ein von Regenwald überwuchertes, fast unberührtes Paradies. Zwei Drittel der Inselfläche und weite Teile der Küstengewässer gehören zum Virgin Islands National Park. Zum Park gehört auch das Korallenriff der Trunk Bay mit seiner einmaligen Unterwasserwelt.

Wie die Flügel eines Schmetterlings erscheinen dem Betrachter aus der Luft die beiden Hauptinseln von Guadeloupe, Basse-Terre (»linker Flügel«) und Grande-Terre (»rechter Flügel«), die nur durch die Meeresenge Rivière Salée (»Salzfluss«) voneinander getrennt sind. Guadeloupe ist ein französisches Überseedepartement und besteht aus mehreren Inseln und Eilanden, darunter die Nachbarinseln La Désirade und Marie-Galante. Der Archipel gehört zu den Inseln über dem Winde der Kleinen Antillen. Einige der Inseln sind Vulkaninseln, die vor Jahrmillionen durch Subduktionsprozesse im Osten der Karibischen Platte entstanden sind. Um die aus dem Meer herausragenden Vulkangipfel bildeten sich im Laufe der Zeit Korallenriffe, die für eine Vielzahl von Meeresbewohnern zum Lebensraum wurden.

Auf den Inseln Guadeloupes finden sich unterschiedliche Landschaften, die allesamt geradezu typisch für den Karibikraum sind. Dennoch, die Topografie der beiden Hauptinseln könnte unterschiedlicher nicht sein. Während Basse-Terre die gebirgigste Insel des Archipels ist und im Wesentlichen von seinen Vulkanbergen geprägt wird, beeindruckt Grande-Terre durch eindrucksvolle Karsterscheinungen, beispielsweise Kegelkarst, sowie durch hügelige Kalksteinplateaus. Basse-Terre gehört zum inneren, vulkanischen Antillenbogen. Grand-Terre dagegen sitzt dem äußeren Antillenbogen auf, uralter Meeresboden aus Kalkstein, der durch tektonische Vorgänge angehoben wurden.

Auch die Niederschläge fallen auf den beiden Hauptinseln unterschiedlich aus; dies ist in erster Linie reliefbedingt. So erhält Basse-Terre wesentlich höhere Regenmengen als das flachere, stark verkarstete Grand-Terre. Auch Marie-Galante und Saint-Barthélemy weisen ausgeprägte Karsterscheinungen, da beide Inseln ebenfalls dem äußeren Antillenbogen aufsitzen. Kennzeichnend für Grand-Terre sind Sandstrände, der mit 40 Kilometern längste säumt die Südküste beginnend bei der Inselhauptstadt Pointe-à-Pitre und erstreckt sich bis Pointe des Châteaux an der Ostspitze.

Basse-Terre wird von einem Nord-Süd verlaufenden Gebirge durchzogen; die größte Erhebung ist mit 1.467 Meter Höhe der Vulkan La Soufrière im Süden der Insel. Zudem ist Basse-Terre mit dichtem undurchdringlichem Regenwald bewachsen. Bergland und Regenwald sind Teil eines Nationalparks, in dem Orchideen, Hibiskus und Flamingoblumen dem monotonen Grün einige Farbtupfer verleihen. Zahlreiche Flüsse und Bäche winden sich durch die Insel, tosende Wasserfälle stürzen in tiefe Schluchten, in abgeschiedenen Tälern schlummern verborgene Seen.

Im dichten Dschungel von Basse-Terre stürzt der erste der drei Wasserfälle der Chutes du Carbet in die Tiefe.

Hauptinseln mit charakteristischer Schmetterlingsform: Basse-Terre und Grand-Terre. Östlich davon liegen die aus Kalkstein aufgebauten La Désirade, darunter die kleinen Îles de la Petit Terre, dann die fast kreisrunde Marie-Galante. Im Südwesten sieht man die acht kleinen Îles des Saintes.

Der aktive Schichtvulkan La Soufrière beherrscht die Südhälfte von Basse-Terre. Er besitzt mehrere Krater und brach zuletzt 1977 aus. Auf dem Südkrater steigen aus zwei, durch wenige Meter getrennten Schloten (Gouffre Tarissan, Gouffre Dupuis) Schwefeldämpfe aus Fumarolen auf.

SÜDAMERIKA

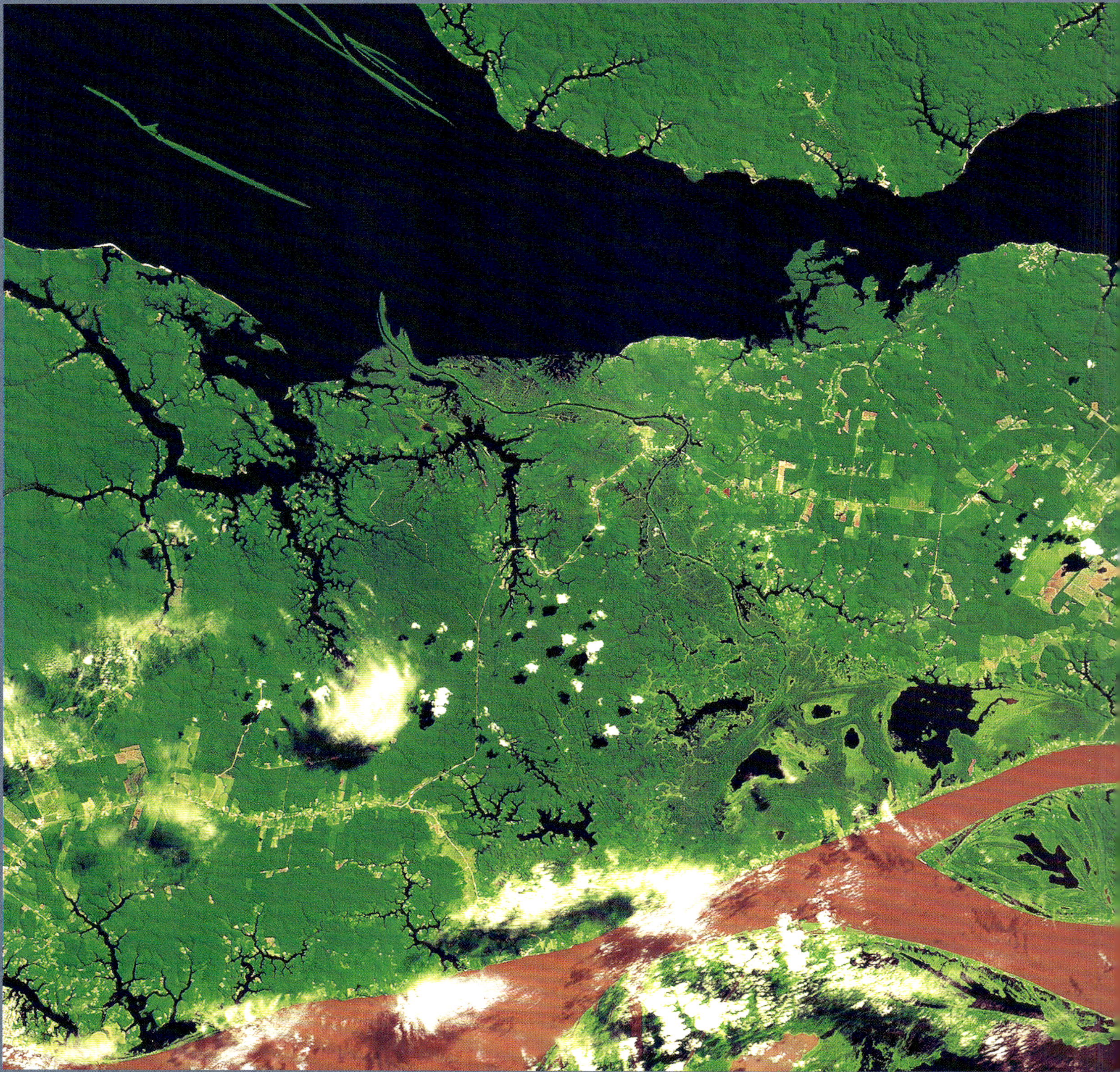

Manaus, eine Metropole im Urwald des Amazonastieflands an der Mündung von Rio Negro und Rio Solimões. In dem etwa 3,6 Millionen Quadratkilometer großen Amazonien dehnt sich der größte zusammenhängende Regenwald der Erde aus.

Sie sind eine bizarre Laune der Natur und tragen ihren Namen zu Recht: »Bettlaken von Maranhão« heißt das ausgedehnte Dünengebiet im Norden Brasiliens. Auf dem Satellitenbild sehen die aufgeworfen Sandberge im Bundesstaat Maranhão tatsächlich wie ein in Falten geworfenes Betttuch aus. Unzählige Dünen bilden ein eindrucksvolles Spiel von Licht und Schatten, und zwischen den Sandhügeln sind einzelne Lagunen zu erkennen. Denn das ist eine weitere Laune de Natur: Die Lençóis Maranhenses sind die wasserreichste »Wüste« der Welt. Jährlich fallen hier bis zu 1.500 Millimeter Niederschlag (zum Vergleich: In Köln liegt der durchschnittliche Jahresniederschlag bei knapp 800 Millimetern). Die Lençóis Maranhenses erstrecken sich über ein Gebiet von etwas mehr als 1.500 Quadratkilometer. Sie ziehen sich etwa 70 Kilometer entlang des Meeres (auf dem Satellitenbild unten) und bis zu 40 Kilometer weit ins Landesinnere hinein. Es sind Wanderdünen. Der oft starke Wind vom Meer verweht und formt die Dünen immer wieder neu und lässt so nahezu täglich ein anderes Landschaftsbild entstehen. Aufgrund seiner Einzigartigkeit ist das Dünengebiet seit dem Jahr 1981 größtenteils Nationalpark.

Die meisten Niederschläge fallen in der Regenzeit, in den ersten Monaten des Jahres. Sie rufen ein merkwürdiges Phänomen hervor: Zwischen den Dünen bilden sich Tausende von Süßwassertümpeln und -seen, die blau und grünlich schimmernd in kurvenreichen Formen, die auch ständig vom Wind verändert werden, zwischen den Dünen liegen. Die meisten dieser Lagunen trocknen dann in der zweiten Jahreshälfte wieder aus, und von August bis Dezember gibt es nur drei Seen, die »Lagoa da Esperança«, die »Lagoa Bonita« und die »Lagoa Azul«, die mit Wasser gefüllt bleiben. Erstaunlicherweise leben auch in den Lagunen, die austrocknen, noch zahlreiche Fische, Krebse (Shrimps) und Molusken. Man vermutet, dass die Fischeier von Seevögeln hierher transportiert werden und die Eier im feuchten Sand so lange überleben, bis sich die Lagunen dann in der Regenzeit erneut füllen.

Perfekte Formen – Sanddüne und Lagune.

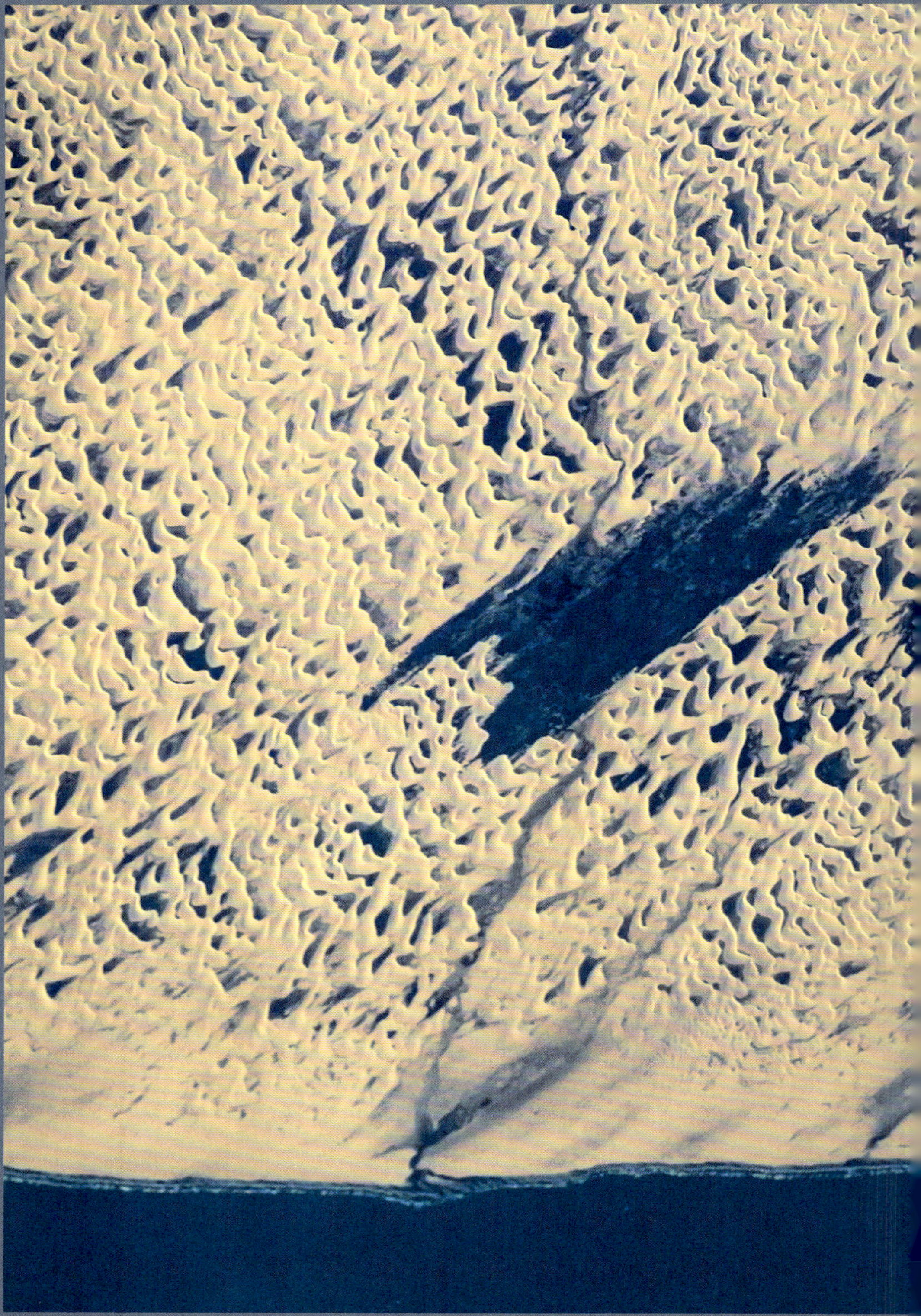

Starke, beständig wehende Winde formen diese Landschaft: Die bis zu 30 Meter hohen Wanderdünen bilden sich immer wieder neu und sind nicht aufzuhalten. Einer Legende zufolge war die Region einst vom Indiostamm der Caeté bewohnt, die morgens aus dem Schlaf erwachten und feststellen mussten, dass ihre Stadt unter Sand verschüttet war.

In der brasilianischen »Wüste«: Sanddünen grenzen die Süßwasserseen ein. Die Lençóis Maranhenses sind ein schwer zugängliches Gebiet, das am besten von der Küste aus erforscht werden kann. Nur wenige Pisten führen ins Innere des Dünengebietes.

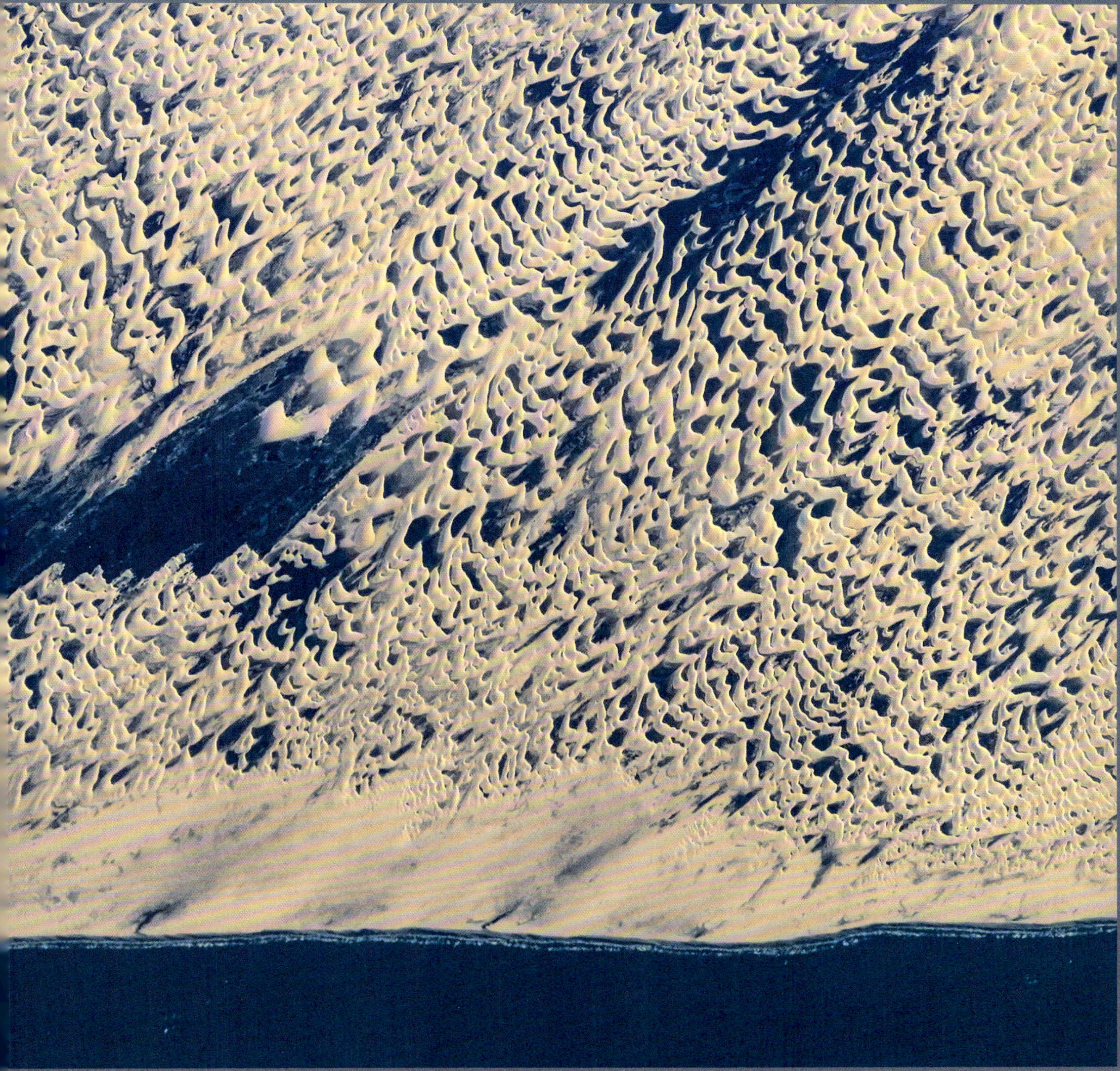

Der Fluss der Superlative ist nicht nur der wasserreichste der Welt, sondern besitzt auch das größte Mündungsdelta. Schon weit, etwa 350 Kilometer vor seiner Mündung teilt sich der Amazonas in mehrere Arme auf, deren größte der Canal do Norte und der Canal do Sul sind. Gut ist zu erkennen, dass der Amazonas große Sedimentmengen mit sich führt. Das bräunliche Wasser des Flusses mischt sich nur langsam mit dem blaueren des Meeres. Die Sedimente lagern sich zwar in der Flussmündung ab, aber das Delta wächst dennoch nur unter der Wasseroberfläche weiter. Es zieht sich als Unterwasserdelta den Kontinentalhang hinunter. Zum Teil werden die Sedimente auch von Flutwellen – der Tidenhub ist hier mit vier Metern beträchtlich und schwemmt weit in die Flussmündung hinein – abtransportiert.

Das Amazonasdelta ist gigantisch und nur auf dem Satellitenbild lässt sich seine Größe erfassen. Denn dort wo die beiden Mündungsarme schließlich das Meer erreichen, ist es etwa 250 Kilometer breit. Etwa 100 Kilometer weiter südlich der beiden Hauptarme mündet die Baía de Guajará mit zahlreichen Nebenarmen ins Meer. Sie wird gespeist vom Rio Tocantins (unten) und dem Rio Pará (oben), der früher der südlichste Mündungsarm des Amazonas war, inzwischen aber durch Sedimentablagerungen fast vollständig von ihm abgetrennt ist. Nur einige natürliche Kanäle verbinden ihn heute noch mit dem Hauptfluss. Es sind Gezeitengewässer, die je nach Gezeitenstand und Wassermenge des Amazonas mal in die eine, mal in die andere Richtung fließen. Somit ist das Landstück, das wie eine Dreiecksspitze ins Meer ragt, in Wirklichkeit eine Insel: Die Ilha de Marajó ist mit einer Fläche von mehr als 40.000 Quadratkilometern die mit Abstand größte Insel Brasiliens, die größte Flussinsel der Welt – obwohl sie als Besonderheit auch ans Meer grenzt und von zwei Flüssen umgeben wird; sie ist etwa so groß wie die Schweiz. Die Isla de Marajó wird ihrerseits von zahlreichen Flussläufen durchzogen, die zumeist durch die Regendwaldgebiete im Westen fließen und in die Verbindungskanäle zwischen Amazonas und Rio Pará münden. Der Ostteil der Insel ist weitgehend Savanne – im Satellitenbild durch das etwas hellere Grün, durchzogen von Brauntönen zu identifizieren. Im Nordosten befinden sich ausgedehnte Sumpfgebiete. Sie werden wie auch weite Teile des Waldes im Westen während der Regenzeit allerdings komplett überflutet.

Bei Manaus (links Mitte) fließen Rio Negro und Rio Solimões zusammen. Ab hier hat der Amazonas noch eine Strecke von etwa 1600 Kilometer bis zu seiner Mündung in den Atlantik zurückzulegen.

Nur als kleiner weißer Fleck am südlichen Ufer der Baía de Guajará ist die nach Manaus zweitwichtigste Stadt im gesamten brasilianischen Amazonasgebiet zu erkennen: Belém. Gut zu sehen sind die beiden Hauptarme. Sie münden mit ihrem sedimenthaltigen, bräunlichen Wasser dort in den Atlantik, wo die drei Inseln (von links Ilha Caviana de Dentro, Ilha Caviana de Fora, Ilha Mexiana) liegen.

Wo ist der Flusslauf? Nicht immer lässt sich im riesigen Amazonas-Tiefland genau bestimmen, in welche Richtung die mäandrierenden Flüsse fließen. So sind die Flusssysteme des Amazonas (Rio Negro) und des Orinoco durch den Río Casiquiare verbunden, der gleich beide Ströme speist.

Unendliche Wassermassen mit zahllosen von tropischem Regenwald bestandenen Inseln: Am Unterlauf des Amazonas ist leicht zu sehen, dass er der mit weitem Abstand wasserreichste Strom der Erde ist. Er führt mehr Wasser als die sieben nächstkleineren Flüsse zusammen! In weiten Mäandern mit seinen zahlreichen Nebenarmen fließt der Fluss ausgeglichen und träge durch das größte zusammenhängende Regenwaldgebiet der Erde. Der Amazonas ist an seinem Unterlauf nach dem Zusammenfluss von Rio Grande und Rio Solimões meistens zwischen vier und zehn Kilometer breit und spaltet sich dann etwa 350 Kilometer vor dem Erreichen des Atlantischen Ozeans in mehrere Hauptarme auf, die sich aufgrund der hohen Gezeitenwellen dann trichterförmig öffnen.

Flussschlingen im dichten tropischen Regenwald. Behäbig fließt der Amazonas durch das Tiefland von Amazonien, einer gigantischen Ebene, bis er nach tausenden von Kilometern den Atlantischen Ozean erreicht.

»Man nehme 25 Aschehaufen, die man hier und da auf einen freien Platz vor der Stadt abgeladen hat, man stelle sie sich zu Bergen vergrößert vor und denke, die leere Baustelle sei das Meer. Dann hat man die richtige Vorstellung von den verwunschenen Inseln; sie sehen etwa so aus wie die Erde nach einem Weltbrand. Es ist fraglich, ob irgendein Ort auf der Erde an Unwirklichkeit mit diesen Inseln wetteifern kann.«

Herman Melville, der Autor des weltberühmten Romans »Moby Dick« äußerte sich einstmals sehr nüchtern über die Inselgruppe, die ansonsten eher wegen ihrer fantastischen Tier- und Pflanzenwelt als »Arche Noah im Pazifik« bezeichnet wird. Aber Melville hat wiederum auch Recht, denn dem Bild einer tropischen Inselgruppe entsprechen die Galapagos-Inseln fürwahr nicht, obwohl sie direkt auf dem Äquator liegen. Das Wasser ist oft ziemlich kalt, es gibt keine Palmenstrände, stattdessen unwirtliche und karge Lavawüsten, wie auf dem Satellitenbild gut zu erkennen ist; das dunkle Grün an manchen Stellen weist darauf hin, dass es hier eine ausgedehnte Regenzeit gibt.

Isla Bartolomé: Rechts erhebt sich der Pinnacle Rock.

Die meisten Vulkane der Inseln besitzen Nebenkrater.

Der Galapagos-Archipel liegt beinahe 1.000 Kilometer von der Küste Ecuadors entfernt. Er besteht aus 13 Hauptinseln, die jeweils größer als fünf Quadratkilometer sind, sowie fast 50 kleineren Inseln und Inselchen. Wie Hawaii sind auch die Galapagos-Inseln – seit 1978 auf der UNESCO-Welterbeliste – keine Kontinentalinseln, sondern vulkanischen Ursprungs. Auch sie liegen auf einer Kontinentalplatte, hier der Nazca-Platte, die sich über einen festen Hot Spot am Meeresboden hinwegbewegt – mit einer Geschwindigkeit von sieben Zentimetern im Jahr.

Die größte Insel des Archipels ist die Isla Isabela mit einer Fläche von über 4.600 Quadratkilometern, auf der sich auch der mit 1.689 Metern höchste Vulkan des Archipels erhebt.

Die meisten Menschen leben allerdings auf der knapp 1.000 Quadratkilometer großen Isla Santa Cruz, der annähernd kreisförmigen Insel im Zentrum des Satellitenbildes. Dort befindet sich auch nahe der Stadt Puerto Ayora (im Süden, unten, der Insel als weißer Punkt zu identifizieren) die Charles-Darwin-Forschungsstation, die sich der Erforschung der seltenen, meist endemischen Tier- und Pflanzenarten der Inselgruppe widmet. Auf Santa Cruz existiert ein etwa zwei Kilometer langer Lavatunnel, der eine Höhe von zehn Metern aufweist.

Die Vulkane der Galapagos-Inseln sind Schildvulkane und sehen anders aus als die klassischen kegelförmigen Vulkane. Sie entstehen durch Ausbrüche mit dünnflüssiger Lava, die mehr aus dem Krater herausquillt statt herausgeschleudert zu werden. Die erstarrte Lava bildet einen eher flachen als steilen Berg.

Durch den Einbruch von Magmakammern entstanden.

Blick in den Krater des Cerro Azul auf der Isla Isabela.

Blaugrüner Kratersee auf der Isla Isabela.

Was für eine Landschaft! Berge aus brauner und grauer Asche, die bis fast 6.000 Meter Höhe in den immer blauen Himmel aufragen, mitunter gekrönt von Schnee und Eis, davor grün schimmernde Lagunen, im Hintergrund erstreckt sich ein Salzsee. Das ist der Altiplano, die Hochebene auf fast 4.000 Meter Höhe im chilenisch-bolivianischen Grenzgebiet, wo sich unweit der chilenischen Stadt San Pedro de Atacama am Rande der vollariden Atacamawüste an der Laguna Verde zwei Vulkane erheben. Es sind der 5.916 Meter hohe Licancábur und der etwa 200 Meter niedrigere, nämlich 5.704 Meter messende, Volcán Juriques. Beide Vulkane gelten als erloschen. Der Licancábur liegt direkt auf der Grenze zwischen Chile und Bolivien und ist ein Stratovulkan mit einem perfekt geformten Konus. In seinem Krater liegt ein etwa 5.000 Quadratmeter großer See – der höchstgelegene der Welt – in dem trotz der hier herrschenden Bedingungen, so fallen die Temperaturen oft auf –30 °C, eine Fülle von Lebewesen nachgewiesen wurde. Auch finden sich nahe des Gipfels einige Ruinen von Bauwerken aus der Inkazeit.

Der Juriques ist ebenfalls ein Stratovulkan. Er besitzt allerdings nicht den dafür typischen spitz zulaufenden Gipfel, da dieser bei einem Ausbruch abgesprengt wurde. An seiner Spitze findet sich seither ein Krater, dessen Durchmesser etwa anderthalb Kilometer misst. Vor den beiden knapp 6.000 Meter hohen Vulkanen liegt auf einer Höhe von 4.300 Metern die Laguna Verde. Ihren Namen »Grüne Lagune« verdankt sie kupferhaltigen Sedimenten, die ihr Wasser türkisgrün verfärben. Das toxische Wasser der Lagune ist jedoch erstaunlich mild, da sie von warmen Quellen gespeist wird.

Die Vulkane und die Laguna liegen am südwestlichen Rand der Reserva Nacional de Fauna Andina Eduardo Avaroa, des meistbesuchten Nationalparks in Bolivien, der sich über eine Fläche von 7.147 Quadratkilometern auf durchschnittlich 4.000 Metern über dem Meeresspiegel erstreckt. In ihm liegen einige der höchsten Andengipfel im Grenzgebiet von Chile und Bolivien sowie aktive Vulkane, heiße Quellen und Geysire. Der Nationalpark schützt die empfindliche Flora und Fauna des Altiplano, denn hier kommen, obwohl die Natur so abweisend erscheint, mindestens 190 Pflanzenarten sowie zahlreiche Tierarten vor. Darunter sind 80 verschiedene Vogelarten wie Flamingo, Nandu und Andenkondor sowie Säugetiere wie Puma, Andenfuchs, Viscacha und Vikunja.

Auf dem Satellitenbild heben sich die Vulkangipfel sehr gut ab. In der linken Bildmitte, unterhalb und leicht nach links versetzt vom kleineren Teil der Lagune – die wegen des jahreszeitlich bedingten niedrigen Wasserstandes wie zwei unterschiedliche Seen erscheint –, ist der Gipfel des Licancábur zu sehen, dessen Spitze leicht verschneit ist. Rechts daneben der Gipfel des Juriques, dessen Krateröffnung gut zu erkennen ist. Die weiße Fläche weiter im Süden – auf dem Satellitenbild unten rechts – ist ein sogenannter Salar, ein Salzsee.

Die dünne Linie schließlich, die vom linken Bildrand (Mitte) nach Osten (rechts) verläuft, ist die Autopiste, die von San Pedro de Atacama entweder über den Salar oder nahe an der Lagune vorbei nach Bolivien und Argentinien führt.

Blick von Nordosten auf die Laguna Verde und die beiden Vulkane: Rechts der spitzkegelige Licancábur.

Die Farben der Hochwüste sind vielfältig: Die Palette reicht vom dunkel Anthrazitgrau über zahlreiche Braun- und Violetttöne und das Beige des Gerölls hin zum leuchtenden Türkisblau und Türkisgrün der Lagunen, die von einem weißen Ring aus Salzen und Mineralien umgeben werden.

Die Anden sind das Rückgrat Südamerikas. Sie ziehen sich in mehreren Strängen (Kordilleren) parallel der Westküste des Kontinents entlang; zwischen den Höhenzügen erstrecken sich große, mitunter auch abflusslose Hochebenen, der sogenannte Altiplano. Besonders im Abschnitt von Nordchile und Bolivien ist der Altiplano durch große Trockenheit geprägt. Die vom Pazifik aufsteigende feuchte Meeresluft wird zwar landeinwärts getrieben, regnet sich aber an dem direkt an der Küste bis zu 1.000 Meter aufsteigenden Gebirge ab, sodass für die weiter landeinwärts liegenden Regionen, die durch Höhenlagen zwischen 2.000 und 6.000 Meter geprägt sind, kaum Feuchtigkeit übrig bleibt. Das Ergebnis: die trockensten Wüsten der Welt – und auf dem Satellitenbild ist auch kaum ein grüner Fleck zu entdecken.

Gut zu erkennen sind hingegen die Berggipfel: schneebedeckte blaue Punkte markieren die Gipfel der hier bis zu mehr als 6.000 Meter hohen Vulkane; es sind perfekt geformte mit spitzem Kegel aufragende Stratovulkane, von denen hier auf dem Bildausschnitt der höchste der Vulkan San Pedro mit 6.159 Metern ist. Er findet sich auf dem Satellitenbild in der unten Hälfte links, dort wo sich zwei Gipfel direkt nebeneinander erheben. Ganz links im Tal verläuft die Ruta 21, die Straße von Calama nach Ollague an der chilenisch-bolivianischen Grenze, dann zweigt an der dunkleren Stelle eine Piste nach Osten (rechts) ab und oberhalb dieser liegt der der Vulkangipfel. Auffälligste Punkte auf dem Foto sind aber die großen Salare, die Salzflächen in der Wüste. Der Salar de Ascotán erinnert in seiner Form ein wenig an den

Unwirtliche Gegend: die Wüste im Altiplano.

südamerikanischen Kontinent, an ihm werden wie an den meisten anderen Salzseen in der Hochwüste Lithium und Borax gefördert. Der Salar liegt noch vollständig auf chilenischem Territorium, die Grenze zu Bolivien verläuft östlich (rechts) des Salar, und dann entlang des Höhengrades, der recht gut zu erkennen ist. Der runde Salzsee in Bolivien ist die Laguna Ranaditas, Heimat zahlreicher Flamingos, weiter südlich schimmert grünlich die Laguna Colorada.

Die Anden sind ein junges und ein vulkanisches Gebirge. Zwar sind viele Vulkane erloschen oder ruhen, doch ist die Erdaktivität mitunter noch deutlich spürbar. So gibt es in der Wüste und den Bergen zahlreiche heiße Mineralquellen, dazu Geysire, und auch die Vorkommen seltener Metalle sind ein deutlicher Indikator.

Wo im Altiplano etwas Feuchtigkeit fällt, verschwindet die Wüste schnell. Dort wächst eine dürre Steppe, die den Lamas als Weide dient, wie hier am Lago Chungara an der chilenisch-bolivianischen Grenze. Die beiden Vulkane Parinacota (6.348 m) und Sajama (6.520 m) liegen bereits auf bolivianischem Gebiet.

Salzseen, eher Salzflächen, denn Wasser ist kaum zu sehen, sind ein charakteristisches Element der Hochwüsten. Sie finden sich zuhauf zwischen den Vulkangipfeln im chilenisch-bolivianischen Grenzgebiet. Selten sind hingegen wirkliche Seen, in denen Wasser steht, wie in der Laguna Colorada. Diese besitzt zwar eine Fläche von 60 Quadratkilometern, aber lediglich eine durchschnittliche Tiefe von knapp 50 Zentimetern. Dennoch ist der auf etwa 4.300 Meter Höhe gelegene See eine echte Besonderheit. Er ist die Heimat von Flamingos, die hier ganzjährig leben, da salzhaltige Seen das ideale Habitat für diese Vögel sind. Auch die Höhe macht den Tieren nichts aus; sie können noch in Höhen bis zu 4.700 Metern brüten und selbst den Winter im Altiplano überleben, wo die Temperaturen bis auf –30 °C fallen können.

Drei Farben bestimmen die Laguna Colorada: Der rötliche Ton des Wassers wird durch Minerale und eine Algenart hervorgerufen; das Weiß am Lagunenrand stammt aus Borax-Vorkommen an der Lagune. Und schließlich wird alles vom wolkenlosen Blau des Himmels überstrahlt.

Es ist ein erstaunlicher Anblick: Im Westen (auf dem großen Satellitenbild links) die grau-blauen Fluten des Pazifischen Ozeans, dann die bräunliche Färbung der kargen Wüstenlandschaft, in der sich die Autopisten und selten gefüllten Wasserläufe wie Linien entlangziehen und in der an der farbigen Schattierung deutlich der ansteigende Höhenzug zu erkennen ist.

Und dann – inmitten der unendlich erscheinenden braunfarbigen Landschaft – stechen drei Flecke hervor, zwei große strahlend weiße und ein dunkler, etwas grünlich schimmernder: der Salar de Uyuni, etwas weiter nördlich (auf dem Satellitenbild oben) der kleinere Salar de Coipasa und der Lago de Poopó. Diese drei Naturphänome suchen sicherlich weltweit ihresgleichen.

Der Salar de Uyuni (ca. 10.000 km²) ist der größte Salzsee der Welt. Er liegt auf einer Höhe von etwa 3.650 Metern und wirkt wie eine große Eisfläche. Nur während der Regenzeit ist er von einer dünnen Wasserschicht bedeckt, ansonsten fällt er trocken. Seine bis zu 30 Meter dicke Salzschicht kann sogar von Lastwagen befahren werden.

Der etwas weiter nördlich gelegene Salar de Coipasa (ca. 2.200 km²) liegt etwa auf derselben Höhe wie der Salar de Uyuni und ist der zweitgrößte Salzsee Boliviens. Er ist durch den Rio Lauca mit dem östlich (rechts) gelegenen dunkelgrünen Lago de Poopó verbunden. Alle drei Seen sind die Reste einer größeren Wasserfläche, die vor etwa 25.000 bis 40.000 Jahren den Altiplano bedeckte. Dieser See trocknete aus, zurückblieben Mineralien und Salze.

Am Salar de Uyuni werden jährlich etwa 25.000 Tonnen Salz abgebaut, außerdem werden hier die weltweit größten Vorkommen von Lithium vermutet. Salze und Metallgestein werden von hier auf Lastwagen nach Oruro, das als heller Fleck oberhalb des kleinen Sees nördlich des Lago Poopó undeutlich zu erkennen ist, gebracht oder vom chilenischen Iquique aus verschifft. Zwischen dem Salar de Uyuni und dem Salar de Coipasa ist schwach die Piste zu erkennen, die dann die Berge hinunter zur Küste verläuft.

Der Lago de Poopó (ca. 1.340 km²) ist im Unterschied zu den beiden Salaren immer mit – allerdings ebenfalls stark salzhaltigem – Wasser gefüllt. Jedoch beträgt die durchschnittliche Wassertiefe nur drei Meter, auch seine Küstenlinie ist abhängig von Niederschlägen und Zuflussmenge stark schwankend.

Schlammiges und salziges Wasser: Umringt von Berggipfeln liegt der Lago de Poopó im bolivianischen Altiplano.

Der auf etwa 3.690 Meter Höhe in einer abflusslosen Senke liegende See wird im Wesentlichen durch den Río Desaguadero gespeist, den wichtigsten Fluss des bolivianischen Hochlandes. Der Lago de Poopó, der vor allem Flamingos Lebensraum bietet, ist von hohen Bergen gesäumt, von denen der Cerro Morococala (5.383 m) der höchste ist.

Die Wolken, die hier über den Pazifischen Ozean ziehen, erreichen weder die weißen Salare noch den weiter östlich (rechts) gelegenen Lago de Poopó. Weil das Land hinter dem schmalen Küstenstreifen steil und unmittelbar auf etwa 1.000 Meter ansteigt, regnen sie sich alle im Westen (links) an den Steilhängen ab.

Wind, Trockenheit und Kälte sind die Baumeister, Salze und Mineralien die Baustoffe. So entstehen in der Wüste bizarre Gesteinsformationen, wie hier im Valle de la Luna, der nahe der chilenischen Kleinstadt San Pedro de Atacama liegt.

Fast ist das Satellitenbild untypisch: Denn den Villarrica (2.847 m), einen der schönsten und eindrucksvollsten Vulkane Chiles, krönt meistens ein kleine Rauchwolke. Schließlich ist der Villarrica ein sehr aktiver Vulkan und in den letzten 500 Jahren wurden mehr als 50 teils schwere Ausbrüche registriert. Meistens schickt er aber nur eine schmale Rauchfahne in den klaren Himmel. Sein ebenmäßiger Konus mit umgelegtem Schneekragen, die dichten Wälder, die sich bis etwa 1.500 Meter Höhe hinaufziehen, machen ihn zum beliebten Ziel. Die eigentliche Sensation ist: der Blick in den glühenden Krater, auf dessen Grund die Lava rot brodelt.

Rot schimmert die Schneekappe im Abendlicht. Blick über den Lago Calafquén auf den Volcán Villarrica.

Ein gewohnter Anblick: aufsteigender Rauch.

»Villarrica! Wenn es denn auch kein reicher Ort im landläufigen Sinne ist, in einem ist er's, an landschaftlicher Schönheit.« Das schrieb der deutsche Reisende Otto Bürger 1923, über die kleine Siedlung, die dem See (auf dem Satellitenbild ganz am oberen Bildrand) und dem Vulkan den Namen gab.
Und er singt vor allem das Loblied der Landschaft: »Wer hat, wie du, einen kristallklaren, riesigen See zum Spiegel? Ist umkränzt von anmutigen Hügelketten und jungfräulichen Wäldern? Und gekrönt, wie mit einem Diadem, durch das Eis- und Schneehaupt eines mächtigen Vulkans von wunderbar ebenmäßiger Schönheit?«
1940 richtete die chilenische Regierung um den Volcán Villarrica eine 63.000 Hektar große Naturschutzzone ein, den ältesten Nationalpark in Chile. Der »Kleine Süden« Chiles, die Zone, die südlich des Flusses Biobio beginnt und etwa bei Puerto Montt endet, ist das Gebiet der Seen, die wie kleine und große blaue Spiegel in das Grün der Landschaft hineingetupft wirken. Sie verdanken ihre Entstehung der Eiszeit. Als vor etwa 10.000 Jahren die Gletscher abschmolzen, hinterließen sie Endmoränenstränge. Dahintergelegene Mulden in der Grundmoräne füllten sich bald mit Wasser – die Seen, und um diese herum hat sich in den letzten Jahrzehnten das beliebteste Feriengebiet Chiles entwickelt. Die meisten Seen werden von Vulkanen überragt, sie sind umgeben von Wäldern, in denen ein spezieller Baum wächst: das Wahrzeichen der Region, die Araukarie. Auf dem Satellitenbild sind drei Seen zu erkennen: am oberen Bildrand der Lago Villarrica, der eine Fläche von 176 Quadratkilometer besitzt und als Besonderheit mancherorts schwarze Lavasandstrände; links unten der Lago Calafquén, der rund 120 Quadratkilometer groß und bis zu 220 Meter tief ist. Der Lago Pellaifa (untere Bildmitte) ist der kleinste See.

Der Villarrica ist ein idealtypisch geformter Vulkan. Auf dem Satellitenbild ist gut zu erkennen, dass sein Kegel gleichmäßig in alle Richtungen emporwuchs und wie sich Lava- und Aschemassen verteilten. Am rechten Bildrand ist noch die Schneekuppe des 2.360 Meter hohen Vulkan Quetrupillán zu identifizieren.

Eine Landschaft aus Wasser und Eis. Wie eine Krake liegt der See im südlichen Patagonien, der in seiner westlichen (linken) chilenischen Hälfte Lago O'Higgins und in seiner östlichen, argentinischen Hälfte Lago San Martín heißt. Der See liegt auf einer Landschaftsgrenze: Sein chilenischer Teil steckt tief in den Anden, die sich im Cerro Mellizo Sur bis auf 3.050 Meter erheben. Der argentinische Teil des Sees hingegen liegt in seinen östlichen Ausläufern schon in der patagonischen Ebene, die sich als Trockensteppe im Lee der Anden ohne größere Höhenunterschiede über mehrere hundert Kilometer bis zum Atlantischen Ozean erstreckt.

Eisige Höhe: die vergletscherten Südanden.

Der Lago O'Higgins/Lago San Martín bedeckt insgesamt eine Fläche von 1.013 Quadratkilometern und besteht aus zahlreichen Armen und Verästelungen, die von Flüssen wie dem Rio Mayer, der in den östlichen (rechten) nördlichen Arm mündet, und Gletschern gespeist werden. Wo der Rio Mayer mündet, liegt auch der einzige Ort am See. Villa O'Higgins, 1966 gegründet, ist der Endpunkt der Carretera Austral, die überwiegend als Schotterpiste vom chilenischen Puerto Montt durch die einsamen Wälder Patagoniens nach Süden führt.

Das meiste Wasser erhält der Lago O'Higgins/Lago San Martín aber aus dem Südpatagonischen Eisfeld, dem Campo de Hielo Patagónico Sur, einem riesigen Gletschergebiet, das das Satellitenbild dominiert. Es ist wie der See grenzüberschreitend und misst ungefähr 16.800 Quadratkilometer, wobei davon sieben Achtel auf chilenischem Gebiet liegen. Seine Nord-Süd-Ausdehnung beträgt etwa 350 Kilometer: Sein Nordende liegt in diesem Gebiet, sein Südende befindet sich etwa auf der Höhe von Puerto Natales und dem Westende der Magellanstraße. Vor allem in die südlichen Buchten kalben gigantische Gletscher: Eiswände von 80 Meter Höhe und einigen Kilometern Breite sind keine Seltenheit. Auch bei Villa O'Higgins speist der drei Kilometer breite und 60 Meter hohe O'Higgins-Gletscher den See. Nur eine schmale Landbrücke trennt den Lago O'Higgins/Lago San Martín vom Pazifischen Ozean. Im Westen (oben links) schiebt sich ein Fjord weit ins Land hinein, in den auch ein Fluss, der im See entspringt mündet, ebenso im Südwesten. Die südliche Pazifikküste Chiles wird durch lange Fjorde geprägt, in die die Gletscher des Inlandeises münden.

Bläulich schimmernde Gletscher und düsteres Wasser – eine frostige, unbehauste Landschaft.

Südlich des Lago O'Higgins/Lago San Martín ist ein Teilstück des argentinischen Lago Viedma zu erkennen (unten Bildmitte); oberhalb dieses Sees erheben sich dunkel die spitzen Granitnadeln des 3.375 Meter hohen Monte Fitz Roy. Oben rechts ist der Lago Cardiel zu sehen.

Gefrorene Wassermassen: Das Südpatagonische Eisfeld ist das größte Süßwasserreservoir in Südamerika und nach der Antarktis und Grönland das drittgrößte der Erde. Große Teile von ihm wurden bis heute noch nicht erforscht, auch die Grenzziehung zwischen Argentinien und Chile ist hier immer noch umstritten.

Die Laguna San Rafael ist das Herzstück eines etwa 1.700 Quadratkilometer großen Nationalparks. Hier mündet ein Ausläufer des nördlichen Patagonischen Inlandeises, des 3.000 Quadratkilometer großen Campo de Hielo Norte in einem spektakulären Gletscherabbruch. 60 Meter hoch und drei Kilometer breit ist die blauweißlich schimmernde Eiswand, von der immer wieder krachend große Stücke abbrechen und dann als kleine Eisberge auf den Fluten des Fjords treiben.

ANTARKTIS

Geheimnisvoll und abweisend wirkt der sich um den Südpol erstreckende »weiße« Kontinent, den eine kilometerdicke Eisdecke prägt. Nur einige kleinere Gebiete sind eisfrei. Das Kalben von Gletschern zählt zu den spektakulärsten Phänomenen in der Antarktis.

Die Antarktis wird fast vollständig (zu rund 95 Prozent) von einem gewaltigen, etwa 12 Millionen Quadratkilometer großen Eisschild bedeckt, der den Kontinent zum höchsten der Welt macht – die mittlere Höhe beträgt ungefähr 2.800 Meter. Nur die am weitesten aufragenden Bergspitzen durchstoßen die Eisdecken, darunter das 4.897 Meter hohe Vinson Massif als höchster Gipfel. Diese gewaltige Eismasse enthält rund 90 Prozent des auf der Erdoberfläche vorhandenen Süßwassers. Beim Abschmelzen der antarktischen Eismassen würde der Meeresspiegel um etwa 60 Meter ansteigen.

Das Transantarktische Gebirge teilt den Kontinent in zwei Regionen: Die (größere) Ostantarktis grenzt an den Indischen und den Atlantischen Ozean, die Westantarktis an den Pazifischen Ozean. Der Kontinent ist eine Welt der Extreme: Hier fließt mit dem Lambert Glacier der größte und längste Gletscher der Welt. Nirgendwo ist es kälter. An der russischen Forschungsstation Vostok in der Ostantarktis wurde am 21. Juli 1983 mit –89,2 °C die tiefste jemals auf der Erde gemessene Temperatur ermittelt. Stürme mit Geschwindigkeiten von mehreren hundert Kilometern in der Stunde sind in allen Teilen der Antarktis häufig. Trotz dieser Gegebenheiten geht von diesem Naturraum für viele Menschen eine ganz besondere Faszination aus. Die Wunderwelt des Eises bleibt allerdings neben den dort – unter schwersten Bedingungen – arbeitenden Wissenschaftlern nur wenigen Menschen vorbehalten. Touristenschiffe kommen ohne die Begleitung eines Eisbrechers meist nicht einmal in die Nähe der antarktischen Küste, sondern in der Regel nur bis zum Schelfeis, das vor der Küste auf dem Meer schwimmt. Einige Nationen unterhalten Forschungsstationen im ewigen Eis. Dort werden u. a. geophysikalische und meteorologische Messungen vorgenommen. Anhand von Eisbohrkernen können Erkenntnisse über die Entwicklung der Antarktis in geologischen Zeiträumen gewonnen werden. Früher galt eher die »Bezwingung« des Kontinents als große Herausforderung. Geradezu legendär wurde der »Wettlauf zum Südpol« zwischen einer norwegischen Expedition unter Roald Amundsen und einer britischen, von Robert Falcon Scott angeführten. Alpinisten konzentrierten sich auf die Besteigung der höchsten Berge, die Erstbesteigung des Vinson Massif erfolgte 1966.

Bis zum Horizont reicht die schier endlos erscheinende Masse des antarktischen Eises.

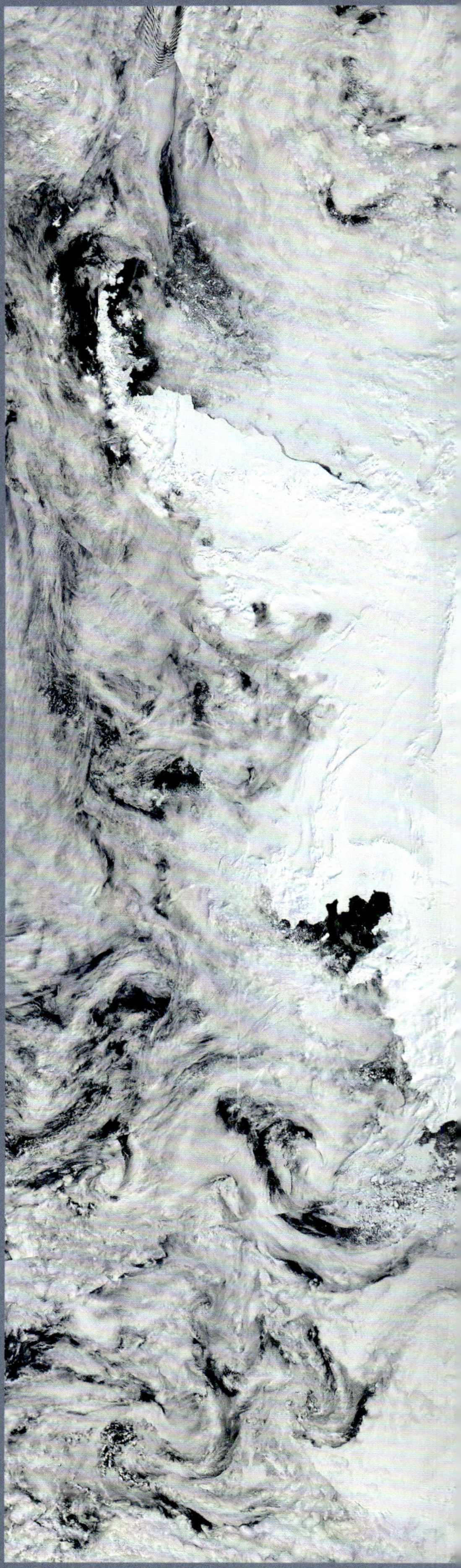

Die Aufnahme zeigt die gesamte Kontinentalmasse in leuchtendem Weiß. Am linken Bildrand erkennt man oberhalb der Mitte die Antarktische Halbinsel mit dem Vinson Massif am inneren Ende. An sie schließt nach rechts unten das Transantarktische Gebirge an. Besonders im oberen Bildteil sind einzelne Gletscher zu sehen.

Die schroffen Spitzen der Filchnerberge ragen aus der mehrere Kilometer dicken antarktischen Eisdecke auf. Das Bergland wurde nach dem Leiter der zweiten deutschen Süpolarexpedition Wilhelm Filchner (1877–1957) benannt. Der Name des Geografen, Reiseschriftstellers sowie Antarktis- und Asienforschers findet sich auch im Filchner-Ronne-Schelfeis und in der 1982 errichteten Filchner-Station, aus der im Jahr 2001 die Kohnen-Station hervorging.

Der 3.795 Meter hohe Mount Erebus ist ein aktiver Vulkan auf der Ross-Insel. Da er sich am Rand eines Ausläufers des Transantarktischen Gebirges in unmittelbarer Nähe zum Meer befindet und sich mächtig aus den Eisschichten an seinem Fuß erhebt, gilt sein Anblick als besonders eindrucksvoll. Seit 1974 ist der Stratovulkan aktiv: Perioden annähernd gleichmäßiger Aktivität werden von einzelnen, überaus heftigen Eruptionen unterbrochen. Gelegentlich ereignen sich auch Auswürfe riesiger Aschemengen. Diese Variationsbreite macht den Mount Erebus zum beliebten Forschungsobjekt von Vulkanologen. Der Gipfelbereich wird von einer ausgedehnten Caldera dominiert, die durch die fortlaufenden Eruptionen ständig umgestaltet wird. Das Alter des Vulkans wird mit ungefähr 1,3 Millionen Jahren angegeben.

Ursache für den Vulkanismus des Mount Erebus ist eine Aufwölbung im oberen Erdmantel an dieser Stelle der Antarktis. Wegen seiner starken vulkanischen Aktivität steht der Berg unter Beobachtung des nahe dem Gipfel eingerichteten Mount Erebus Volcano Observatory (MEVO), in dem seismische, geochemische und thermische Signale des Vulkans registriert und ausgewertet werden. Der Mount Erebus wurde 1841 vom britischen Forscher Sir James Clark Ross entdeckt, der den Vulkan nach seinem Expeditionsschiff (MS Erebus) benannte. Genauso verfuhr Ross mit dem etwa 20 Kilometer westlich gelegenen, 3.230 Meter hohen Mount Terror. Diesen zweithöchsten (und inaktiven) Vulkan der Antarktis entdeckte er im selben Jahr und gab ihm den Namen seines anderen Schiffs. Erstmals bestiegen wurde der Mount Erebus 1908 von den Teilnehmern einer Expedition des britischen Polarforschers Sir Ernest Henry Shackleton. Auch wenn sich der Fokus europäischer Entdecker und Forschungsreisender in der Antarktis zu jener Zeit eher auf das Erreichen des Südpols richtete, genießt die Erstbesteigung unter Alpinisten einen hohen Stellenwert – nicht zuletzt wegen der schweren Zugänglichkeit des Berges. In der lebensfeindlichen Umgebung des Mount Erebus testete die NASA bereits einige Robotersonden.

Aufnahme des Mount Erebus vom McMurdo Sound aus.

Der Berg gilt als südlichster aktiver Vulkan der Welt. Die Satellitenaufnahme liefert nahezu eine Senkrechtansicht des Mount Erebus. Sie lässt sehr gut seine Caldera erkennen, in der sich ein Lavasee befindet. Aus ihm treten häufig glühende Lavamassen aus. An der im Bild rechten Flanke strömen Gletscher hangabwärts, die sich ins Meer ergießen.

Aus dem aktiven Vulkan entweicht eine Fumarole. Der darin enthaltene Wasserdampf kühlt rasch ab, kondensiert und gefriert innerhalb von nur wenigen Sekunden. Auf diese Weise entstehen an der Stelle des Gasaustritts meterhohe Eisschlote.

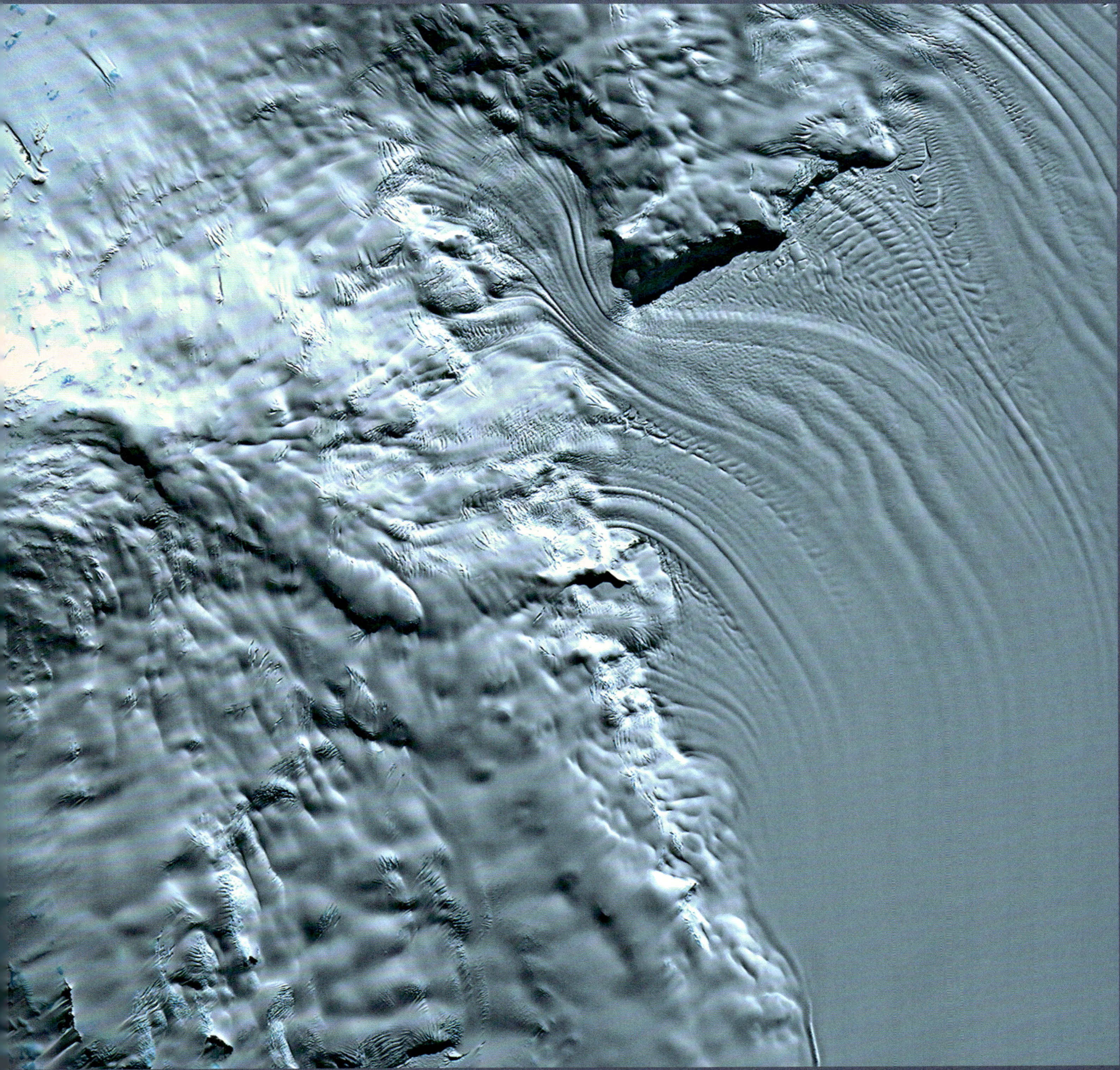

Ein Eisstrom der Superlative: Mit einer Länge von rund 400 Kilometern und einer Breite von 50 Kilometern ist der Lambert Glacier in der Ostantarktis der größte Gletscher der Welt. Die mächtige Eismasse bewegt sich kontinuierlich mit Geschwindigkeiten von mehreren Metern pro Tag in Richtung Küste, wo sie den wichtigsten Zustrom des Amery Ice Shelf bildet. Der vom Gletscher erzeugte Druck ist so stark, dass die von ihm überquerten Gebiete massiv umgestaltet und bis unter den Meeresspiegel gedrückt werden. Der Eisstrom entreißt dem unterlagernden Gebirge größere Felsbrocken und führt sie mit.
Außer dem Lambert Glacier gibt es in der Antarktis weitere Eisströme mit Längen von mehr als 100 Kilometern, darunter der Beardmore Glacier. Mächtige Eismassen wie diese werden mittels Fernerkundung kontinuierlich beobachtet. Da Gletscher trotz ihrer großen, träge wirkenden Masse überaus sensibel auf klimatische Veränderungen reagieren, können Wissenschaftler aus dem Verhalten der Eisströme auch kurzfristige Schwankungen der ökologischen Bedingungen ablesen. Schon geringe Veränderungen bei den Temperaturen haben weitreichende Folgen, weil

Beardmore Glacier, zweitlängster in der Antarktis.

sich dadurch die Schmelzwassermenge erheblich verändert. Auch ein geringer Anstieg der Temperatur über einen gewissen Zeitraum kann den Meeresspiegel messbar steigen lassen, in umgekehrter Weise wirkt eine Abkühlung der Luft. Wegen der lebensfeindlichen Bedingungen in weiten Teilen der Antarktis können im Rahmen der Untersuchungen kaum Geländearbeiten durchgeführt werden, die Forscher widmen sich vielmehr der Auswertung von Satellitenbildern. Diese werden in regelmäßigen Abständen aufgenommen und mithilfe von Großrechnern bis ins kleinste Detail miteinander verglichen.

Der größte und längste Gletscher der Welt wird von einzelnen Bergspitzen überragt, die aus der bis knapp 3.000 Meter mächtigen Eismasse hervortreten. Diese Berge steuern die Fließrichtung des Lambert Glacier maßgeblich mit. Das in flachem Winkel einfallende Sonnenlicht macht auch schmalste Risse, Rinnen und Spalten erkennbar. Einzelne Strukturen sind durch die hier mitunter heftigen Luftströmungen entstanden.

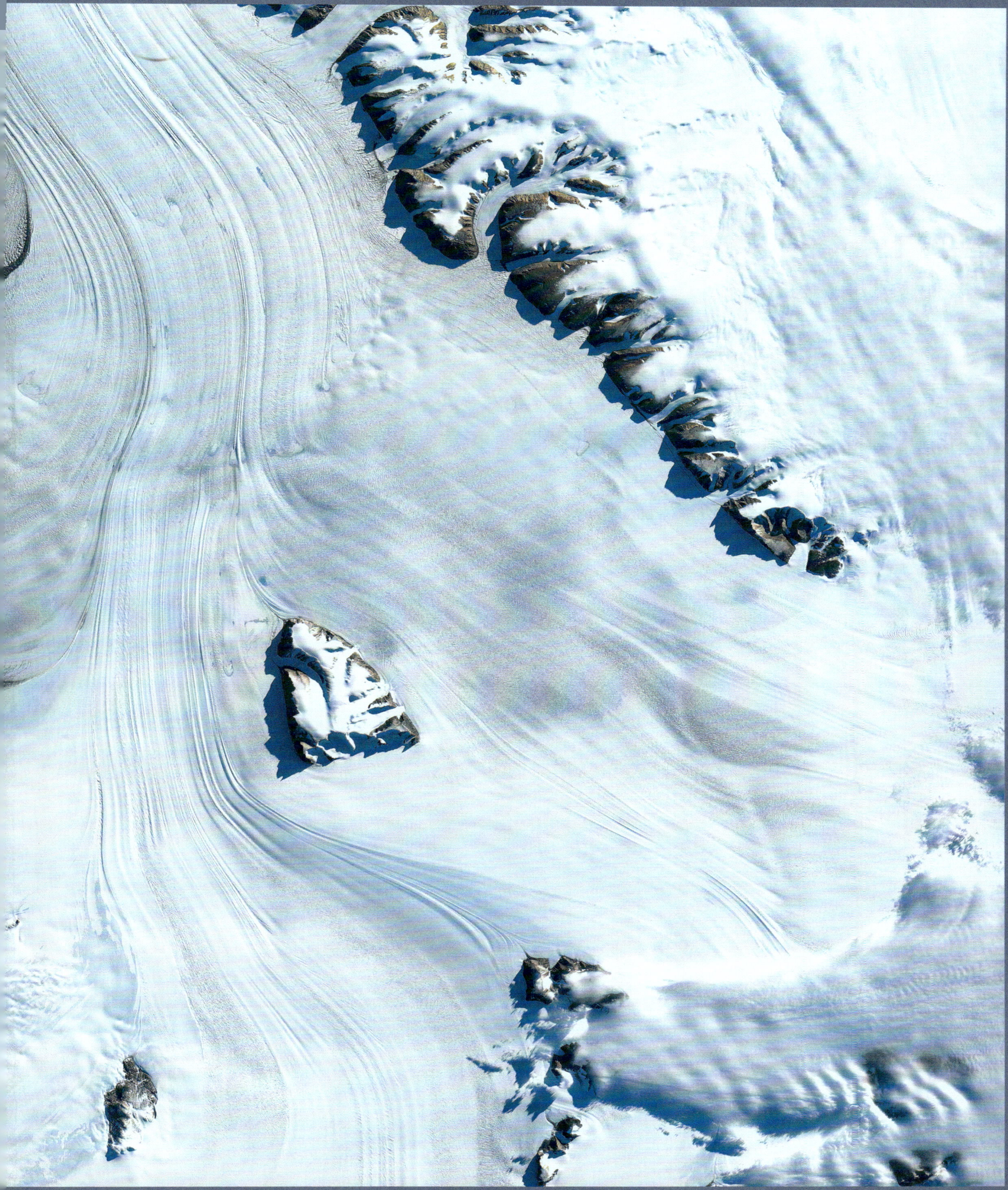

Bildnachweis

A = Alamy; G = Getty Images; C = Corbis; M = Mauritius Images

Cover: Geospace (alle Abbildungen)

S. 2/3 G/David Sutherland, S. 4 Geospace, S. 4 G/Satellite Aerial Images, S. 4 Geospace, S. 4 G/Astromujoff, S. 4/5 C/, S. 6/7 M/Alamy, S. 8/9 C/Bryan Allen, S. 10/11 G/Satellite Aerial Images, S. 12/13 Geospace/EDC, S. 14/15 Geospace/EDC, S. 16/17 G/Satellite Aerial Images, S. 18/19 C/NASA, S. 20 G/Per Breiehagen, S. 21 G/, S. 20/21 G/Stocktrek Images, S. 22 G/Tyler Stableford, S. 22 G/Philippe Bourseiller, S. 22/23 C/NASA, S. 24/25 C/NASA, S. 26 G/Satellite Aerial Images, S. 26/27 C/NASA, S. 27 A/Ragnar Axelsson, S. 27 M/Alamy, S. 28/29 A/Phil Degginger, S. 29 C/Patrick Dieudonne, S. 30 C/HO, S. 30 C/Paul Souders, S. 30 G/Stephen Toner, S. 30/31 C/NASA, S. 31 C/Arctic-Images, S. 32 C/Dave G. Houser, S. 32/33 M/Alamy, S. 33 A/Glicerina, S. 34 Huber/Günter Gräfenhain, S. 35 C/Hans Strand, S. 34/35 G/Stocktrek Images, S. 36 G/Andrea Pistolesi, S. 36/37 Geospace/EDC, S. 38/39 G/Karsten Bidstrup, S. 39 G/Douglas Pearson, S. 40 M/Alamy, S. 40/41 Geospace/Eurimage, S. 41 M/Alamy, S. 42 A/Brian Harris, S. 42/43 C/NASA, S. 44 G/Karl Johaentges, S. 44/45 Geospace/Eurimage, S. 45 Look/Ulf Böttcher, S. 46 Look/Brigitte Merz, S. 46 H. & D. Zielske, S. 46/47 Geospace/Eurimage, S. 48 G/Sola Deo Gloria, S. 48 Look/Jan Greune, S. 49 Geospace/Eurimage, S. 50 G/Miguel Sotomayor, S. 50/51 Geospace/Eurimage, S. 51 G/Zbindere, S. 52/53 Look/Axiom, S. 54 G/Satellite Aerial Images, S. 54 G/Werner Vansteen, S. 54 G/Mario Colonel, S. 55 Geospace/Eurimage, S. 55 G/Dan Tucker, S. 56/57 G/Mario Colonel, S. 57 G/Jochen Schlenker, S. 58 C/Destinations, S. 58/59 Geospace/Eurimage, S. 59 A/Ammit, S. 60 G/Allan Baxter, S. 60 G/Images Etc Ltd, S. 61 G/Michele Falzone, S. 61 G/Satellite Aerial Images, S. 62 C/Stringer, S. 62 G/National Geographic, S. 62 G/Art Wolfe, S. 62 G/Buena Vista Images, S. 63 Geospace/Eurimage, S. 64 C/Yevgen Timashov, S. 64 G/Tulay Over, S. 64/65 C/NASA, S. 65 C/Serguei Fomine, S. 65 C/Serguei Fomine, S. 66 C/NASA, S. 66 M/Alamy, S. 66 A/Photoshot Holdings Ltd, S. 67 G/Satellite Aerial Images, S. 68/69 G/Stocktrek Images, S. 70 C/Claude Medale, S. 70 C/NASA, S. 71 C/Ronen Zvulun, S. 70/71 Geospace/EDC, S. 71 G/Mitchell Kanashkevich, S. 72/73 G/David Silverman, S. 74 G/Jamie Friedland, S. 75 C/O. Alamany & E. Vicens, S. 74/75 G/Satellite Aerial Images, S. 76/77 C/Grand Tour Collection, S. 78 C/George Steinmetz, S. 78 C/George Steinmetz, S. 78/79 G/Satellite Aerial Images, S. 80/81 C/George Steinmetz, S. 82 G/Allan Baxter, S. 83 G/B Holland, S. 82/83 Geospace/EDC, S. 84 C/George Steinmetz, S. 84 C/Ryan Pyle, S. 84/85 G/Satellite Aerial Images, S. 86 G/Satellite Aerial Images, S. 86 G/Satellite Aerial Images, S. 86 G/Astromujoff, S. 87 C/NASA, S. 88 A/Pete Niesen, S. 88 A/Robert Harding Picture Library Ltd, S. 88/89 G/Satellite Aerial Images, S. 90/91 M/Alamy, S. 92 C/NASA, S. 92/93 G/Stocktrek Images, S. 93 C/Franco Pagetti, S. 94 C/Galen Rowell, S. 94 C/John Noble, S. 94 G/Colin Monteath, S. 95 G/NASA, S. 96/97 G/Ace Kvale, S. 97 G/Bill Hatcher, S. 97 C/Galen Rowell, S. 98 A/Arcticphoto, S. 98 C/Serguei Fomine, S. 98/99 G/Satellite Aerial Images, S. 100/101 C/Serguei Fomine, S. 102 C/, S. 103 G/Philippe Bourseiller, S. 103 G/Wolfgang Kaehler, S. 102/103 G/Stocktrek Images, S. 104 C/George Steinmetz, S. 104 C/George Steinmetz, S. 104/105 M/Alamy, S. 106/107 A/TAO Images Limited, S. 107 C/George Steinmetz, S. 107 C/George Steinmetz, S. 108 G/Jeff Foott, S. 108/109 Geospace/EDC, S. 109 C/Steinmetz, S. 110/111 G/Dan Rafla, S. 111 A/Robert Preston, S. 112 G/Satellite Aerial Images, S. 112/113 G/Satellite Aerial Images, S. 113 C/Liu Liqun, S. 114 G/Yuji Higashida, S. 114/115 G/Satellite Aerial Images, S. 115 G/MIXA, S. 116/117 G/Karen Kasmauski, S. 117 G/MIXA, S. 118 C/NASA, S. 119 C/NASA, S. 120 G/Satellite Aerial Images, S. 121 G/Satellite Aerial Images, S. 122/123 C/Rob Howard, S. 123 G/OTHK, S. 124/125 A/Imagebroker, S. 126 M/Alamy, S. 126/127 G/Satellite Aerial Images, S. 128/129 M/Alamy, S. 130 G/Hugh Sitton, S. 130 G/Robertharding, S. 130/131 Geospace/EDC, S. 132/133 G/Creativity is borderless, S. 133 G/xPACIFICA, S. 134 A/Danita Delimont, S. 134 M/Alamy, S. 134/135 G/Satellite Aerial Images, S. 136/137 Geospace/Acres, S. 138 G/Rachel Lewis, S. 139 C/Theo Allofs, S. 138/139 G/Satellite Aerial Images, S. 139 C/Steve Parish, S. 140 C/Frans Lanting, S. 140 C/Yann Arthus-Bertrand, S. 140/141 M/Alamy, S. 142 A/Arco Images GmbH, S. 142 A/Imagebroker, S. 142/143 G/Satellite Aerial Images, S. 144 Huber/ Hans-Peter Huber, S. 144/145 Geospace/EDC, S. 146/147 C/Giles Bracher, S. 147 Huber/Hans-Peter Huber, S. 148 G/Milton Wordley, S. 148/149 Geospace/Acres, S. 150/151 G/Panoramic Images, S. 151 C/Nick Rains, S. 152 C/Steve Parish, S. 152 C/NASA, S. 152 C/NASA, S. 152/153 C/NASA, S. 154/155 C/Steve Parish, S. 155 G/National Geographic, S. 155 G/National Geographic, S. 156 G/Chantal Ferraro, S. 156 G/Paul Chesley, S. 156/157 Geospace/EDC, S. 158/159 C/George Steinmetz, S. 159 G/Francesco Riccardo Iacomino, S. 160 C/Theo Allofs, S. 160/161 C/NASA, S. 162/163 C/Grand Tour Collection, S. 163 C/Guido Cozzi, S. 163 C/Guido Cozzi, S. 164 M/Alamy, S. 164 C/NASA, S. 164/165 G/Satellite Aerial Images, S. 166 C/B.S.P.I., S. 166/167 C/Keren Su, S. 167 G/Satellite Aerial Images, S. 168 G/Benali Remi, S. 168 G/Mark Downey, S. 168/169 C/NASA, S. 170 G/Preston Schlebusch, S. 170 G/Panoramic Images, S. 170/171 Geospace/Spotimage, S. 172 A/Manfred Gottschalk, S. 172 A/Manfred Gottschalk, S. 173 M/Alamy, S. 172/173 G/Satellite Aerial Images, S. 174 G/Patrick, S. 174 G/Patrick, S. 174/175 G/Stocktrek Images, S. 176/177 G/Jeffrey A. Cable, S. 177 C/Masa Ushioda, S. 177 C/Frans Lanting, S. 178 C/Karen Kasmauski, S. 178 G/Pete Orelup, S. 178 C/Roger Ressmeyer, S. 178/179 G/Satellite Aerial Images, S. 180/181 G/Art Wolfe, S. 181 G/G. Brad Lewis, S. 182/183 G/Satellite Aerial Images, S. 184 G/Rudolf Pigneter, S. 184 C/Grand Tour Collection, S. 185 C/Guido Cozzi, S. 184/185 Geospace/Eurimage, S. 186 C/George Steinmetz, S. 186 C/Yann Arthus-Bertrand, S. 187 G/Satellite Aerial Images, S. 188 C/George Steinmetz, S. 188/189 G/Satellite Aerial Images, S. 190 G/Stocktrek Images, S. 191 C/Michael Setboun, S. 191 C/Michele Falzone, S. 190/191 G/Stocktrek RF, S. 192 C/Martin Ruegner, S. 193 C/Martin Ruegner, S. 192/193 Geospace/Eurimage, S. 194 C/Sebastien Cailleux, S. 194/195 Geospace/Eurimage, S. 195 C/Frans Lemmens, S. 196 C/George Steinmetz, S. 196 C/Yann Arthus-Bertrand, S. 196 C/George Steinmetz, S. 197 C/NASA, S. 198/199 C/Yann Arthus-Bertrand, S. 200 C/Stefano Amantini, S. 200 C/Stefano Amantini, S. 200/201 G/Satellite Aerial Images, S. 202 G/Michael Fay, S. 202 G/Michael Fay, S. 202/203 Geospace/EDC, S. 204 C/Richard T. Nowitz, S. 204 C/Goran Tomasevic, S. 204/205 C/, S. 205 G/Ed Freeman, S. 206 G/Satellite Aerial Images, S. 207 G/Satellite Aerial Images, S. 208/209 C/Martin Rietze, S. 209 G/Carsten Peter, S. 210 M/Stefan Auth, S. 210/211 Geospace/EDC, S. 211 G/Ariadne Van Zandbergen, S. 212/213 G/Harry Hook, S. 214/215 G/Satellite Aerial Images, S. 216 G/Robert Harding, S. 216/217 C/NASA, S. 218/219 C/Dominique Derda, S. 219 C/Dominique Derda, S. 219 G/Tom Pfeiffer, S. 220 C/Yann Arthus-Bertrand, S. 220/221 Geospace/EDC, S. 221 G/Pete Turner, S. 221 G/Ty Allison, S. 222 G/Parfitt, S. 222 G/Paul Souders, S. 222/223 Geospace/EDC, S. 224 G/Michael Fay, S. 224 G/James Baigrie, S. 224/225 Geospace/EDC, S. 226/227 G/Michael Nichols, S. 227 G/Nigel Hicks, S. 228 C/George Steinmetz, S. 228/229 C/NASA, S. 229 C/Kazuyoshi Nomachi, S. 230/231 C/George Steinmetz, S. 231 A/National Geographic Image Collection, S. 231 A/National Geographic Image Collection, S. 232 C/Nigel Pavitt, S. 232/233 A/Stocktrek Images, Inc., S. 234 G/Christian Vierig, S. 234 G/Peter Groenendijk, S. 234/235 G/Satellite Aerial Images, S. 235 G/Paul Souders, S. 236/237 C. & W. Kunth, S. 237 G/Ann & Steve Toon, S. 238 C/Michele Westmorland, S. 238 C/Martin Harvey, S. 239 G/EvThomas, S. 238/239 G/Stocktrek Images, S. 240 C/Martin Harvey, S. 241 G/Neil Emmerson, S. 241 C/Martin Harvey, S. 240/241 Geospace/EDC, S. 242 M/Alamy, S. 243 G/David R Ferry, S. 242/243 G/Satellite Aerial Images, S. 244 G/Andy Nixon, S. 244/245 G/Satellite Aerial Images, S. 246/247 C. & W. Kunth, S. 247 G/James Osmond, S. 248 G/Science & Society Picture Library, S. 248/249 G/Satellite Aerial Images, S. 250 G/Image Source, S. 250/251 G/Satellite Aerial Images, S. 252 C/Yann Arthus-Bertrand, S. 252 G/Philippe Bourseiller, S. 252 C/Pierre Perrin, S. 252 C/Hubert Stadler, S. 252/253 G/Satellite Aerial Images, S. 253 G/Daniel Cheong, S. 253 C/Hubert Stadler, S. 254 G/Vlad61, S. 254/255 Geospace/Spotimage, S. 255 C/Steel, S. 256/257 Geospace/EDC, S. 258 C/NASA, S. 259 C/NASA, S. 260/261 G/Daryl Benson, S. 261 G/Doug Allan, S. 261 A/All Canada Photos, S. 261 G/Daryl Benson, S. 261 G/Daryl Benson, S. 261 G/Gordon Wiltsie, S. 261 G/John Dunn, S. 262 G/Stocktrek Images, S. 262 A/Louise Murray, S. 262 C/Wayne Lynch, S. 263 G/Stocktrek Images, S. 264 C/Bryan Allen, S. 265 C/Rolf Hicker, S. 264/265 G/Satellite Aerial Images, S. 266/267 G/Jan Tove Johansson, S. 267 G/Michael Poliza, S. 268 G/Stocktrek RF, S. 269 G/National Geographic, S. 268/269 G/Satellite Aerial Images, S. 270 C/NASA, S. 271 C/Walter Bibikow, S. 270/271 G/Satellite Aerial Images, S. 272 A/Alt-6, S. 272 A/Alt-6, S. 272/273 G/Satellite Aerial Images, S. 274 C/NASA, S. 274 C/Wayne Lynch, S. 274/275 G/Satellite Aerial Images, S. 276 G/Art Wolfe, S. 276 C/NASA, S. 277 G/Satellite Aerial Images, S. 277 A/Accent Alaska.com, S. 278 G/Satellite Aerial Images, S. 279 C/Frans Lanting, S. 278/279 M/Alamy, S. 280 C/Jim Richardson, S. 280 C/Roger Ressmeyer, S. 281 C/Michael T. Sedam, S. 280/281 Geospace/EDC, S. 282 A/Clinton Cook, S. 283 G/Macduff Everton, S. 282/283 G/Stocktrek Images, S. 284/285 A/Mark Lisk, S. 286/287 A/Tom Till, S. 287 G/Tim Fitzharris, S. 288 G/Rick Goldwasser, S. 288/289 C/NASA, S. 289 G/Bertlmann, S. 290 G/Sandra Kreuzinger, S. 290 G/Wayne Boland, S. 290/291 G/Stocktrek Images, S. 292/293 M/, S. 292/293 G/Altrendo Panoramic, S. 294 G/Satellite Aerial Images, S. 295 C/Paul A. Souders, S. 294/295 C/NASA, S. 296/297 M/Alamy, S. 297 A/Michael Hudson, S. 298 C/NASA, S. 298/299 G/Satellite Aerial Images, S. 300/301 C/Momatiuk - Eastcott, S. 301 G/Jeffrey Murray, S. 302/303 G/Michael Melford, S. 303 G/Tony Sweet, S. 304 C/Thomas Wiewandt, S. 304/305 G/Space Imaging, S. 306/307 G/SuperStock, S. 308 G/Harvey Lloyd, S. 308 C/NASA, S. 308 G/Randy Wells, S. 309 G/Satellite Aerial Images, S. 310/311 G/JupiterImages, S. 311 G/Michael Darter, S. 311 G/Panoramic Images, S. 311 G/Panoramic Images, S. 311 G/, S. 311 G/Tim Kiusalaas, S. 312 G/Bean, S. 313 G/Macduff Everton, S. 312/313 Geospace/EDC, S. 314 C/Tim Fitzharris, S. 314 C/Blaine Harrington III, S. 315 C/NASA, S. 316 A/Jon Arnold, S. 317 C/Pdil, S. 317 G/Gabriel M. Covian, S. 316/317 Geospace/EDC, S. 319 G/Panoramic Images, S. 318/319 G/Satellite Aerial Images, S. 320 G/Andrea Booher, S. 320 C/George H.H. Huey, S. 320 C/Danny Lehman, S. 320 C/Nico Tondini, S. 320/321 Geospace/EDC, S. 322/323 G/Caribbean, S. 324 G/Philippe Colombi, S. 324/325 G/Satellite Aerial Images, S. 325 C/Philippe Giraud, S. 325 C/Philippe Giraud, S. 326/327 Geospace/EDC, S. 328 G/Marco Simoni, S. 329 C/Guido Cozzi, S. 328/329 C/NASA, S. 330 G/UIG, S. 330/331 M/Alamy, S. 331 G/Juan Carlos MuÉoz, S. 332/333 G/Kevin Schafer, S. 333 G/LeoFFreitas, S. 334 C/Frans Lanting, S. 334 C/Bob Krist, S. 334 G/National Geographic, S. 334 C/Frans Lanting, S. 334 C/Frans Lanting, S. 334/335 G/Satellite Aerial Images, S. 336 M/Alamy, S. 336/337 G/Satellite Aerial Images, S. 338 G/Hans Neleman, S. 338/339 Geospace/EDC, S. 339 G/Alexmillos, S. 340/341 C/George Steinmetz, S. 341 G/Peter McBride, S. 341 G/Richard Thompson, S. 342 C/NASA, S. 343 G/B Holland, S. 342/343 C/NASA, S. 344 C/Galen Rowell, S. 344 G/Nicholas DeVore, S. 344/345 C/NASA, S. 346 C/Maria Stenzel, S. 346 C/Maria Stenzel, S. 346/347 Geospace/EDC, S. 348/349 C/Maria Stenzel, S. 350/351 M/Alamy, S. 352 C/NASA, S. 352/353 C/NASA, S. 354/355 G/Gordon Wiltsie, S. 356 G/Colin Monteath, S. 357 G/Maria Stenzel, S. 356/357 G/Satellite Aerial Images, S. 358 C/Galen Rowell, S. 358/359 Geospace/EDC.

St.-Cajetan-Straße 41
81669 München
Tel. +49.89.45 80 20-0
Fax +49.89.45 80 20-21
www.kunth-verlag.de

Printed in Slovakia

Text: Dr. Ambros Brucker, Gerhard Bruschke, Annegret Handel-Kempf, Robert Kutschera, Carlo Lauer, Raphaela Moczynski, Dr. Thomas Pago, Günther Wessel, Dr. Maurice Wiederhold